大学生心理健康教育

周 静 汪 伟
王代清 曾雪梅 | 主编

西南大学出版社
SWUP
国家一级出版社 全国百佳图书出版单位

图书在版编目(CIP)数据

大学生心理健康教育 / 周静等主编. -- 重庆 : 西南大学出版社, 2024. 9. -- ISBN 978-7-5697-2663-3

Ⅰ. G444

中国国家版本馆CIP数据核字第20244LB192号

大学生心理健康教育

DAXUESHENG XINLI JIANKANG JIAOYU

主编◎周　静　汪　伟　王代清　曾雪梅

策　　划:曾庆军
责任编辑:曾　文
责任校对:尹清强
整体设计:魏显锋
排　　版:陈智慧
出版发行:西南大学出版社(原西南师范大学出版社)
　　　　　重庆·北碚　邮编:400715
　　　　　市场营销部电话:023-68868624
印　　刷:重庆市美尚印务股份有限公司
成品尺寸:185 mm×260 mm
印　　张:17
字　　数:326千字
版　　次:2024年9月第1版
印　　次:2025年3月第2次
书　　号:ISBN 978-7-5697-2663-3
定　　价:39.80元

前言

我国高等教育事业在党和国家的坚强领导下，特别是在习近平新时代中国特色社会主义思想的科学指引下，正以前所未有的蓬勃姿态迈向高质量发展的新征程。党的二十大胜利召开，不仅为中华民族伟大复兴擘画了宏伟蓝图，也为教育领域特别是大学生心理健康教育工作指明了前进的方向。报告中“办好人民满意的教育”的庄严承诺，深刻体现了党对青年学生健康成长的深切关怀。心理健康教育在高等教育体系中占有重要位置，我们将以更加坚定的决心、更加有力的举措，着力推动大学生心理健康教育工作迈上新台阶。

近年来，全国各高校深入贯彻党的二十大精神和习近平总书记关于教育的重要论述，积极构建全方位、多层次的心理健康教育服务体系。心理健康教育课程作为培养学生健全人格、促进学生全面发展的关键环节，已普遍纳入高校课程体系，成为大学生必修的一门课程。这标志着大学生心理健康教育工作正逐步向科学化、系统化、专业化迈进，也为营造和谐稳定的校园环境、促进学生身心健康提供了坚实保障。

在此背景下，本教材紧扣时代脉搏，以教育部最新政策为指导，结合长期的教学实践积累和对学生心理需求的深刻洞察，旨在通过科学、系统的教学内容与方法，帮助大学生树立正确的心理健康观念，掌握有效的心理调适技能，提升自我认知与人际交往能力，为他们的全面发展奠定坚实的心理基础。我们秉持“大学生心理咨询与教学一体化”的核心理念，围绕大学生学习压力应对、情绪管理能力提升、人际交往技巧培养、生命意义探索等关键议题，精心设计了十个教学单元，力求构建一个既符合学科发展规律又贴近学生实际需求的心理健康教育课程体系。内容包括：认识健康、心享阳光——树立正确的心理健康观；同学你我他——做一个良好的沟通者；学习有方——选择适合自己的学习策略；悦纳自我——认识自我，做更好的自己；不一样的烟火——塑造健全人格；走过那片沼泽地——正视挫折，增强心理弹性；我的情绪我做主——找到适合自己的情绪管理策略；我的大学爱情花开——培养和发展爱的能力；网也有限——筑就健康网络心理；珍爱生命、拥抱幸福——生命意义与危机干预。

通过各单元的“测一测”“学习导读”，大学生能够了解自身心理特点，引发对自身心理健康的关注，激发对单元学习的主动性和兴趣。每个单元下设若干专题，每个专题力求突出课程集知识、体验和训练为一体的特点，充分发挥师生在教学中的主动性和创造性，充分调动大学生参与的积极性，凸显教学与咨询一体化理念，为大学生完善自我、开发个体心理潜能提供训练方法。

本书在编写过程中，参阅并引用了国内外大量的相关文献，在此，我们向各位作者和研究者表示由衷的感谢。由于编者水平和能力有限，书中疏漏错讹之处还请各位读者批评指正。

目录

单元一

认识健康、心享阳光
——树立正确的心理健康观

你心理健康吗?

测一测

临床症状自评量表

临床症状自评量表(SCL-90)是进行心理健康状况鉴别及团体心理卫生普查时实用、简便而有价值的量表。本测验的目的是从感觉、情感、思维、意识、行为直到生活习惯、人际关系、饮食睡眠等多种角度,评定一个人是否有某种心理症状及其严重程度如何。

感…

如果身边同学告诉你,上周他(她)去做心理咨询了,你会怎么想呢?

扫一扫,可供参考

学习导读

科学健康观

关于健康,有一个意味深长的比喻:人生就像一串阿拉伯数字,1,10,100,1000,10000……要使这一大串“0”有意义,必须有个前提条件,就是“1”必须健康地站着,这个“1”是什么?就是你自己!你健康地站着,后面的“0”才是真实的存在。故人们也常常感叹:“拥有健康并不意味着拥有一切,失去健康则意味着失去一切!”那什么是健康呢?

早在1948年世界卫生组织(简称“WHO”)在宪章中就指出:健康是指生理、心理及社会适应三个方面全部良好的一种状态,而不仅仅是指没有生病或者体质健壮。健康不仅仅是躯体正常的反映,同时还必须是心理活动正常、社会适应完满的综合体现。在2010年,世界卫生组织对健康的内涵又做了补充,加入了“道德健康”,即健康不仅是没有疾病,而且包括心理健康、社会适应良好和道德健康。这是健康概念的再一次深化:从人内在的平衡到人和环境外在的平衡,从单纯生物因素到生物、心理和社会因素的综合,从一时的健康到整个人生的健康,从个人的健康到社会整体健康,从人类健康到人和环境共同健康,健康概念更加全面、完整、科学、系统。确立自己的健康观,树立健康目标,我们应该意识到个体身心健康与社会幸福是和谐一致的、融合的。

从生理上看,健康个体的身体特别是中枢神经系统应当是没有疾病的,其功能应在正常范围之内。脑是心理的器官,心理是脑的机能,健康的身体特别是健全的大脑是健康心理的基础,只有具备健康的身体,个人的情感、意识、认知和行为才能正常运行。

社会适应即“活在当下”,做到“面对、接受、处理、放下”。对于已经发生且无法改变的事件,面对是迈向幸福的第一步,接受是一种智慧,然后思考当前状况下我的最佳策略,学会并善于放弃。多问问自己:真的只能这样吗?我还可以怎么做?记住:任何事情发生后都有不止一种解决的办法!这样,我们内心才不会绝望,内心才会有一种力量。12年寒窗苦读,从7月底拿到大学录取通知书,同学们兴奋的有,失落

故事:老人与鞋

的亦有。兴奋多半源于终于考上了心目中的大学，而失落莫过于奋斗三载，却与心目中的大学失之交臂，不少家长和同学把高考当作决定自己前途命运的主宰者，认为没有考上理想的大学，整个人生都没有希望了。但是，高考不是命运的最终裁判者，过去不是，现在不是，将来仍然不是。赢了高考并不意味着就赢了人生，输了高考也不意味着就输了人生。换言之，高考即使没有考好，人生的发展仍有多种可能。只要理想不灭精神不败，一个人随时都可以重新开启一场命运的“高考”，改变命运发展的方向，创造人生逆袭的机会！宁愿做三流大学的一流学生，也不做一流大学的三流学生。没有考上心目中的大学，那么，我们就在录取我们的大学中，树立“一流学生”的念头和目标。四年过后，你会发现，“失之东隅，收之桑榆”是人生真谛！

唯善呈和

何为道德健康？道德是一个社会属性的概念，不同文化背景中，道德的标准可能不一样。作为世界卫生组织提出的概念，它必然有一个各种文化都认同的基本的内涵，其基本内涵就是：“与人为善、乐于助人。”现代医学关注道德健康，从某个层面看，它是我们身心健康的基础和保障。中国养生文化中早就提出“养生必先养性”，强调道德健康是身体健康的基础。曾经有对长寿老人的调研发现，他们的共性人格特点：心地善良、宽容、豁达、邻里关系很和睦。心理咨询中也发现：你的痛苦源自于关注自己太多。太计较自己的得失，计较自己能否拥有，背负太多，想拥有的太多，必然活得很累。所以现代教育中倡导，有助人能量的人是幸福的！多位志愿者在分享中谈道：“在志愿服务过程中，被需要、被认可带给我许多精神的满足和快乐感”，“助人就是自助”。同学们，“勿以善小而不为，勿以恶小而为之”：当一次志愿者，给满身泥水挤上公共汽车的农民工一个温暖笑脸；微博寻人、网上捐物的一次顺手转发；甚至只是在公共场所看到旁边有“小宝宝”在睡觉时，刻意压低嗓音……举手投足间，你就是在帮助他人。幸福快乐并不遥远，奉献亦非高不可攀。我们每个人都生活在别人的奉献之中，也应在生活中奉献。俗语说，“赠人玫瑰，手留余香”，这芬芳是真正足以温暖自己一生的幸福力量！

助人者更幸福、更健康、更成功

心理健康的概念是随时代的变迁、社会文化因素影响而不断变化的。心理学家对心理健康的概念有以下几种说法：第一种，心理健康是指人们对客观环境具有高效、快乐的适应状况。心理健康的人应保持稳定的情绪、敏锐的智能，适应社会环境的行为。第二种，心理健康是指在知、情、意、行方面的健康状态，主要包括发育正常的智力、稳定而快乐的情绪、高尚的情感、坚强的意志、良好的性格及和谐的人际关系等。第三种，心理健康是指人的一种持续的心理状态，主要指人在这种情况下能做到良好的适应，具有生命的活力，能充分发挥其身心的潜能。第四种，心理健康是指在心理、智能以及感情上在与他人的心理健康不相矛盾的范围内，将个人的心境发展成最佳的状态，但不是十全十美的绝对状态。从不同学者对心理健康的定义可以看出，心理健康是一种状态，是一种持续的状态，这种状态能够使自己与环境及相互关系具有高效而愉快的适应。心理健康的人，能保持平静的情绪、敏锐的智能、适应社会环境的行为和气质。

道德健康、社会适应良好，既是健康的重要内涵，也是心理健康的重要表现。

大学生心理健康

近年来，大学生因心理问题而休学、退学的不断增多，自杀、凶杀等一些反常或恶性事件不时见诸报端，社会对大学生心理健康的关注达到高潮。心理健康教育专家崔建华教授说，中国大学生看起来有喜有忧。喜的是，他们已有了很强的独立性和自我经营、学习、发展的能力。忧的是，由于整体心理机能发育还不成熟，自我控制、自我调适能力还不强，面对学业、生活、情感、就业等问题时，往往会茫然不知所措，情绪波动很大，心理失调。这种不良状态如果不及时排解清除，就必然会引起心理体验的不适应、焦虑、紧张，长久以往易引发心理病变及生理病症。2000年，“5·25全国大学生心理健康节”在北京师范大学拉开帷幕，健康节取“5·25”的谐音“我爱我”，意为关爱自我的心理成长和健康。此后（2004年），教育部、团中央、全国学联办公室向全国大学生发出倡议，把每年的5月25日确定为全国大学生心理健康日。

一、大学生心理健康的标准

（一）心理健康状态的等级

任何人都可能在一生中某个阶段产生一些心理问题，几乎不存在永远心理健康的人。心理健康的水平大致分为健康状态、不良状态、心理失调、严重病态心理四个等级。

1. 健康状态

表现为经常有愉快的心理体验，适应能力强，善于与别人相处，能较好地完成同龄人发展水平应做的活动，具有调节情绪的能力。

2. 不良状态

又称第三状态，是介于健康状态与疾病状态之间的状态。是正常人群中常见的一种亚健康状态，它是由个人心理素质（如过于好胜、孤僻、敏感等）、生活事件（如工作压力大、晋升失败、被上司批评、婚恋挫折等）、身体不良状况（如长时间加班劳累、身体疾病）等因素所引起。它的特点是：第一，时间短暂。此状态持续时间较短，一般在一周以内能得到缓解。第二，损害轻微。此状态对其社会功能影响比较小。处于此类状态的人一般都能完成日常工作学习和生活，只是感觉到的愉快感小于痛苦感，“很累”“没劲”“不高兴”“应付”等是他们常说的词汇。第三，能自己调整。此状态者大部分通过自我调整（如休息、聊天、运动、钓鱼、旅游、娱乐等放松方式，能使自己的心理状态得到改善。小部分人若长时间得不到缓解，可能形成一种相对固定的状态。这小部分人应该去寻求心理医生的帮助，以尽快得到调整。

3. 心理失调

表现出不具有同龄人所应有的愉快，与他人相处略感困难，生活自理有些吃力。若主动调节或通过心理辅导专业人员的帮助，就会消除或缓解，逐步恢复常态。

4. 严重病态心理

表现为严重的心理适应失调，不能维持正常的生活、工作。如不及时治疗就有可能恶化，成为精神病患者。轻微的可以依靠药物缓解，严重的则应在医院接受封闭治疗。

在进行心理健康判断时，应注意以下几点：

（1）心理健康是一个相对的概念，一个心理健康的人并不意味着完全没有不健康的心理和行为。判断一个人心理健康与否，不能简单地凭一时一事下结论，心理健康是较长一段时间内持续的心理状态，而偶尔出现一些不健康的心理和行为，正如伤风感冒一样，谁也不能完全避免。

（2）心理健康和病态之间很难找到清晰确切的界限。大学生心理健康与不健康并无明显界限，而是一个连续化的过程，如将正常比作白色，将不正常比作黑色，那么在白色与黑色之间存在着一个巨大的缓冲区域或过渡带——灰色区，大多数人都散落在这一区域内。出现心理问题是正常的，不必大惊小怪，需要的是提高自我保健意识,积极主动加以调适。

(3)心理健康是动态的,心理状态是不断变化的。心理健康实质上是一种状态,是一个在"平衡—不平衡—平衡"中不断发展的动态过程,也即在白色和灰色之间起伏波动。任何心理问题包括严重的心理疾病通常都不是"一朝突变"的结果,而是在"渐进"、累积的基础上逐步形成的,是量变到质变的"趋进"过程。如图1-1所示。

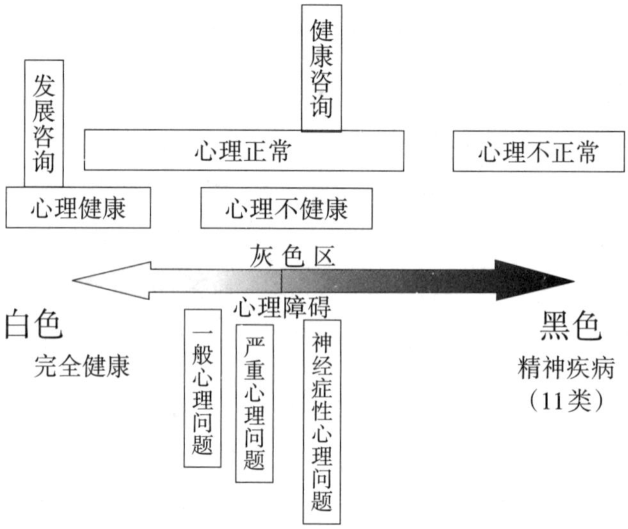

图1-1 心理健康是动态的

(二)大学生心理健康的标准

大量的生活经验告诉我们,只有心理健康的人才能把握自己,适应环境,面向未来,积极进取,自强不息,显示出生命的价值。那么,心理健康的标准是什么?迄今为止,关于心理健康还没有一个统一的概念及评估标准。从广义上讲,心理健康是一种持续高效而满意的心理状态;从狭义上讲,心理健康是知、情、意、行的统一,是人格完善协调,社会适应良好。国内外学者一般认同心理健康标准的复杂性,既有文化差异,也有个体差异。目前世界范围认可程度较高的是下面七项标准。

1.智力正常

智力以思维为核心,包括观察力、记忆力、思维力、想象力和认识力等。智力正常是大学生学习、生活、工作的最基本的心理条件,是大学生胜任学习任务、适应周围环境变化的心理保证,也是衡量大学生心理健康的首要标准。一般来说,大学生的智力是正常的,甚至相对于同龄人,其智力总体水平较高,因而衡量大学生的智力,关键在于看大学生的智力是否能正常地、充分地发挥效能。大学生智力正常且充分发挥的标准是:有强烈的求知欲和浓厚的探索兴趣;智力结构中各要素在其认识活动和实践活动中都能积极协调地参与并能正常地发挥作用;乐于学习。智力不正常的人心理不可能健康,但并不是说智力越高心理就越健康,IQ不能说明一个人的成就,IQ高也不能保证心理健康。

2.自我意识良好

良好的自我意识表现为充分了解自己并悦纳自己。自我意识是人的意识发展的高级阶段,是个体对自己的认识和评价。它反映了个人对自己的态度。大学生是在与现实环境、与他人的相互关系中,在自己的实践活动中认识自己的。一个心理健康的大学生对自己的认识应比较接近现实,有“自知之明”。对自己的优点感到欣慰,但又不至于狂妄自大;对自己的弱点既不回避,也不自暴自弃,而是善于正确地“自我接受”(可以改变的,积极改变;不可改变的,积极接纳)。

3.人际关系和谐

人际关系是人们在工作、生活和学习中所形成的心理关系。良好人际关系的建立是心理健康者与外界正常交往的结果,是个体对自己和对他人以及两者之间关系正确认识和评价的结果。和谐的人际关系既是大学生心理健康不可缺少的条件,也是大学生获得心理健康的重要途径。心理健康的大学生,乐于与人交往;与人交往中,能接纳自我,并接纳他人;与人相处时积极态度(如理解、宽容、友谊、信任、尊重等)多于消极态度(如嫉妒、怀疑、憎恶等)。

4.情绪健康

情绪健康的标志是情绪稳定和心境良好,善于调节自己的情绪状态,能适度地表达和控制情绪,积极情绪多于消极情绪。人都有喜怒哀乐,情绪积极是指情绪由适当的原因引起;情绪反应适度;情绪表现有合理的时间段。有人认为,用情绪来表示心理健康就像用体温来表示身体健康一样准确。

5.人格健全

心理健康的最终目标是使人保持人格的统一。人格是一个人整体的精神面貌,即具有一定倾向性的心理特征的总和。人格统一的标志是:有正确的世界观、人生观和价值观,并以此为核心把需要、动机、兴趣、理想及气质、性格、能力统一起来,和谐发展;有正确的自我意识,有自知之明,不产生自我同一性的混乱。

6.社会适应良好

较强的适应能力是心理健康的重要特征,不能有效处理与周围现实环境的关系是导致心理障碍的重要原因。心理健康的大学生具有良好的环境适应能力,能和社会保持良好的接触，能正确地认识环境，处理好个人和环境的关系。当发现自己的需要与社会的需要发生矛盾时，能迅速进行自我调节，以求和社会的协调一致，而不是逃避现实，更不是妄自尊大，一意孤行，与社会需要背道而驰。

7.心理行为符合年龄特征

个体在生命发展的不同阶段具有相应的特征，一个人心理行为的发展是随年龄的增长而发展变化的。心理健康的大学生应该是精力充沛、勤思好问、反应敏捷、勇于探索的。萎靡不振、喜怒无常，或过于幼稚、过于依赖等都不符合大学生的年龄特征，是心理不健康的表现。总之，若经常出现严重的偏离正常的心理行为特征，则有可能是心理异常的表现。

二、影响大学生心理健康的因素

个体心理的形成是生理、心理、社会诸因素共同作用的结果，导致心理偏差、心理障碍或心理疾病的因素也是复杂多样的，根据各种制约心理健康的因素功能的不同，我们将影响大学生心理健康的因素分为三大类：遗传因素、社会环境因素、心理活动因素。

（一）遗传因素

一般说来，人的心理活动是不能遗传的，主要是后天的社会环境影响下形成和发展起来的。但人作为一个整体（身体、心理）与遗传因素的关系就十分密切，尤其是人的体形、气质、神经结构的活动特点、能力与性格的某些成分都受到遗传因素的明显影响。如高级神经活动强而不平衡的典型胆汁质的人，容易形成冲动、暴躁、易怒等心理障碍；高级神经活动弱而不平衡的典型抑郁质的人，容易发生孤独、焦虑、自卑等方面的心理障碍。根据统计调查及临床观察，许多精神疾病的发病原因确实具有血缘关系。

（二）社会环境因素

1.生活环境因素

生活中的物质条件恶劣，生活习惯不当如摄取烟、酒、食物的过量等，都会影响和损害身心健康。其次，生活环境的巨大变迁也会使个体产生心理应激，由此带来心理的不适。对大学新生来说，远离亲人、朋友，远离熟悉的环境，在新环境中有的学生就会产生“休克”反应，加之生活自理能力欠缺，新的人际关系建立困难，有的甚至出现严重的心理问题。

2. 重大生活事件与突变因素

生活中遇到的各种各样的变化尤其是一些突然变化的事件，常常是导致心理失常或精神疾病的原因，比如家人死亡、失恋、天灾、疾病等。由于个体每经历一次生活事件，都会给其带来压力，都要付出精力去调整、适应，因此，如果在一段时间内发生的不幸事件太多或事件较严重、突然，负性情绪长期存在，可能导致心身疾病的产生。

3. 家庭环境与教育

早期教育和家庭环境是影响个体心理健康的重要因素之一。早期成长环境、亲子关系，父母的教养态度、方式等都会对个体以后的心理健康产生影响。

(1)早期成长环境。研究表明，个体早期成长环境如果单调、贫乏，其心理发展将会受到阻碍，并会抑制其潜能的发展，而受到良好照顾，接受丰富刺激的个体则可能在成年后成为佼佼者。

(2)早期亲子关系。早期与父母建立和保持良好关系，得到充分父母爱，受到支持、鼓励的儿童，容易获得安全感和信任感，并对成年后的人格良好发展、人际交往、社会适应等方面有着积极的促进作用。

(3)父母的教养方式。一般来说，“专制型”父母的子女易表现出自卑、焦虑、退缩、依赖等不良的性格特征；“放纵型(溺爱型)”父母的子女易表现出依赖、任性、冲动、幼稚、自私，做事没有恒心、耐性；“忽视型”父母不关心子女的成长，对孩子冷漠，缺少对孩子的教育和爱，这类孩子自控能力差，对一切都采取消极的态度，还会有其他的不良心理特征；“民主型”父母对子女实行“理性、严格、民主、关爱和耐心”的教育方式，在这样的教导之下，孩子会慢慢养成自信、独立、合作、积极乐观、善社交等良好的性格品质。

(三)心理活动因素

人的心理是一个有机整体，主要包括心理过程和个性心理两大部分。心理系统内部各个成分之间是相互作用、相互影响的。如性格自卑会左右能力的发展、发挥。一般来说，影响大学生心理健康的心理因素有情绪、个性特征、需要与动机引起的心理冲突等。

1. 情绪因素

人的情绪体验是维持身心健康的重要因素。稳定而积极的正性情绪使人精力充沛、心境愉快，有助于发挥机体的潜能，提高工作效率，增进人体健康。近代医学科学实验研究已肯定消极情绪对身心疾病的发生、发展过程起着巨大作用。例如，无所依靠和失望的情绪会降低一个人的免疫力。情绪在心理变态中起核心作用，情绪异常往往是心理疾病和精神疾病的先兆，因此，良好的情绪是心理健康的重要保证。

2.个性特征

个性特征是心理活动因素的核心，包括性格、气质、能力和动机等。每个人都有自己独特的个性特征，它对人的心理健康有着重要的影响。如同样面对挫折，有的人屡败屡战，有的人一蹶不振。研究表明，很多疾病的发生也与个性特征有着密切的关联性。如“A型性格”容易紧张、激动，患高血压、心脑血管疾病的可能性是常人的2~3倍；“C型性格”总是忍气吞声，压抑自己的情绪，易患心理疾病；强迫性人格易导致强迫性精神疾病；癔症性人格易导致癔病等。因此，培养和完善健全的人格是预防和减少心理障碍或精神疾病的一项重要措施。

3.心理冲突

心理冲突是人们面对难以抉择的处境而产生的心理矛盾状态。由于心理冲突带来的是一种心理压力，这种压力往往会增大个体适应环境的困难，因而，在多数情况下都会对个体的身心健康和学习产生不良的影响。尤其是当冲突长期得不到妥善的解决时，便会产生紧张和焦虑的情绪，严重的还可能导致心理疾病。

三、大学生心理健康的意义

党的十八大以来，以习近平同志为核心的党中央高度重视和关心广大学生的心理健康和成长发展，在党的二十大报告中提出要“重视心理健康和精神卫生”。中央教育工作领导小组会议专题研究部署了学生心理健康工作。

教育部党组高度重视，深入贯彻落实党中央、国务院决策部署，会同国家卫生健康委等相关部门，合力推动学生心理健康工作。近年来，相继印发了《健康中国行动——儿童青少年心理健康行动方案（2019—2022年）》《关于加强学生心理健康管理工作的通知》《生命安全与健康教育进中小学课程教材指南》等系列政策文件，并在2023年重点实施学生心理健康促进专项行动，促进学生健康成长。培养学生良好的心理素质既是科教兴国战略的客观要求，也是学生自我发展和完善的内在需要，更是大学生成才、立业的基本保证。因此，我们应塑造大学生的健康心理人格，使其更好地适应社会，完善自我。

（一）心理健康是身心健康发展的需要

巴甫洛夫曾说过“一切沉重顽固的焦虑和忧郁足以给各种疾病打开大门”。人是身心一体的动物，心理状态和生理因素之间是相互制约、相互影响的。身体健康是心理健康的基础和载体，心理健康又是身体健康的条件和保证。积极健康的心理状态，有益于身体健康；消极不健康的心理状态，使人容易患生理疾病。古代中医理论中早就提出“怒伤肝、哀伤脾、恐伤肾、喜伤心”，告诫我们强烈的情绪波动对生理的影响。伍子胥过韶关，陷入前有伏兵后有追兵的境地，一夜之间，须发全白；周瑜英年早逝与他心胸狭隘、善嫉的个性特点分不开。现代医学研究也证明了，偏头痛、冠心病、胃溃疡等与长期不良情绪有很大的关系。生气的生理反应十分强烈，分泌物比任何情绪时都复杂，动不动生气的人很难健康。因此，大学生对生活充满乐观和自信，朝气蓬勃，对身体健康是大有益处的；相反，消极悲观，抑郁苦闷，则容易罹患疾病。

（二）心理健康是适应社会并成功发展的需要

21世纪是一个充满竞争的世纪，它要求每个人有很强的社会适应能力、与人合作的能力，拥有自信和忍受挫折的能力。如果你不能很好适应的时候就会出现各种各样的心理问题。所以许多人这样断言：从现在起到21世纪的中叶，没有任何一种灾难能像心理冲突那样带给人们持久而深刻的痛苦。就是说，在21世纪当中由于竞争的激烈，心理危机随时存在。因此有人称：21世纪是一个心理学的世纪，21世纪不允许心理学的文盲存在！培养大学生良好的个性品质，拥有开创、自信、进取、合作精神，使个体的心理素质、文化素质、专业素质和身体素质协调发展，是现代社会对人才的要求。

（三）心理健康是幸福的需要

在日常生活中，有些人往往认为，人的幸福是建立在金钱、成功、名誉和地位的基础之上的。但是，心理学家通过研究发现了一个奇特的现象：自20世纪30年代以来，人们的金钱收入一直是呈上升趋势的，但是对生活感到幸福的人的比例并没有增加。其实，幸福无处不在，它时刻环绕在我们身旁：当你早晨吃着母亲准备好的早餐时，这不是亲情关爱的幸福吗？当你身处逆境感到绝望却得到朋友无私援助时，这不是朋友情深的幸福吗？因此，我们并不缺少幸福，缺少的是去发现、去品尝、去创造幸福。当我们去问那些幸福的人，你会发现，所有幸福的声音背后都伴随着感恩、珍惜、知足！只有具备健康人格、健康心理，我们才能感知到幸福。

最高层次的较量是
人格的较量

四、大学生常见心理问题

(一)成长发展类问题

1. 性格缺陷

其形成大多与成长经历有关,原因较为复杂,表现形式多样,如自卑、依赖、懒惰、退缩、孤僻、偏激、敌对等。性格缺陷容易诱发多种身心疾病,导致社会适应不良,破坏人际关系,影响学习、工作效率和生活质量。

2. 困惑、迷茫

主要是由于来自社会、家庭、学习、就业等方面的压力太大。主要表现为学习上不知学什么,行为上不知干什么,对未来缺乏信心,心理压力较大,在生活遇到挫折时无法应对、心理脆弱,有些甚至会出现极端行为。

3. 自我效能感低

自我效能感是指个体在特定情境中对自己某种行为能力的自信程度。自我效能感低的学生对学习、工作、生活信心不足,情绪低落,自我贬低,退缩,放弃,缺乏成功体验。

(二)人际交往问题

进入大学,远离原来熟悉的生活与学习环境,面对新的人际群体,学生多少有些不适。部分学生对大学的师生关系、同学关系、异性之间的关系显得很不适应。一位新生感叹说:“在大学,没有一个可以谈得来的朋友,心里真的感到好孤独。”有的学生从未离开过家庭,在父母的呵护下成长,对于如何关心别人,得到朋友的关心想得较少;而另一方面,学生又希望别人的认可。“心里话儿对谁说”成为学生普遍的困惑。在“目前,你感到最苦恼的事”的调查中,有40%左右的学生提及了人际关系。大学生人际交往问题具体表现有:

1. 对人际关系缺乏正确的认知

大学生还没有全面接触社会,生活阅历有限,但人际交往中又常带有理想化的模型,当理想与现实不符时就会产生人际交往的抗拒。有些大学生在人际交往中常以自我为中心,不考虑、不理解他人的需要,这样的交往也会以失败告终。

2. 交往中感情色彩浓重

自卑、嫉妒、害羞、自负、猜疑等消极心理会导致学生在人际交往中产生痛苦、忧伤、愤怒、恐惧、失落等情绪,严重妨碍人际关系的形成与发展,严重的甚至会产生伤害自己或伤害他人的过激行为。

3.缺乏必要的交往技巧

大学生不懂得人际交往中的原则,不知道如何与别人交往时,往往会采取回避、拒绝等不良反应,有意无意中给他人带来伤害,也损伤自己在交往中的形象。

(三)情绪问题

情绪问题多发生于学生遇到重大问题或琐碎的小问题累积过多时,常常伴随学习问题、人际交往问题、恋爱问题等出现。具体表现有:焦虑、抑郁、愤怒、嫉妒、恐惧等以及由此而引发的情绪失控事件。

(四)学习问题

1.学习适应不良

大学学习与中学相比,一堂课教授内容多,速度快,对学生自主学习的要求较高,不理解大学学习特点及规律,被老师领着学的被动学习,无法再适应大学学习的节奏。没了家长和老师的叮嘱和督促,没了频繁的测试和排名,部分同学以为大学学习很轻松,放纵自己;部分同学思想停留在"要我学"层次,不知如何安排时间而苦闷。

2.缺乏学习动力

表现为人生茫然,学习目标不明确、学习动力缺失,生活随波逐流,常伴随有无意义感。缺乏学习动机在大学生中表现较为突出,如厌学;得过且过混日子;什么都想学,但缺乏毅力与坚持性,只有三分钟热度;兴趣主导行为,对所学专业不感兴趣,学习中采取逃避、怨恨态度等。

3.考试焦虑,尤其是考研焦虑

主要表现为紧张恐惧、心烦意乱、烦躁、记忆力下降、头昏、失眠等。

(五)恋爱和性心理问题

大学生处于青年初期,性发育成熟是重要特征,恋爱与性问题是不可避免的。恋爱问题一般包括:单相思、多角恋、失恋等。性心理问题常见的有:婚前性行为、校园同居等。

(六)人生态度方面

对人生意义的理解、人生价值的取向、对人的本质的认识有消极的评价。

(七)新生适应问题

新生适应问题出现在大一新生中。主要表现有:期望值过高引起的失落感,环境生疏造成的孤独感，目标失落造成的困惑感，地位变化产生的自卑感，等等。我们把新生入校后在一个较长的时间内，可能不适应大学的新环境（学习、生活、人际等），由此引起心理上的焦虑感、罪恶感、疲倦感、烦乱感、无聊感、无用感和行为上的不良特征，称为“新生适应不良综合征”，或“心理间歇期”。

（八）其他心理问题

其他心理问题包括手机依赖、网络成瘾、失眠、强迫症、抑郁症等。

五、大学生健康心理的培养

当前我国高校学生心理教育工作已经步入全面发展时期，很多高校成立了大学生心理健康教育机构，有些高校的心理咨询中心已具备相当的规模和水平。这些机构开展了许多诸如心理沙龙、心理交流等活动来宣传大学生心理健康的必要性，一批专业化的心理健康教育与心理咨询队伍正在逐渐成长。同时，大学生自身也已经意识到了心理健康的重要性，“5·25”大学生心理健康节就是在这种背景下应运而生的，许多高校学生自发地建立了学生心理社团。当然，心理健康教育是个系统工程，需要学校、家庭和社会密切配合。个体的良好发展，是社会影响和个人选择、社会制约力和主体调控力整合后发挥作用的结果。就大学生来说，健康心理的形成和维护则更多取决于个人的努力和调控。健康心理的培养方法主要有：

（一）培养良好的人格品质

对大学生来说，保持心理健康的重要途径是注意培养锻炼自己良好的人格品质。首先应该正确认识自我，培养悦纳自我的态度，要对自己充满自信，学会扬长避短，不断完善自己。其次应该提高对挫折的承受能力，正视挫折，在挫折面前不惊慌失措，采取理智的应对方法，化消极因素为积极因素。挫折承受能力的高低与个人的思想境界、对挫折的主观判断、挫折体验等有关。提高挫折承受能力应努力提高自身的思想境界，树立科学的人生观，积极参加各类实践活动，丰富人生经验。

（二）养成健康的生活方式和业余爱好

生活方式对心理健康的影响已为科学研究所证明。健康的生活方式指生活有规律、劳逸结合、科学用脑、坚持体育锻炼、按时作息、讲究卫生等。“生命在于运动”，首先，大学生应坚持适宜的活动内容和活动方式，或者选择参加各项能延缓人体各器官的衰退老化的健身运动。其次，注意全面均衡适量的营养。人体对各种物质的需求量都有一个度，过量摄入将会适得其反，高糖、高盐、高脂肪食物的长期过量摄入，尤其是饱和脂肪酸过量摄入会导致亚健康状态。再次，长期的精神刺激和压力以及长期的压抑愤怒等负性情绪，也是导致亚健康的因素之一，在大学阶段依据自己的性格特点和条件，注意培养和发展一些业余兴趣和爱好如读书、听音乐、练字画等有益于身心健康的活动，保持良好的心态，具备乐观豁达、奋发进取的精神，是防治亚健康的精神基础。

（三）加强自我心理调节

在人生发展过程中遇到生活、学习、交往以及恋爱等方面问题时不能有效应对，日积月累，就有可能成为心理障碍而影响学习和生活。正视现实，学会自我调节，保持同现实的良好接触，对每个大学生来说都是必需的。自我心理调适是大学生在现实生活环境中通过自己努力积极主动维持一种良好有效的生存状态和发展状态的心理、行为过程。大学生的自我心理调适首先就是自我认识的重新调整即大学生对自身心理状态的了解与判断。具体包括对因环境变化引起的心理不平衡状态的估计，对不适应状况的归因分析，态度的转变，对已有记忆信息的提取利用，对所做行为效果的审视。其次，学会生存是最基本的自我心理调适。学会生存意味着要具备独立生活的能力，包括生活的自立能力、独立处理人际关系及生活中各种矛盾的能力。再次，还要有积极的自我观念、乐观的生活态度和明确的人生目标。从自身的实际和客观实际出发，为自己制定一个远期目标，它是一个大学生的远大理想。同时还要制定一系列为实现远期目标所设立的近期目标。还应该随时根据已经变化了的情况，及时做出调整，坚定自己的信念，始终充满自信。最后，大学生在身心发展过程中，还应有意识地掌握一些常用的自我心理调适方法，如自我暗示法等，对自我心理放松、消除心理压力是必要且可行的。

（四）打造社会支持系统

人生在世，每个人都有困难和快乐的事情。当你遇到困难的时候，你会向谁求助？当你快乐时，你会和谁分享？社会支持系统就是由这些与我们分担困难、分享快乐的人组成的。你拥有多少社会支持系统，你就有多少安全感！欧沃亨勒的社会支持理论认为，人的心理压力是在社会支持不足以有效应对事件时产生的。心理研究表明：社会支持与个人遇到较大压力（或应激事件）从而影响身体健康有紧密联系。良好的社会支持系统可以帮助我们缓解压力，感受到不是一个人孤军在奋战，让我们更有安全感，从而提高身心健康指数。

测测你的社会支持系统

良好的个人社会支持系统是指个人在社会网络中所获得来自他人的物质支持、精神支持、情感支持、信息支持和其他支持（社区、社团等其他群体成员给予的建议和意见)。当社会支持不足或者不全面时,个体战胜压力事件的信心往往会减弱。良好的人际关系是社会支持系统的重要组成部分,而好的人际关系离不开关系双方的信任和互相支持。从心理学角度而言,我们的内心深处更希望获得温暖、爱、归属感和安全感,而这些需要建立在良好的人际关系基础之上。个人的社会支持系统,家庭在其中占据很重要的位置,父母和兄弟姐妹之间的血脉亲情是任何人都取代不了的,无论身在何处,只要听到来自他们的声音,心中就有了安全感。他们可以在第一时间分享我们的喜悦,甚至一些烦恼的小事也可以和他们说说,必要时在经济上也可以向他们求助。另外,朋友和同学的支持也是非常重要的支撑力量。还有,现在社会上流行一种亲密称谓"男闺蜜""女闺蜜",闺蜜们的作用就是在你失落或者遇到挫折时充当后备军的角色,他们会心甘情愿地听你诉说,同情、理解你。每个人一生中如果能结交几个能和你同甘共苦的好伙伴才不会遗憾。

所以,有意识地打造一个属于自己的社会支持系统会让我们的人生更加顺利、更加成功。当然,如果你不具备这样一个支持力量或是你出现了心理或躯体症状,主动寻求老师或心理咨询师的帮助是非常必要的。

(五)积极寻求专业的心理救助

长期以来,人们对心理咨询的认识停留在心理疾病的治疗上,事实上,有严重心理障碍的大学生毕竟是少数,面临更多的是成长与成才、情感与事业、日常生活事件的处理等问题,而这些问题并不构成心理疾病的主要方面,但又直接影响着大学生的身心健康成长。目前,大部分高校都设有专门的学生心理咨询中心,心理老师具备了较好的理论功底和生活实践经验,对学生所面临的心理问题具有良好的解答方式和处理技巧。心理咨询不仅为大学生提供倾听烦恼、宣泄郁闷、寻求理解与慰藉的场所,而且给予大学生行为上的指导,帮助他们认识自我、学会管理情绪,从不同的角度思考问题,促进健全人格的发展。大学生作为特殊的群体,在学校中会面对各种各样的问题,如考试失利、人际矛盾、情感受挫、学习压力等,都可以主动地到学校的心理健康教育中心寻求帮助。

大学生心理咨询的作用和意义

总之,人生是一个漫长而又短暂的过程,没有人能替代你的成长。每一个人都必须学会独自品尝其中的艰辛与快乐,只要你能全面、正确地认识人与社会,正确对待人生历程中的积极与消极的因素,勇敢面对挫折,你便能维护自己的健康心理状态。人生是美好的,但绝不是完美的;生活是艰辛的,但也是幸福的。只要你愿意去努力,你便能获得健康而亮丽的人生!

专题一 相亲相爱一家人

专题介绍

系列破冰活动、小组文化建设活动，旨在促进学生相互认识和初步了解，创建温暖和谐的团队氛围，形成课堂活动小组，为后续课程讨论交流学习创设基础，通过“说说自己的，听听别人的”实现团体心理辅导的作用。

感···

歌曲：《相亲相爱一家人》

听歌曲：《相亲相爱一家人》。

目的：放松，唤醒对集体的情感，强化班级凝聚力。

操作：课前或课间播放。

导…

活动一:自由握手

目的:

初步认识,打破拘谨和陌生感。

操作:

1. 在规定时间内,同学们离开座位,来回走动,尽可能找更多同学握手并用一句话互相介绍自己。一句话中至少应包括三个内容:姓名、籍贯、兴趣爱好。

2. 想一想:你和多少同学握了手?记住了多少人的信息?为什么短短时间内你能记住这么多信息?

活动二:雨点变奏曲

目的:

活跃气氛,打破僵局,消除生疏感。

操作:

1. 动作约定:“小雨”——手指互相敲击;“中雨”——两手轮拍大腿;“大雨”——大力鼓掌;“暴雨”——跺脚。

2. 跟随老师指令做动作。“现在开始下小雨,小雨变成中雨,中雨变成大雨,大雨变成暴雨,暴雨变成大雨,大雨变成中雨,又逐渐变成小雨……最后雨过天晴。”随着不断变化的手势,学员发出的声音不断变化。

活动三:扩大交友圈

目的:

活跃气氛,学习关注和倾听,促进小组成员相互认识和初步了解。

操作:

1. 建立8人小组。从1~8进行报数,报到同样数字的同学集中到一起。1为第一组,2为第二组……

2. 小组内“滚雪球”。

每人用一句话介绍自己。一句话中至少应包括三个内容:姓名、籍贯、兴趣爱好。由一名同学开始按照顺时针方向做自我介绍。

A:我是来自○○地区,爱好○○的○○。

B:我是来自○○地区,爱好○○的○○左边的来自●●地区,爱好●●的●●。

C:我是来自○○地区,爱好○○的○○左边的来自●●地区,爱好●●的●●左边的来自★★地区,爱好★★的★★。

……

3.棒打“薄情郎”。

每个小组随机抽取一名同学向全班介绍组内同学的信息,不能完整介绍或介绍错误的“薄情郎”接受“棍棒”惩罚。

活动四:小组文化建设

目的:

小组破冰,促进小组的形成,加强小组凝聚力,为后续课程讨论交流学习创设基础。

操作:

1.小组成立:每个组发一张4开白纸和一盒彩色笔。在规定时间内,小组设计完成组名、标志、口号、队歌等,并选出组长,完成小组“契约”。

2.各小组文化展示。

小组“契约”

我愿意以真挚、坦诚的心遵守下列要求:

1.准时守时。我承诺准时守时参加小组活动。

2.集中注意。我承诺将集中注意力在课堂上。

3.真诚开放。我承诺对小组的成员坦诚开放。

4.暂停评判。我承诺对别人的观点暂停评判。

5.保守秘密。我承诺对活动中的言行保守秘密。

6.积极倾听。我承诺表现优秀品质积极倾听。

承诺人:______________________________

悟…

1.这次活动的感受是：

2.现在的感觉和你参加活动前的想法有什么不同？

3.在今天的活动中，你有什么收获？

专题二
环境适应与心理健康

专题介绍

新的生活环境,新的教学风格,新的学习方式,新的人际关系,部分大学生可能会产生不同程度的不适应,如孤独、自卑、失落和焦虑等,这是一种正常的心理反应。学会自我调节,充分挖掘自身的潜力,发挥自己的主观能动性,努力更好更快地调整自己的心态,就能更好地适应大学生活。

你的适应能力怎样?

测一测

心理适应能力自测

感…

案例:王某,女,是来自外地的大学一年级新生,上大学之前没有集体生活的经验,一切由父母料理,学习成绩很不错,老师喜欢,父母也高兴。上大学后这些优势都不复存在,在学习和生活的压力之下,王某充满挫败感,尤其是面对能说会道的同室的三个重庆同学,她不会说重庆话,听不懂她们说话的内容,不愿与她们交流,感到很孤独、寂寞。王某在家时,除了学习其他事情一概不用操心,家人全权代劳,她不懂得料理自己的生活,也不喜与人沟通。到了大学,发现其他同学懂很多东西,会玩、会学、会生活,优越感的丧失让她觉得自卑,感到痛苦、孤独。

分析:王某的情况属于"新生适应不良综合征"。大一新生在较长一段时间内不能很好地适应学校新的环境,由此引起心理上的焦虑感、罪恶感、疲倦感、烦乱感、无聊感、无用感和行为上的不良症状,这种现象被称为"新生适应不良综合征"。也有研究者把大一这段时间称为"心理间歇期"。具体表现为自我定位的摇摆、奋斗目标的迷茫、新生活方式适应困难、社交困惑等。

议…

大学新生环境适应中的常见心理问题有哪些?

大学新生面临的适应问题

导 · · ·

活动一：鸡蛋—小鸡—大鸡—凤凰——成长三部曲

目的：

让同学们体会成长中的感受。

操作：

1. 全体同学蹲在一个大圈里，大家的起始级别均为“鸡蛋”，每人随意寻找对象，通过剪刀、石头、布与另外一个“鸡蛋”PK ，PK胜利者，即可升级为“小鸡”，呈半蹲状；失败者仍然为“鸡蛋”，蹲着。然后，没有成长的“鸡蛋”只能寻找“鸡蛋”PK，成长的“小鸡”和同等级“小鸡”PK，失败者退回“鸡蛋”；胜出者为“大鸡”，直立站立。“大鸡”和同等级“大鸡”PK，失败者退回“小鸡”，胜出者为“凤凰”，回到座位坐下休息；失败者退回“小鸡”继续比赛……直到剩余4位同学。

2. 分享交流：在游戏中，你的角色发生了哪些变化？结合自身的感受，你想到了现实生活中的什么？

活动二：思“变”

目的：

通过讨论、交流、反思让学生感悟要适应环境，就要变通，学会变通。

操作：

1. 写出关于“变”的词语：________________________________

2. 分享我的“囧事”：回忆自己曾经走过的生活道路，想想自己是如何应“变”的？比如，在遇到困难时，你是如何随机应变的？在一种办法不能解决问题时，你又是如何变通的？在人前遭遇尴尬时，你是如何应变的？

3. 分享大学生活有哪些需要“变”。

4. 请以“如何经营我的大学时光”为主题写出你对“应变”的思考：

适应分为积极适应与消极适应。积极适应是一种健康的适应，它应有两种含义：一是改变自己以顺应环境或顺应环境中的某些变革；二是不断地抗争和选择，从一个目标走向另一个目标，这是发展性适应。消极适应是一种不健康的适应，它以牺牲个体的发展为代价，甚至会导致某些不同程度的心理问题或疾病。在现实生活中适应不良的行为表现往往有3种：

第一种方式是反抗现实。由不满现实转而反抗现实，反抗现有的社会规范，反抗社会权威，甚至产生更为严重的反社会行为，其结果是不但不能解决问题，反而带来更为严重的挫折，甚至毁灭自己。

第二种方式是逃避现实。由于个体承受不了现实压力，不从经验中学会面对现实，而以自欺欺人、掩耳盗铃的方式来应对问题，借以获得暂时的满足，但久而久之会造成更大的失败。

第三种方式是脱离现实。从现实中退却，沉迷于虚构的幻想中。

如何更好地适应大学生活？

1.观念决定收获

问问自己：我将如何最大限度地受益于大学教育？如果你抱着积极的态度对待大学的教育，明白大学教育对你的人生意义，那么你会从功课和教师那里获得更多的东西。

2.放弃逆反心理

逆反是问题的表现。与师长、他人对着干并非显示自我存在感或自身价值的有效方式。每个人都可以找到与师长或他人闹别扭的理由，如你可以找出千万条理由解释自己对学习兴趣不高，对专业不喜欢没有动力；你也可以指责老师上课没有热情，讲课单调乏味，课程一成不变，缺乏生动的例子，等等。其实，在任何情况下你都不会一无所获。大学是一个变化的过程，我们希望迎来四年后的变化成长，但你得主动促成这些变化，玉不雕琢不成器，人不经难不成才。

3.遇事要有主见

不要轻信别人说这个老师“好”或那门功课有多难，要知道每个人的情况不同，背景不同，做事准则也不同。有些事情对这个人来说很难而对那个人可能易如反掌。大学本身就是生活。大学不是你生活的序曲、准备或前奏。你的价值观、你的兴趣以及做事准则在大学期间就已开始形成，你的人生航船已经扬帆。

4.学会提问和听取意见

经常提问是提高生活价值的一个重要途径。没有问题的生活空洞而没有意义。良好的建议不会自己找上门,你得经常找你的导师及辅导员谈心。承担责任意味着从负责人那儿获得建议,而不是依靠你的同学、朋友为你解答重要问题。懒人只听一面之词,而不考虑消息的来源:懒人在做出重大决策前不愿听取多方意见,勤奋的人则广泛猎取信息。

5.充分利用资源

好的分数和推荐信不能保证你找到一份好工作,你在大学里做过什么社会活动也很重要。学校里有俱乐部、学生组织期待着你的加入。尽快把自己融于大学生活中,时光飞逝,一切不会再来,不要等到大三或大四才开始投入,一个在大学里活跃的人往往在将来的工作和生活中一样充满活力。社会需要活跃而参与意识强的人才,大学生活是培育这类人才的沃土。

践…

找老师、有经验的学长交流或阅读有关大学生活的书籍,将如何尽快适应大学生活的有关内容和观点摘录、汇总,形成指导自己的学习、生活、交往的基本思路。

悟…

你从本单元的学习中认识到了什么?感悟到了什么?改变了什么?形成了什么?还有什么不足?

书海导航

《谁动了我的奶酪?》

(美)斯宾塞·约翰逊著,吴立俊译,中信出版社

连续128周雄踞中国各大媒体畅销书排行榜!翻译成多种语言,销量超过2600万册!荣登《纽约时报》《华尔街日报》《商业周刊》《今日美国》畅销书排行榜榜首!入选改革开放30年最具影响力的300本书!入选中国最具影响力的600本书!

书中主要讲述4个"人物"——两只小老鼠"嗅

嗅”“匆匆”和两个小矮人“哼哼”“唧唧”。他们生活在一个迷宫里,奶酪是他们要追寻的东西。有一天,他们同时发现了一个储量丰富的奶酪仓库,便在其周围构筑起自己的幸福生活。很久之后的某天,奶酪突然不见了。这个突如其来的变化使他们的心态暴露无遗:嗅嗅、匆匆随变化而动,立刻穿上始终挂在脖子上的鞋子,开始出去再寻找,并很快就找到了更新鲜更丰富的奶酪;而两个小矮人哼哼和唧唧,面对变化却犹豫不决,烦恼丛生,始终无法接受奶酪已经消失的残酷现实。经过激烈的思想斗争,唧唧终于冲破了思想的束缚,穿上久置不用的跑鞋,重新进入漆黑的迷宫,并最终找到了更多更好的奶酪,而哼哼却仍在郁郁寡欢、怨天尤人。

IN语

1. 人生真的就是马拉松,你永远不能用你在一千米取得的成绩去猜测自己两千米时候的成绩。

2. 快乐与你分享,我更快乐;困难与你分担,我更有力量!

3. 智慧的本质就是适应。

——皮亚杰

4. 一个人绝对不可在遇到危险的威胁时,背过身去试图逃避。若是这样做,只会使危险加倍。但是如果立即面对它毫不退缩,危险便会减半。决不要逃避任何事物,决不!

——丘吉尔

单元二

同学你我他
——做一个良好的沟通者

看看你的人际关系怎样

测一测

人际关系综合诊断量表

人际关系是社会人群中因交往而构成的相互依存和相互联系的社会关系，良好的人际关系对于个人的积极情绪和生活幸福有着重要影响。本量表是一份人际关系行为困扰的诊断量表。一是诊断你人际关系的总体状况；二是根据你在每一横栏上的小计分数，还可具体指出你与朋友相处的困扰行为及其可供参考的纠正方法。

学习导读

人际交往概述

一、人际交往及其作用

亚里士多德说:“喜欢孤独的不是神灵就是野兽。”我们既不是神也非兽类,我们都不喜欢孤独,每个人都渴望爱与被爱,渴望人际交流,渴望温情。人际交往是人在社会中不可缺少的一个重要组成部分。

(一)人际关系的含义

人际关系是为了满足各种需要而在交往活动中建立起来的相互间的心理关系。人际交往的心理因素包括认知、动机、情感、态度与行为等。认知是个体对人际关系的知觉状态,是人际关系的前提。人与人的交往首先是从感知、识别、理解开始的,彼此之间不相识、不相知,就不可能建立人际关系。认知包括个体对自己与他人、他人与自己关系的了解与把握,它使个体能够在交往中更好地、有针对性地调节与他人的关系。动机在人际关系中有着引发、指向和强化功能。人与人的交往总是源于某种需要、愿望与诱因。情感是人际关系的重要调节因素,人们在交往过程中,总是伴随着一定的情感体验,如满意与不满意、喜爱与厌恶等,人们正是根据自身情感体验不断调整人际关系。情感直接关系着交往双方在心理需要方面的满足程度,即心理距离。可以说,情感是人际关系中最重要的部分,它往往被当作判断人际关系状态的决定性指标。态度是人际交往的重要变量,每时每刻都在表现某种态度,态度直接影响着人际关系的建立、形成与发展,例如偏见、歧视的态度直接影响着人际交往。

(二)人际交往的功能

荀子说:“人力不若牛,走不若马,牛马为用何也?人能群而彼不能群。”人论力气不如牛,论行走快速不如马,可是牛马为什么反而被人控制使用了?荀子的答案是人“有群”,就是说人是群居的,能互相合作。人是社会性动物,人离开群,离开社会是活不成的。正常的人际交往和良好的人际关系是心理健康和完好社会功能的体现,是心理正常发展、有幸福感的必要前提。关于交往的功能有各种不同的提法。苏联学者洛莫夫认为交往的功能分为三类:信息沟通、思想沟通、情绪沟通。西方社会心理学家一般认为有两种功能,即传达情报和满足个人精神需要。我们概括为以下几点:

1.交往与人生存发展

人际交往在人的需要结构中占有十分重要的地位。人们需要交往,需要人际温暖如同生物体需要空气、阳光和水分一样。交往需求被剥夺,人就会产生孤独和恐惧。据报道,美国对犯人最严厉的惩罚是单独监禁,几个月、几年不让他见人影,纵使食宿不受虐待,犯人也将会受到比死更痛苦的折磨,他会因失去社交而发疯。一个人退休后整天闷在家里,不进行必要的社交活动和信息交流,他就会感到寂寞、孤独、空虚、压抑,脑细胞会因之加快萎缩,寿命也会因之缩短。只有在广泛的不拘一格的交往中,彼此产生情绪互动作用,人们的郁闷才能得到排遣,情绪才能得到宣泄,精神才会感到充实。

人际交往是个人社会化的起点和必经之路。个体只有通过与其他个体发生联系,才有可能学习社会知识、技能与文化,获得大量的信息资料,才能取得社会生活的资格。人们之间的交往就是信息交流的过程。在今天信息社会条件下,科技日新月异,知识呈爆炸性增长,信息不灵,就会被竞争所淘汰。每个人都需要不断地进行知识的补充与更新才能更好生存,“独学而无友,孤陋而寡闻”。在交往过程中,彼此相互学习,共同提高,可产生“1+1>2”的智力共振。

2.交往与健全人格的发展

交往是个性发展与人格健全的必经之路。心理学的研究结果表明,儿童与其照看者之间通过积极的交往形成的稳定的亲密关系,是其心理乃至身体正常发展不可缺少的条件。儿童人格的早期生成主要取决于父母,一方面是婴幼儿时期的亲子关系对儿童的人格形成和发展具有不可磨灭的影响,奠定了孩子与他人之间良好的适应基础,对孩子性格的形成、品质的培养、意志的磨炼、与人交往模式的建立,都起到了决定性的作用。另一方面,积极有效的亲子交往能促进儿童情绪分化,提高儿童的情绪认知能力,影响儿童情绪发展质量,为人格形成奠定良好基础。幼儿口吃、紧张、易怒,长大后的神经官能症和少年犯罪都与亲子关系有密切关联;再则,父母自觉或不自觉地在亲子交往中将行为规范、思想观念和价值取向注入了儿童的心灵。因此,民主的亲子关系直接决定儿童人格中自主性向度的发展。

心理学家研究发现,如果一个人长期缺乏与别人的积极交往,缺乏稳定而良好的人际关系,这个人往往就有明显的性格缺陷。如在青少年心理咨询中发现,绝大多数青少年的心理危机都与缺乏正常的人际交往和良好的人际关系相联系。在同宿舍里,同伴之间的心理交往状况,往往决定了一个大学生是否对大学生活感到满意。那些生活在没有形成友好、合作、融洽的人际关系的宿舍中的大学生,常常显示压抑、敏感、自我防卫、难以合作的特点,情绪的满意程度低。在融洽的宿舍里生活的大学生,则以欢乐、注重学习与成就、乐于与人交往和帮助别人为主流。可见,人的心态与性格状况,直接受到与他人交往和关系状况的影响。

3.交往与身心健康

心理学家指出:"人类的心理适应,最主要的就是对人际关系的适应。所以人类的心理病态,主要是由于人际关系的失调而来。"有一项调查表明,在我国压抑、人际关系和谐度和人际关系压力是导致自杀的重要因素。法国社会学家指出,社会关系的丧失是自杀的主要原因之一。

人际冲突导致精神紧张、抑郁,而且刺激下丘脑,使内分泌功能紊乱,引起一系列复杂的生理变化。许多心身疾病,如冠心病、消化性溃疡、甲状腺功能亢进、偏头痛、月经失调和癌症,都与长期不良情绪和心理遭受强烈的刺激有关。心理学家从各个不同角度做的研究也发现,心理健康水平越高,与别人交往越积极,越符合社会的期望,与别人的关系也越深刻。对身体、智力和心理健康水平都很优秀的宇航员、研究生和大中学生的研究,得出了一个共同的结论,即心理健康水平高的人同别人的交往以及人际关系都很好。他们有着一系列有利于积极交往和建立良好人际关系的个性特点,如友好、可靠、替别人着想、温厚、诚挚、信任别人等。这些研究还发现那些心理健康水平高者,往往来自于人际关系状况良好的幸福家庭,这从一个侧面提供了人际关系状况影响个性发展和健康的佐证。

4.交往与自我价值感的确立

自我价值感是一种自信、自尊和自我稳定的感受,觉得自己是重要的,被人需要的,被尊重、看重的。自我价值感是在关系中建构的,在人际关系中的一切努力,都是为了增加我们的自我价值感,人根本的恐惧,还是关系的丧失。库勒认为:自我价值感在很大程度上来源于他人(尤其是重要他人)对自己的态度,受他人看法和评价影响,是社会人际交往的产物。拥有自信心和自我价值感的人,可以更加积极地面对挑战和机遇,更加主动地实现目标和梦想,更加幸福地享受生活和人际关系。

自我价值感是大学生需要培养和提升的重要素质,它不仅有助于我们在学业上取得更好的成绩,也有助于我们在未来的社会和职场中取得更大的成功。个人在社会比较中获得充分信息,相信自己是有价值的,才能保持其稳定的自我价值评判。如果社会比较的机会被长期剥夺,则会因缺乏自我状况的社会反馈信息而导致个人价值感的危机,并产生高度的自我不稳定感。自我不稳定感会引起人的高度焦虑。与积极的人交往是培养自信心和自我价值感的重要途径之一。他们的鼓励、赞美、建议、帮助等可以让我们感受到自己的重要性和价值,我们应该主动与那些积极、正面、友好的人交往。

二、人际关系的形成与发展

(一)人际关系形成过程

人际关系的发展是一个从无到有、由浅到深的过程,是在人与人相互交往中形成的。许多学者提出了良好人际关系的发展阶段论。

勒温格等人认为,人际关系的发展有三个阶段:第一是单向注意阶段,双方没有互动。第二是表面接触阶段,双方有初步的、浅层的互动,但是还没有相互卷入,也就是说没有走进彼此的私我领域。一般的泛泛之交就停留在这一阶段。第三是相互卷入阶段,双方向对方开放自我,分享信息和情感,这是友谊发展的阶段。

阿特曼认为良好的人际关系的建立和发展需要经历四个阶段:定向阶段、情感探索阶段、情感交流阶段、稳定交往阶段。

1.定向阶段

本阶段的任务是对交往对象的注意、选择和初步沟通。在人际交往中,我们对交往的对象具有很高的选择性。生活中,人们往往会选择性地注意某些人,而对另一些人视而不见,或者只是礼貌性地打个招呼。对于注意到的对象,我们会进行初步的沟通,谈谈无关紧要的话题,如天气、对最近发生的社会事件的看法等。本阶段,人的自我表露是表层的。

2.情感探索阶段

如果定向阶段双方有好感,沟通就会越来越广泛,会产生进一步的自我表露,如工作中的体验、感受等,并开始探索在哪些方面可以进行更深的交往。本阶段双方虽有一定程度的情感卷入,但卷入程度还较低,不会涉及别人私密性的领域以及自己的基本面,双方的交往还比较正式。

3.情感交流阶段

本阶段,双方关系的性质开始出现质的变化,人际关系的安全感已经确立,谈话也开始广泛涉及自我许多方面,如相互诉说工作、生活中的烦恼,讨论家庭中的情况等,有较深的情感卷入。双方的关系已经超越了正式、规范的限制,比较放松,比较自由自在,如果有不同意见也能够坦率相告,没有多少拘束。

4.稳定交往阶段

这是人际关系发展的最高水平。双方成为亲密朋友,自我暴露更加广泛深刻,可以允许对方进入自己高度私密性的个人领域,分享自己的生活空间、情感、财物等。双方有了很强的安全感和信任感。一般来说,能够达到这种境界的关系相当少,这也就是人们常说的"人生难得一知己,千古知音最难觅"。

(二)影响人际关系的心理因素

影响人际交往的因素除了客观环境、个人地位、生态距离等因素外,还有以下几种心理因素会影响人们在交往过程中相互理解,相互感知。

1.认知偏差

由于认知偏差而导致人际关系失调,在大学生的交往中较为常见。主要是由知识经验不足,社会阅历有限,对人的认识有片面性,自我认识不准确,自我评价不恰当等认知障碍造成的。认知偏差包括自我认知偏差和对他人的认知偏差。

对自我认知的两种偏差:一是过高评价自己,孤芳自赏;一是自我评价过低,妄自菲薄,自轻自贱。对自我的这两种不正确认识都会影响人际交往。自傲者过于高估自己,他们不懂得在交友时,双方应建立在互相尊重、以诚相待、互谅互让的基础上。总以自我为中心,表现出一种"优越感",喜欢自吹自擂、盛气凌人、装腔作势、对人不尊重、不接受别人的忠告,只关心自己的利益和得失,这种人容易以极端的眼光看人,要么要求别人完美无缺,要么把人看得一钱不值,一无是处。他们常过度炫耀自己的长处,而对自己的不足百般掩饰。到最后,定无人愿与之交往。高估自己会影响交际,自我贬低亦如此。心理自卑者行为退缩且易悲观、怯懦,与人交往时表现为羞怯、畏缩、不自然,给人一种卑贱、无能之感。想与人交往又怕被人嫌弃、拒绝;想得到别人的关心与体贴,又因害羞而不敢亲近;有的因自卑而被迫采用众多防御机制,过分敏感、掩饰、自卫,往往拒人于千里之外,只能把自己圈在狭小的范围之内。

对他人的认知偏差主要受"首因效应""晕轮效应""刻板效应""投射效应"等的影响。对他人行为做出错误的推理判断,这必然会恶化人际关系。为了正确地认识他人,必须要克服这些认知偏见。

常见认知偏差

2.情绪、情感因素

情绪在人际交往中也是极为重要的因素。一个微笑、一个诚挚的眼神、一个友好的动作、一句温暖的话语，会起到沟通心灵、增进友谊的效果。交往中，若没有良好的情绪状态，则直接会影响交际质量。

一是负性情绪导致交往障碍。如有的学生因为相貌外形、家境状况而产生的自负或自卑情绪；因为他人比自己强而产生的嫉妒情绪；因为孤僻的个性而产生的排他情绪等导致交往障碍，交往障碍反过来加剧负性情绪，形成恶性循环，严重的会导致心理疾病。

二是情绪的表达不恰当影响人际交往。不看对象不顾轻重恣意纵情，情感反应过分强烈，操之过急，就给人以轻浮、狂妄或动机不纯等不好印象；对喜、怒、哀、乐或对能引起情感共鸣的事无动于衷，反应冷漠冷淡，就会让人觉得你冷漠无情，不值得结交。

三是情绪稳定性、把控能力差影响人际交往。动不动就发怒，为了一点小事，就大吵大闹，争个面红耳赤，面对交际活动中的矛盾，急躁冲动，情绪失控，剑拔弩张，只会导致人际关系的恶化。

3.人格特征

人格是指在一定的社会历史条件下的具体个人所具有的意识倾向性以及经常出现的较稳定的心理特征的总和。包括一个人的兴趣、爱好、思想、信念、世界观、性格、气质、能力等。人格特征往往制约着彼此心理相容的性质与内容。一般说来，人格品质相近或相似的人，往往容易相互接近，而人格因素迥异者则相互排斥，信念、价值观、世界观、态度、能力相近的人是比较容易走到一块的，性格不合的人相处会觉得别扭。适度的自我价值感是良好的人际关系的基础，人格不健全的人常常缺乏自知之明，直接影响到人际交往的模式是否健康。当然，每个人都有自己独特的人格特质，奥尔波特说过这么一句话："人的鲜明的特征是他个人的东西，从不曾有人和他一样，也永远不可能有人和他一样。"所以，人际交往中需要我们抱着"尊重个性，欣赏差异，增进了解，适当自控"的态度。

（三）人际吸引的条件

人际交往是我们人生中重要的内容之一，每个人作为一个社会人都希望自己能有良好的人际关系，能在交往活动中如鱼得水。而要拥有良好的人际关系，人际吸引至关重要。那么，怎样才能够被人喜欢，拥有很好的人际吸引磁场呢。心理学家通过广泛研究后认为，人际吸引的条件主要是熟悉性、吸引人的个人特征、相似性与互补性等。

1.熟悉性

熟悉性是指人们生活空间上距离越小，则双方越容易接近，彼此之间越容易相互吸引。人际关系的由浅到深，是从相互接触和初步交往开始的，通过不断了解，才开始引发对一个人的喜欢。伯恩斯坦用进化论的观点加以解释，对某物的熟悉会唤起我们对该事物的正向情感（喜欢、信任）。俗话说“远亲不如近邻”“天时不如地利”，人的大部分朋友，往往是自己的同学、同事、老乡、邻居，可见，熟悉性对人际吸引力会产生很大的影响。要想让别人喜欢，就得让人熟悉你，而熟识的程度与交往次数是直接相关的，交往次数越多，心理上的距离越近，越容易取得彼此的了解和信任，进而形成良好的人际关系。

2.个人特征

（1）外貌。外貌对人际吸引所产生的作用是很大的，尤其是和陌生人初次打交道时更为明显。外貌美能使人感到轻松愉快，还可以产生晕轮效应，一个人貌美而有风度，衣着得体，人们往往会不自觉地认为他也拥有其他优秀的品质，如大方、善良、聪明等。当然，外貌“辐射效应”只发生在交往的初期，双方不是特别了解的时候，随着时间的推移，这种光环效应的作用渐渐变小。

（2）能力。能力是人际交往中引人注意、令人欣赏的重要条件，如某人在某方面才华出众，或学业名列前茅、或竞技比赛夺冠等，都会引起众人的羡慕眼光和由衷欣赏，形成“众星捧月”般的人际吸引力。但是否一个人越能干、越聪明就越有吸引力呢？犯错误效应告诉我们一个不学无术的人很难受欢迎，我们希望增强人际吸引力，就得增强内在魅力提升自己的学识能力，当然，一味地锋芒毕露，也只会让人敬而远之。

犯错误效应

（3）人格品质。人格品质是影响吸引力的最稳定因素，也是影响个体吸引力最重要的因素之一。美国学者安德森（N.Anderson，1968）研究了影响人际关系的人格品质。排在最前面、喜爱程度最高的六个人格品质是：真诚、诚实、理解、忠诚、真实、可信，它们或多或少、直接或间接同真诚有关；排在系列最后受喜爱水平最低的几个品质如说谎、装假、不老实等也都与真诚有关。安德森认为，真诚受人欢迎，不真诚则令人厌恶，人们会选择回避、疏远。一个人要想赢得别人喜欢，与别人保持良好的交往，必须注重培养真诚、热情、宽容、善良等“中心品质”。

3.相似性与互补性

人们在交往过程中，如果双方在年龄、性别、职业、社会地位、文化程度、兴趣爱好，尤其是在认识态度上具有一致性或相似性时，就容易相互吸引，所谓“志同道合”就属此例。

交往双方的需要和满足途径正好成为互补关系时，也会产生强烈的吸引力。比如，胆小自卑的人希望在他人那里得到勇气；悲观的人也愿意从他人那里体验一些积极乐观的情绪；优柔寡断的人都希望遇到一个有主见的伙伴；依赖性格的人需要一个强有力的后盾；粗心大意的人需要一个做事谨慎的人为伴。

三、有关人际交往的理论

（一）社会交换理论

社会交换理论是所有解释人际关系的理论中最有影响的理论。社会交换理论认为，人际交往是一个社会交换的过程，这种交换不仅包括物质的交换，更重要的是情感、信息、服务等非物质的交换。把人与人之间的关系看作是一种准贸易关系。在贸易行为中，投资是为了收益，收益大于投资，追加投资；收益小于投资，减少或撤销投资。人际交往亦然，人际交往向积极还是消极方向发展取决于人们对关系中回报与成本的评价和体验，人们在人际关系中所付出的成本及获得的酬赏是决定人际关系发展的重要条件。如果他们觉得自己的投入获得了大致相等的回报，就会认为这种社会关系是公平的。有学者指出，公平性的关系是比较稳定和愉快的关系，当关系中存在不公平时，双方都有可能产生不舒服，产生恢复公平的动机。以此也可解释为什么“人都喜欢喜欢自己的人”。

（二）自我表露理论

自我表露是指个体与他人交往时，自愿地在他人面前将自己内心的思想、情感和信息真实地发表出来的过程，也即“敞开心扉”。自我表露具有很强的象征性，它给对方一个强有力的信号：你对他（她）相当信任，愿意有进一步的交往。而且可以引发他人做自我表露，由此增进相互理解，相互信任。良好的人际关系就是在交往双方的自我表露逐渐增加的过程中发展起来的，女性之间就是这样，当两人都愿意坦诚相对，把自己的八卦、私密交给对方分享时，就成了闺蜜。

自我表露增强了自我觉察的能力；自我表露能够促进相互间的交流，通过交流增进感情、密切关系；自我表露降低了人与人之间的神秘感，促进亲密关系的建立；通过自我表露还可以进行心理调适，维护自身的心理健康状况；通过自我表露可以解决自身遇到的问题，增进自信心等。所以，准确地向他人表露自我，是健康人格的体现。当然，自我表露也存在风险。不适当的自我表露，可能会引起他人的退缩或拒绝；对不适宜的人或在不适当的时间过分表露，被认为是社会化不良的标志。

一般来说，表露的范围和深度是随着关系的发展而逐步增加的，无话不说是在非常亲密的朋友中。对于不同的关系对象，在不同的发展阶段，自我表露的广度和深度应有所不同。心理学研究表明，只有当自我表露以适当的速度与形式逐步进行时，它才能使人产生喜欢的感觉。就是说，在自我表露时，你必须慢慢地表露自己。如果你表露的速度太快，会引起对方的焦虑与防卫，反而会加大双方心理上的差距。这种情况一旦发生，弥补起来需要更多的努力和更长的时间。

（三）交往分析理论（PAC）

交往分析理论最初是由加拿大精神科大夫伯恩提出的。他认为个体的个性是由三种心理状态构成的：父母（Parent）心态、成人（Adult）心态与孩童（Child）心态，取三种心态的第一个字母，简称PAC理论。每个人身上都有这三种心态，只是比重不同而已。

P心态是指命令对方接受信息的心理状态，即以命令的心态发出信息；A心态是指以商量方式，使对方接受信息的心理状态，即以理智的心态发出信息；C心态是指毫无道理地使对方接受信息的心理状态。C心态总是让接受者忍无可忍，最终使沟通失败。

P心态是权威感及以长者自居的心理。P高者在交往中通常表现为统治、支配、训斥、命令等家长式、权威式的作风。待人处世的态度常常是主观的、独断专行、滥用权威，习惯以命令的心态发出信息。说话方式常常是“你应该……”“你不能……”“你必须……”等强制命令式。

A心态是成熟、客观与理智。A高者在交往中通常表现为客观理智、待人处世的态度常常是比较民主、平等、尊重，惯以理智的心态发出信息。说话方式常常是“我个人认为……”“我的想法是……”“你可以考虑……”等商量式。

C心态是幼稚、任性冲动、感情用事、不成熟或服从和任人摆布。当一个人人格结构中C成分占主导时，待人处事容易感情用事、自我中心、玩世不恭或逃避退缩。说话方式常常是“我就是……”“我想……”“我不知道……”“我不管……”等夸张幼稚式。

根据PAC理论，不同的心态可以构成不同的交往组合，即P-P、A-A、C-C、C-P、A-P、C-A六种具体形式。当交往双方的相互作用构成一种平行关系时，交往就是可持续的，对话可无限制地继续下去。P-P双方都自以为是，易表现出颐指气使的武断。C-C双方都易诉之于情，感情用事。C-P、A-P、C-A，均属于互补型的交往，我期望对方的，刚好是对方回应的。这种交往因为互补，所以能够持续，但却潜藏着不平等与依赖，长此以往，也不利于交往双方的发展。只有A-A交往是最健康的，大家都本着负责与尊重的原则。

大学生的人际交往

一、大学生人际交往特点

人是社会性动物，正如马克思所言：“人的本质并不是单个人所固有的抽象物，在其现实性上，它是一切社会关系的总和。”进入大学之后，大学生们面临着新的环境、新的群体，重新整合各种关系，处理好与交往对象的关系便成为他们新的生活内容。良好的人际关系不仅是大学生心理健康水平、社会适应能力的重要指标，也是其今后事业发展与人生幸福的基石。大学生是一群充满朝气的群体，他们精力充沛、思维敏捷、情感丰富，自我认识进一步深入，自我意识趋于成熟与完善。大学生人际交往增多，社会适应能力增强。一些大学生还建立了较稳定的恋爱关系。大学生心理发展的特点，使他们在人际交往上体现出如下特征：

（一）交往愿望强烈

交往是人的心理需要之一。健康正常的交往如能得到满足，就会形成一种向心力，对工作、学习起促进作用；如果得不到满足，就会产生空虚感和烦恼，甚至会影响个性的健康发展。大学生思想活跃、精力充沛、兴趣广泛，有充裕的时间去思考交往，富于理想情感，而且能自觉地意识到良好人际关系对自己学习生活的重要性，与中小学生相比他们交往的愿望更为迫切。加之远离故土和亲人、老朋友，容易产生失落感、孤独感，也渴求得到周围同学的关心体贴、爱护、信任和理解。

（二）交往以人格平等为基础

人与人交往的基础是建立在人人平等的基础上的，平等的观念早已深入人心。大学生人生观、世界观、价值观已基本成熟。因此，在大学生的人际交往过程中应把平等的交往作为继续交往的基础。

（三）交往对象、范围、内容、方式的开放性

交往对象从过去的同学、教师扩大到社会的各个层面。交往的范围也从寝室、班级、学校扩大到社会各领域。交往的内容也丰富多彩，理智上的良朋、情感上的挚友、甜蜜的爱情是大学生追求的目标。随着手机和各种网络聊天工具的广泛应用，传统人际交流的时空限制被打破，人际交往具有更大的开放性。同时，一些不良信息的传递也成为导致大学生思想混乱、行动盲目的主要因素。

(四)较单纯的精神性

大学生的人际交往与中学阶段相比较,有了一定的实用性和功利性,但是主体上还是以情感性、精神性为主。人们常说同学友谊最珍贵就体现了这一点。在人际交往中他们多数以合得来作为交往的准则,对朋友的期望值较理想化,易用理想化的标准来衡量朋友。

二、大学生人际交往中的不良心理

人际交往的不良心理是人际交往的绊脚石。美国著名成人教育家戴尔·卡耐基曾说:“一个人事业上的成功,只有15%是由于他的专业知识,85%要靠人际关系、处世技巧。”由此可见,良好的人际交往能力的培养非常重要。人际交往障碍直接影响大学生的学习和生活。大学生常见人际交往中的不良心理有:

1. 自卑心理

自卑心理是一种对自己缺乏正确的认识,在交往中缺乏自信的心理。有自卑心理的大学生在交往中常常表现为做事无胆量,畏首畏尾,没有主见,遇到一点挫折,就自怨自艾。自卑的浅层感受是别人看不起自己,而实际上是自己看不起自己,自卑者并不一定能力低下,而是往往凡事期望值过高不切实际,在交往中总希望自己的形象理想完美,惧怕受挫或遭到他人的拒绝与耻笑。这种心境使自卑者在平时的人际交往中畏首畏尾,不能充分展现自己的风采。

2. 自傲心理

与自卑心理相反。在交往中过高地估计自己,表现为傲气轻狂、盛气凌人、自以为是、自我中心,强调自己的感受而忽视他人,从而导致交往障碍。

3. 嫉妒心理

嫉妒是通过自己与他人进行对比而产生的一种消极心态,往往表现为看到与自己有某种联系的人取得了比自己优越的地位或成绩而产生一种嫉恨心理,是对与自己有联系而强过自己的人的一种不服、不悦、失落、仇视,甚至带有某种破坏性的危险情感。大多数嫉妒心理潜伏较深,行为表现较为隐秘。嫉妒容易使人产生痛苦、忧伤、攻击性言论和行为,导致人际冲突和交往障碍。

4. 羞怯心理

害羞的大学生在人际交往中常常表现出腼腆,动作忸怩,不自然,说话音量低而小,过多约束自己的言行,往往不能准确、充分表达自己的思想感情,严重者怯于交往,无法与人沟通,对交往采取回避的态度,妨碍良好人际关系的形成。

5.封闭心理

表现为把自己的真情实感和欲望掩盖起来，过分地自我克制，为人孤独，不愿与人交往，严重者对任何人都不信任，怀有很深的戒备心理。自我封闭心理形成原因一是自我保护意识太强，不愿意敞开心扉；二是成长过程中习惯以自我为中心，缺乏对他人的关心和尊重；三是竞争及压力导致大学生之间思想沟通和交流不够，使人际关系疏远，缺少知心朋友，自我封闭，人为地在自己与社会、集体、同学和家庭之间筑起了一道心理屏障，影响学习和工作，妨碍自己的全面发展。

6.猜疑心理

表现为在交往过程中，对他人的言行过分敏感、多疑，为人偏执。具有多疑心理的人，往往带着以邻为壑的心理，用狭隘、片面、缺乏根据的盲目想象把无中生有的事实强加于人，甚至把他人的善意曲解为恶意，导致人际关系常陷入僵局。猜疑心理产生的原因是过分地关注自己的利害得失，和自私心理联系紧密。其思维定式就是怕别人损害自己。

7.恐惧心理

表现为在交往中，特别是在大庭广众之中，不由自主地感到紧张、担心和害怕，以至于手足无措，语无伦次，严重的会发展为交往恐惧症。造成社交恐惧的原因通常是有过失败的交往，形成了不愉快或痛苦的体验。或是听说别人有过失败的教训，惧怕这种情绪刺激自己，而使自己产生痛苦的体验，这种体验是通过预测得来的间接体验。社交恐惧的人常对人际交往敏感，害怕因交往而使自己受伤害，久而久之，拉大了与周围人的距离，妨碍了与他人的交流沟通。

三、大学生人际交往的沟通实践

古语云："天时不如地利，地利不如人和。"对于远离家乡外出求学的大学生来说，无论在什么情况下都应重视"人和"这个重要因素。大学生学会建立良好人际关系的方法，掌握其途径，无论是对在校建立起一个良好的学习环境，还是对毕业后建立一个良好的工作环境，都是十分必要的。

（一）加强修养，培养良好的交往品质

加强自身的修养，能优化大学生的人际交往环境。在人际交往中，一个人的交往品质往往是人际交往成功的基础，那么大学生可从哪些方面来培养良好的交往品质呢？

1. 真诚

真诚使人产生安全感，是打开别人心灵的金钥匙，是交往得以成功的关键和核心。美国一位心理学家曾列出555个描写人品的形容词，让大学生说出最喜欢和最不喜欢的品质，结果学生评价最高的品质是真诚，而评价最低的品质是与之相反的虚伪。由此可见，以诚待人，才能从心灵上拉近人与人的距离，产生情感的共鸣，也才能收获真正的友谊。

2. 宽容

宽容是宽大有气量，不计较，被称为“人际交往的法宝”“人际交往的润滑剂”。交往中，宽容克制能起到“化干戈为玉帛”的效果。大学生个性较强，接触又密切，难免会发生摩擦冲突，这就要求我们对于无关紧要的敌意，宽容大度，不予理睬，可以装聋作哑，或是转移话题，让对方无趣而止，不要斤斤计较；人际冲突中学会换位思考，谦让大度，做到“宰相肚里能撑船”“退一步海阔天空”。

3. 尊重

尊重包括自尊和尊重他人。自尊就是在交往中不卑不亢、自重自爱，如果你想让别人赞赏你、敬重你，你就必须让人感到，你是值得获此待遇的。尊重他人就是尊重别人的生活习惯、兴趣爱好、人格和价值。得到别人的尊重是人的基本精神需要之一。在交际活动中，尊重别人意味着对别人的理解，“理解能博万人心”，有了理解，就有了交往的基础，缩短了交往的心理距离。如果交往双方缺乏相互的尊重就谈不上理解，甚至会产生曲解，这显然不利于交往。大学生的自尊心都较强，因此，人际交往中尤其要注意尊重的原则，不损伤他人的名誉和人格。否则，易导致人际关系的紧张和冲突。

4. 互助互利

互利，是人际交往的一个基本原则和底线。互利是指双方在满足对方需要的同时，又能得到对方的报答。双向互动，你来我往，交往双方的心理需要都能获得满足，其关系才会继续发展。互助，就是当一方需要帮助时，另一方要力所能及地给对方提供帮助。这种帮助可以是物质方面的，也可以是精神方面的；可以是脑力的，也可以是体力的。如果对别人漠不关心、麻木不仁、小心吝啬、怕招引麻烦，交往很可能因此而中止 。

关心他人的九种方法

（二）建立健康交往模式，掌握人际交往技巧

一位哲人说过："没有交际能力的人，就像陆地上的船，永远到不了人生的大海。"

1.建立健康交往模式

美国著名心理学家爱利克·伯奈依据个体对自己和他人所采取的基本生活态度，提出了四种人际交往模式：我不好—你好，我不行—你行（自卑、恐慌）；我不好—你也不好，我不行—你也不行（不喜欢自己也不喜欢别人）；我好—你不好，我行—你不行（骄傲自大，自以为是）；我好—你也好，我行—你也行（理性、理解、宽容、接纳）。

我不好—你好，我不行—你行。这是心理自卑者与他人交往的常见关系模式，是一种以不安全感为主要感受的、幼稚的、不成熟的人际交往模式。有这种感受的人有很强的自我保护意识，处处怕被人伤害，因而在交往中常常表现出不同程度的自卑和恐慌，最为极端的表现是社交恐惧症。

我不好—你也不好，我不行—你也不行。这是悲观厌世者与他人的交往关系模式。不喜欢自己也不喜欢别人，看不起自己也看不起别人，既不会去爱人也不能体验和接受他人，常放弃自我、陷入绝境，极端孤独和退缩。

我好—你不好，我行—你不行。这是心理自傲者与他人的交往关系模式。与人交往中常常表现出很强的心理防御倾向，总认为自己对别人好，而别人对自己不好，为此愤愤不平，把人际交往中的失败与挫折归结为他人的错；或者骄傲自大，自视优越，自以为是。

这三种交往模式都会阻碍人际交往，不利于心理发展和心理健康。前面提到的大学生人际交往中常见不良心理如自卑、自傲、嫉妒、羞怯、封闭、猜疑、恐惧等心理问题就与这几种人际交往的态度模式有关。

"我好—你也好，我行—你也行"是一种成熟、健康的人际交往模式。具有这种心态的人在交往中能正视现实，客观地悦纳自己与他人，善于去发现自己、他人和外部世界的光明面，从而使自己保持一种积极的、乐观的、进取的、和谐的精神状态。

2.讲究交谈艺术

交谈是人际关系的桥梁和媒介。俗话说"良言一句三冬暖，恶语伤人六月寒"。这两句话告诉我们交往时要注意运用语言的艺术。交谈艺术是指人与人之间在接触交往过程中，通过交谈的方式，相互交流感情，传递信息，以增进彼此间的了解和

友谊，从而达到和睦相处，愉快合作的方式或方法。一些大学生在交谈中存在专横武断、喜欢争论、沉闷单调、圆滑扯谎、唯我独尊、模棱两可、口齿不清等问题而影响交往。语言艺术运用得好，从内容到形式适应对方的心理需要、知识经验、双方关系及交往场合，就能吸引和抓住对方，从而优化人际交往。具体说来，大学生交谈中应注意：

（1）态度要诚恳。当与他人交谈时，要全神贯注地倾听对方的话语，不要打断或急于表达自己的观点。通过点头、微笑或简短的回应来表示你在认真倾听，这会让对方感受到你的真诚和尊重。在交谈中，不要害怕表达自己的真实感受。无论是赞同还是反对，都应该以平和、理性的方式表达出来。同时，也要尊重对方的感受，避免使用攻击性或贬低性的语言。

真相，有时候真的不重要！

（2）语言要文明。使用礼貌用语：如“您好”“请”“谢谢”“对不起”“再见”等，这些用语能够展现个人的文明素养和对他人的尊重；避免粗俗语言：交谈中不使用粗话、脏话，保持语言的文明和优雅；提倡讲普通话：在社交场合和与人交谈时，应使用普通话，这有助于提升交流效果，展现个人语言规范；等等。

（3）避免争论。大学生面对矛盾冲突时喜欢争论，但争论往往是在互不服输、面红耳赤、不愉快甚至演化成直接的人身攻击或严重的敌意中结束。这对人际关系的影响是显而易见的。因此面对分歧，大学生要明白双方的分歧是什么，争论的目的是发泄情绪还是希望对方接受，怎么表达有助于他人的接受或问题的解决，怎样通过讨论、协商的途径达到目的，而非一味地情绪应对。

（4）正确运用非语言因素。在日常交际中，人们往往只注重语言因素，忽略了交际还需要依靠非语言因素，以及交际是语言因素和非语言因素相结合的事实。非语言沟通是人们运用表情、手势、眼神、触摸等方式，以他人的空间距离为载体进行的信息传递。美国传播学家艾伯特梅拉比安曾提出一个公式：信息的全部表达=7%语调+38%声音+55%肢体语言。人际交往中，人们的一举一动，都能体现特定的态度，表达特定的含义。人的思想感情会从体势中反映出来，略微倾向于对方，表示热情和兴趣，可以拉近双方之间的距离；微微起身，表示谦恭有礼；身体后仰，显得若无其事和轻慢；侧转身子，表示嫌恶和轻蔑；背朝人家，表示不屑理睬；拂袖离去，则是拒绝交往的表示。大学生在人际交往中根据谈话的内容和场合，正确运用非语言因素，巧妙地表达自己的思想感情，有时能起到“此时无声胜有声”的作用。但非语言因素要运用得恰到好处，不可过于频繁和夸张，以免给人手舞足蹈之感。

3.把握好人际交往距离

交往双方的人际关系以及所处情境决定着相互间自我空间的范围。美国人类学家爱德华·霍尔博士划分了四种区域或距离：公共距离、社交距离、个人距离、亲密距离。各种距离都与对方的关系相称，在社交活动中，根据其活动的对象和目的，选择和保持合适的距离是极为重要的。从某个层面来说，人际交往的深度决定距离的远近。彼此不熟悉，交往距离太近，往往惹人反感。

人际交往的距离

4.学会赞赏他人

赞美他人会使别人愉快，增添对方的自我价值感、自信心、幸福感，被赞美者的良性回报也会使我们自己感到愉快，从而形成人际关系的良性循环。当然，夸奖他人并不意味着可以毫无顾忌，赞赏别人是有技巧的。以下两个原则是要注意的：一是真诚。应该真诚地认为对方值得赞美，并注意发现对方身上值得赞美的地方，将它表达出来。赞美别人要把握一定的尺度，不能太夸张而言过其实。过于夸张的赞美会被视为并非出自真心，甚至别有用心。如夸奖一位身材矮小者长得魁梧，恐怕就要出现“拍马屁拍在蹄子上”的情况。真诚赞美，需要我们用心发现他人细微的长处：“你今天气色很好！”“你的眼睛真亮！”“这件裙子对你再适合不过了！”“你真会关心人！”“你很有责任心。”等都会令人心情舒畅、自信，从而产生“马太效应”，优化我们的人际氛围。二是夸奖的内容应被对方所在意。称赞中年妇女身材苗条、看起来年轻，赞扬老年人身体硬朗便很容易引起良好反应，而赞美儿童年轻、青年人牙齿坚硬等却很难有积极效果。

5.学会倾听

可以说，“倾听”是一个人素养中的最高品质，人际关系学者认为“倾听”是维持人际关系的有效法宝。在沟通过程中，倾听和讲话一样具有说服力。因为专注地听别人讲话，则表示倾听者对讲话人的看法很重视，能使对方对你产生信赖和好感，使讲话者形成愉悦、宽容的心理。一个真正能展示自己个人魅力与气质的人应该是一个好的倾听者。有的人在听别人说话时或心不在焉，或哈欠连天，或时时看表，或不停打断别人的谈话，问刚才他说了什么，这样的人只能使交往的人觉得索然无味。大学生应学会有效地倾听，在与人沟通时注意：作为倾听者要少讲多听，不要打断对方的谈话，最好不要插话，要等别人讲完之后再发表自己的见解；要尽量表现出倾听的兴趣，听别人讲话时要正视对方，切忌有小动作，以免对方认为你不耐烦；力求在对方的角色上设身处地地考虑问题，对对方表示关心、理解和同情；不要轻易与对方争论或妄加评论。我们应该时时提醒自己，我们有两个耳朵，一张嘴巴，可以少说一些，但必须学会倾听。

6.适度自我表露

"害人之心不可有，防人之心不可无"，但一旦防范心过强，就会导致过度敏感，随时处于警戒状态，不利于人际交往。适度的自我表露会让对方感到你对他的真诚和信任，引发他人的自我表露，有助于人际关系的发展。当然，这一技巧的关键是"适度"，交往到什么程度，表露到什么程度，亲密的朋友做较多的表露，一般的朋友中等程度的表露，初次见面浅层次的表露。逢人便说自己的"隐私"，搞得自己没隐私，不但不会获得友谊，反而会引起别人的退缩和厌恶。

（三）主动交往，构建人际交往能力发展的实践平台

大学生应主动在交往实践中，有意识地培养和掌握相应的人际交往的技能。在现实生活中，有的同学尽管与人交往的欲望很强烈，却很少或没有朋友，感觉孤独，因为他们在人际交往中总是采取消极、被动的退缩方式，在自己的想象中，人为地夸大人际交往的障碍和问题：担心被人拒绝，自尊受伤；担心无话可说，陷入尴尬甚至窘迫局面；担心暴露弱点，被人取笑或瞧不起。其实即使两人关系很好，但如果长期不交往，彼此了解减少，其关系也可能逐渐淡薄。主动与朋友保持适度的接触频率，才使人际关系不至于淡化甚至消失。在人际关系中，双方都需要适应，别人是不会无缘无故对我们感兴趣的，通常情况下，人们更喜欢那些对自己感兴趣的人。因此，我们要想赢得别人的好感，同别人建立良好的人际关系，建立起一个丰富的人际关系世界，就必须做交往的始动者，处于主动地位。人就是在拒绝中成长的，没经历过拒绝的人不会真正长大，在被拒绝中提升"免疫力"，在被拒绝中反思、成长。在社交场合可以使用的话题有很多。当下的社会新闻、重大的体育赛事、畅销书、热播影视剧等公众热门话题，大家了解的概率比较大，所以容易接上话，以避免冷场。从中还能观察和了解对方的兴趣所在、知识结构乃至个性特征，并可能碰撞出其他新的话题。选择能让对方成为"专家"的话题，既可避免冷场，又能增进知识，还让对方十分有成就感和愉悦满足感，进而增进我们自身的人际吸引力，人都喜欢和带给自己愉悦感的人相处。

专题一 宿舍你我他

专题介绍

以宿舍关系作为一个切入点，引导大学生以良好的心理态势去面对新的人际环境，在人际交往中应学会信任、尊重、宽容，做一个良好的沟通者。对于某些性格内向、不善交际以及有社交恐惧症的学生，应鼓励其主动实践。

感…

案例1：小兰是一名大二女生，最近经常感觉上课没有精神。原来小兰最近在宿舍不能好好休息。每天晚上同寝室的同学就看电视，声音很大，而且很晚还在看。这严重影响了小兰的睡眠。但是小兰顾及同学情面，不好意思当面提出，又认为即使自己提出要求不让对方看了，但是对方人多势众，自己人微言轻，肯定会碰一鼻子灰，还会遭到其他同学耻笑。因此，小兰只好自己忍着，每天都只能闷在被子里等到他们看完后，才能入睡。长此以往，小兰的精神越来越差，学习效率也越来越低。

案例2：我是宿舍长，每次查宿舍卫生我都很烦。宿舍里有个同学不爱叠被子，开始时提醒他还行，后来他急了，帮他收拾我又不高兴，好像我和他之间除了搞卫生就没有别的事情。我很无奈，我真不想这样。

议…

1.家长里短话“宿舍关系”：

宿舍关系中，我最开心愉快满足的是____

____。

宿舍关系中，我烦恼痛苦不开心的是____

____。

我期望的宿舍关系是____

____。

2.请写出当代大学生有哪些人际交往方面的问题或不正常的人际交往现象，并提出预防和解决办法。

宿舍你我他

导…

活动一：不要激怒我

目的：

通过角色扮演，认识面对对抗的时候，什么样的语言和态度是火上浇油，会引发人际冲突。目的是引导大学生们避免使用那些隐藏有负面意思或含有敌意的词语，达成有效沟通。

操作：

1.各小组同学用头脑风暴的办法尽可能多地列举出宿舍矛盾处理中会激怒别人的话语，然后将这些话语组成一场1分钟的剧本。

2.剧本表演。抽取分组，一组表演，一组观看。观看组的同学把表演方的激怒性词语记录下来，替换良性沟通语言和态度进行再次表演。

3.讨论：

(1)什么是激怒性的词汇？我们在什么时候会使用这些词汇？

(2)如果你无意间说的话被人认为是激怒性的，你会如何反应？

(3)当你无意间说了一些激怒别人的话，你认为该如何挽回？

活动二：投射测试

目的：

认识面临选择每个人都有自己的看法并且都有自己充足的理由，人与人相处需要包容性；学会换位思考。

操作：

假如你带着5种动物一起到野外去，它们分别是猴子、老虎、孔雀、狗、大象。可是随着旅行的进程，你发现同时带着它们变得越来越困难，你不得不逐一丢掉它们，最后只能留下一种动物陪你，你会如何选择呢？为什么？

活动三：撕纸游戏

目的：

以游戏的方式让大家感受沟通与否以及沟通是否到位将对结果产生极大的影响，理解人际交往中沟通的重要性。

操作：

每位同学发两张A4纸，游戏分两次，第一次要求大家闭上眼睛且不许说话，按照老师告诉大家的对纸张进行“折”或“撕”的处理；第二次允许询问，周围同学可以交流，按照老师的要求对纸张进行“折”或“撕”的处理。两次指导语一样：大家把纸从中间对折，再对折，撕掉左上角，再次对折，撕掉右上角。最后展开自己手中的纸，和周围的学员比一比有什么不同之处。

活动四：信任之旅

目的：

通过助人与受助的体验，感受信任与接纳，增强对他人的信任与接纳。

操作：

团体成员两人一组，一位做盲人，一位做帮助盲人的人，盲人蒙上眼睛，原地转3圈，暂时失去方向感，然后在帮助人的搀扶之下，沿着指导者选定的路线，带领“盲人”在室内外活动。其间不能讲话，只能用手势、动作帮助“盲人”体验各种感觉。活动结束后两人坐下交流当“盲人”的感觉，与帮助别人的感觉，并在团体内交流。

活动五：心有千千结

目的：

认识生活中人际矛盾无处不在，但是只要积极寻求方法，没有解不开的结，增强解决人际矛盾的信念；明白“有效沟通”在解决问题中的重要性。

操作：

参与者手拉手围成一个大圆圈，要求每个人记住自己左边和右边分别是谁；全体手拉手走3圈，然后散开，自由穿行；停止自由活动，站在原地，分别与原来左边和右边的人牵手。这个过程中会出现手臂交叉现象，成为一个很大的“结”。要求大家在手不松开的情况下，用各种方法，如跨、钻、套、转等(但手不能放开)，设法解开“结”，回到第一步的状态：一个大圆圈。

活动六：观看视频《张大锤》

目的：

清楚流言是怎么产生和传播的。“眼见为实，耳听为虚”，同学之间，和为贵，宽容、理解、包容是上策。明白有流言很正常，但我们应加强修养，就此打住，不做流言的传播者。

操作：

播放三分钟的视频资料。

视频《张大锤》

践···

1. 陌生人强迫接触。在校园主动与三位陌生同学交谈10分钟。

2. 针对你宿舍的实际情况，起草拟定一份切实可行的“宿舍公约”，并与宿舍同学一起修订、完善后执行。

悟···

1. 在“陌生人强迫接触”活动中，我本来觉得______________________________

____

事实上是____

我做到了______________________________

这次实践活动，我明白了______________________________

2. 同学们分组讨论，说一说在本专题中学到了哪些预防和解决人际问题的方法，有哪些体会和感受。

____

出点“丑”心情更开朗

专题二
感恩父母

专题介绍

我们常常对父母的关爱习以为常，不再察觉；我们总是期望他们能对我们付出更多的关爱，一旦他们稍有欠妥就恶言相向。“羊有跪乳之恩，鸦有反哺之义”，知恩、识恩、感恩、报恩，是每一个大学生应具有的基本品质。

感…

手语操《感恩的心》

歌曲：手语操《感恩的心》

目的：激发并体会感恩的心

操作：布置一组学生课前学习手语操《感恩的心》，上课时带领全班同学一起演唱并完成手语操《感恩的心》。

案例1：2010年4月，赴日留学5年的23岁青年汪某，在上海浦东国际机场到达大厅，因要钱无果，对前来接机的母亲顾某连刺9刀。

案例2:《一位辛酸父亲的来信》

亲爱的儿子:

尽管你伤透了我的心,但你终究是我的儿子。虽然,自从你考上大学,成为我们家几代里出的唯一一个大学生之后,心里已分不清咱俩谁是谁的儿子了。从扛着行李陪你去大学报到,到挂蚊帐缝被子买饭菜票甚至教你挤牙膏,这一切,在你看来是天经地义的,你甚至感觉你这个不争气的老爸给你这位争气的大学生儿子服务,是一件特沾光特荣耀的事。的确,你考上大学,你爸妈确实为你骄傲。虽然现今的大学生也不一定能找到工作,但这毕竟是你爸妈几十年的梦想。我们那阵闹"文革",家里又穷,上不了大学。这也就是我们以你为荣的原因。然而,你的骄傲却是不可理喻的。在你读大学的第一学期,我们收到过你的3封信,加起来比一份电报长不了多少,言简意赅,主题鲜明,通篇字迹潦草,只一个"钱"字特别工整而且清晰。你说你学习很忙,没时间写信,但咱们院子里你高中的女同学,却能收到你洋洋洒洒几十页的信,而且每周一封。每次从收发室门口过,我和你妈看着你熟悉的字,却不能认领。那种痛苦是什么样子的,你知道吗?

后来,随着你读二年级,这种痛苦煎熬逐渐少了,据你那位高中同学说,是因为你谈恋爱了。其实,她不说我们也知道,从你一封接一封的催款信上我们能感受到,言辞之急迫、语调之恳切,让人感觉你今后毕业大可以去当个优秀的讨债人。当时,你妈刚刚下岗,而你爸微薄的工资,显然不够你每天出入酒吧、网吧、KTV、餐厅。在这样的状况下,你不仅没有半句安慰,居然破天荒来了一封长信,大谈别人的老爸老妈如何大方。你给我和你妈心上戳了重重一刀,还撒了一把盐。最令我伤心的是,今年暑假,你居然偷改入学收费通知,虚报学费。这之前,我在报纸上已看到这种事情。没想你也同时看到这则新闻,一时间相见恨晚,及时娴熟地运用这一招,来对付生你养你爱你疼你的父亲母亲。虽然,得知真相后我并没发作,但从开学到今天,两个月里,我一想到这事就痛苦,就失眠。这已经成为一种心病,病根就是你——我亲手抚养大却又倍感陌生的大学生儿子。不知在大学里,你除了增加文化知识和社交阅历之外,还能否增长一丁点儿感恩的心?

议…

1.在你身边看到的或听到的类似案例有多少?

2.如何看待大学生感恩意识淡薄的现象?

活动一:爱的天平

目的:

引起自我反思,激发并感悟父母亲情。

操作:

1.想一想:你父母为你做过的最令你感动的事。

2.把父母为你做的事和你为父母做的事列举出来,作为砝码分别放在天平的两端,看看你的天平是否倾斜得太厉害。如果是,请你加重砝码。

孝心无价

(1)你是否知道父母亲的生日?(　　)

(2)你是否知道父母亲的体重?(　　)

(3)你是否知道父母亲的身高?(　　)

(4)你是否知道父母亲穿多大码的鞋?(　　)

(5)你是否知道父母亲喜欢的颜色?(　　)

(6)你是否知道父母亲喜欢的食物?(　　)

(7)你是否知道父母亲喜欢的日常消遣活动?(　　)

请同学们如实回答,只需在知道的题目后的括号内画"✓"即可,"✓"的数量在4个以下的请你以后多与父母沟通。

活动二:算"感恩账"

目的:

引导学生知恩、识恩:父母愿意倾尽所有,把最好的东西留给我们。

操作:

从"上大学的经济成本"谈起:我们从出生到成家立业前到底会花掉父母多少钱? 在我们成长过程中,父母还为我们付出了哪些?

活动三：人生算术题——陪伴是最好的爱

目的：

生命有限，感恩应立足于当前，否则“树欲静而风不止；子欲养而亲不待”。

操作：

如果一个月算一个小格子，假设我们活到75岁，人生其实只有900个格子。在一张A4纸上画一个30×30的表格，找到自己现在的位置、妈妈现在的位置、爸爸现在的位置。假如你们天天见面，能陪伴父母的时间是多久？假如你们一个月见两次面，能陪伴他们的时间会是多久？假如一年见两次，能陪伴他们的时间是多久？涂一涂，看看还能涂抹多少格。

践···

1. 给父母写一封信。结合你算账后的感受，告诉他们你对他们的关心和爱。

2. 力所能及地帮父母做一件事作为感恩或设计一次增进亲子关系的活动。

走近父母的方法

书海导航

《如何赢得友谊及影响他人》

（美）卡耐基著，周广宇译，外文出版社

《如何赢得友谊及影响他人》在世界出版史上创造了奇迹，许多青年企业家、业务员、家庭主妇、学生、热恋中的情侣都争相阅读。本书全面解读了人际交往中的弱点，清晰系统地深刻剖析了人性沟通中的诸多问题，同时利用大量真实案例直观地告诉我们如何以尊重、理解、真诚为基石，改变自己为人处世的态度，提高语言沟通能力并增强自信，从而获得他人的信任甚至影响他人，最终取得成功。

IN语

1. 风中的风铃再次响起，似乎在奏响一首感恩之歌：感谢父母的唠叨，因为他们是为了让你少走弯路；感谢父母的鞭策，因为他们是为了消除你前行的障碍；感谢父母的斥责，因为他们是为了助长你的智慧；感谢父母赋予我们的一切，让我们用生命去珍惜，用感恩的心去呵护。

2. 每一次转身，迎接我的是拥抱；每一次倔强，软化我的是微笑；每一次远行，行囊满满是唠叨；每一次付出，从没索取过回报。

3. 生活琐事何必斤斤计较，胸怀坦荡、大度待人是一种高尚的道德情操。学会包容，给他人留有余地，也是一种高超的处世态度和境界。

4. 我不是因为幸福而感激，而是因为感激而幸福。

单元三

学习有方
——选择适合自己的学习策略

测一测

学业倦怠量表

学习倦怠是一种发生于正常人身上的持续的、负性的、与学习相关的心理状态。这种状态表现为:①精力耗损、情感耗竭。②对与学习有关的活动的热忱逐渐消失、对学业持负面态度。③个体在学业方面体会不到成就感或者没有效能感。本量表共16个题目,包括身心耗损、学业疏离和低成就感3个维度。

学习导读

大学,可以说是一个人人生道路上的一个重大转折点,无论是在知识结构、思想修养上,还是处世待人、审美观念上,各个方面都将产生一个飞跃。一个人从中学到了大学,就等于跨进一个全新的世界,新的环境、新的人物、新的气氛,特别是同中学大不相同的教学内容和教学方法,这些都促使你去思考这样一个问题:怎样适应大学生活,特别是怎样学习。

大学学习特点

进入大学，同学们能够感受到，大学学习与中学学习大不同。大学的课程是按照课表来进行的，虽然同专业同学的必修课是一样的，但因为大家的选修课不一样，所以每个同学都有专属于自己的课表。具体有这些变化：

变化一：内容多了。中学阶段，我们一般只学习10门左右的课程，而且有两年时间都把精力放到高考科目上了，老师主要讲授一般性的基础知识。而大学四年需要学习的课程在40门以上，每个学期学习的课程基本不相同，内容多，学习任务远比中学重得多。大学一、二年级主要学习公共课程和基础课程，大学三年级主要学习专业基础课程和部分专业课以及选修课程，大学四年级重点学习专业课程、做毕业设计、找工作或准备考研。

变化二：老师管得少了。中学时期，一切听从老师指挥，老师教学生是“手拉手”领着教；而在大学提倡自主学习，上课的老师来自学校不同的院系，师生之间接触时间很少，只在上课时见见面，且有的课程就只上几周课，大量的课外时间要自己安排。

变化三：讲课快了。大学老师讲课有以下几个特点：一是介绍思路多，详细讲解少。主要讲授重点、难点内容，而且许多教师都使用多媒体授课，授课进度比较快，一节课可能要讲一章或几章的内容，听课的同学连翻书的时间都没有。二是抽象理论多，直观内容少。三是课堂讨论多，课外答疑少。四是参考书目多，课外习题少。大学老师课堂上讲授的内容很宽，老师要讲的东西很难能找到一本能全面覆盖的书，所以有的老师会在开课时列出好几本书目。上课时这本书讲这几章，那本书讲那几章。同学们看书时也不能死扣教材，要学会筛选着看。

变化四：教室、同学不固定了。中学时，教室、座位、同学都是固定的。但在大学，每个班没有固定的属于自己独享的教室，有时1、2节课可能在这一栋楼的某个教室，但3、4节课又可能会到另一栋楼去，上自习也要自己找教室。和你一起上课的同学也是不一样的，基本情况是：公共基础课跟着学校里别的专业的同级学生一起上；专业课跟着本专业的同级学生一起上；公共选修课则会和不同专业、不同年级的学生一起上。

如果说，在中学，我们学到的知识较为零散、浅显、狭窄、专业性弱的话；那么，在大学，我们掌握的知识在系统性、深刻性、广博性、专业性、理论性等方面要强很多。如果说，在中学，我们获取知识是以课堂讲授为主；那么在大学，就是以自学为主。如果说，在中学，老师讲授的知识仅局限在课本内；那么在大学，老师面授时在很大程度上就要突破教材限制：或者对教材内容做增删调整，或者纯粹讲自己的见解、观点,或者介绍学术界的新观点、新成果。总之,大学教材只是参考材料,很少有人将它一字不漏地搬上讲台。所以,在大学,学习内容和学习方法都是同中学大异其趣的。我们要想适应大学生活,在短短几年内获取我们有用的知识,第一步就是要明确大学学业教育的特点,相应地改变观念和学习方法,这是一个至关重要的问题。上了大学,如果还墨守中学时代的学习观念、思维方式、学习方法,那你就可能无法适应大学生活。

一、大学学习的主动性特点

大学学习与中学学习截然不同的特点是依赖性的减少,代之以主动自觉。大学教学的目的是培养德智体美劳全面发展的社会主义事业建设者和接班人,教育的内容是既传授基础知识,又传授专业知识,教育的专业性很强,还要介绍本专业、本行业最新的前沿知识和技术发展状况。知识的深度和广度比中学要大为扩展。课堂教学往往是提纲挈领式的,教师在课堂上只讲难点、疑点、重点或者是教师最有心得的部分,其余部分就要由学生自己去攻读、理解、掌握。大部分时间是留给学生自学的。因此,培养和提高自学能力,是大学生必须具备的本领。大学的学习不能像中学那样完全依赖教师的计划和安排,学生不能只单纯地接受课堂上的教学内容,必须充分发挥主观能动性,发挥自己在学习中的潜力。这种充分体现自主性的学习方式,将贯穿于大学学习的全过程,并反映在大学生活的各个方面。如学习的自主安排、学习内容和学习方法的自主选择,等等。

自学能力的培养,是适应大学学习自主性特点的一个重要方面,每个大学生都要养成自学的习惯。正如钱伟长所说:一个人在大学四年里,能不能养成自学的习惯,不但在很大程度上决定了他能否学好大学的课程,把知识真正学通、学活,而且影响到大学毕业以后,能否不断地吸收新的知识,进行创造性的工作,为国家做出更大的贡献。当今社会,知识更新越来越快,三年左右的时间人类的知识量就会翻一番,大学毕业了,不会自学或没能养成自学的本领,不会更新知识是不行的。因此,培养和提高自学能力,是大学生必须完成的一项重要任务,也是进行终身学习的基本条件。在学习方法的选择上,大学生更应发挥自主性,一般来说大学生学习活动的主要形式有四种:按教育大纲规定的课堂学习活动;补充课堂学习的自学活动;独立钻研的创造性活动;相互讨论、相互启发的学习活动。在各种不同的学习形式中,都要发挥学习的自主性,可根据自己的情况,选择适合于自己的最有效的学习方法。大学的学习,不再是去死记硬背老师所讲的内容,而是按照自己的学习目标和专业要求,选择、吸收有用的知识。在方法上要自主选择,靠自己去理解和消化所学的知识。

二、专业性与综合性相结合的特点

大学教育具有最明显的专业性特点。从报考大学的那一刻起，专业方向的选择就提到了考生面前，被录取上大学，专业方向就已经确定了。四年大学学习的内容都是围绕着这一大方向来安排的。大学的学习实际上是一种高层次的专业学习，这种专业性，是随着社会对本专业要求的变化和发展而不断深入的，知识不断更新，知识面也越来越宽。为适应当代科技发展的既高度分化，又高度综合的特点，这种专业性通常只能是一个大致的方向，而更具体、更细致的专业目标是在大学四年的学习过程中或是在将来走向社会后，才能最终确定下来。因此，大学在进行专业教育的同时，还要兼顾到适应科技发展特点和社会对人才综合性知识要求的特点，尽可能扩大综合性，以增强毕业后对社会工作的适应性。一般来讲，专业对口是相对的，不可能达到专业完全对口，这样，在大学期间除了要学好专业知识外，还应根据自己的能力、兴趣和爱好，选修或自学其他课程，扩大自己的知识面，为毕业后更好地适应工作打下良好的基础。

三、全面发展和注重能力培养的特点

德智体美劳全面发展是我国教育方针对学生提出的基本要求。全面发展的要求是以马克思对未来社会关于人才全面发展的学说为依据，结合我国社会主义建设对人才的需要所提出的。马克思认为：个人劳动能力的全面发展，即不仅要有良好的科学文化素质、身体素质、思想道德素质，还要有能妥善处理人际关系和适应社会变化的能力；个人的才能获得充分的、多方面的发展，做到人尽其才，各显其能，社会要提供个人能力充分发展的环境。我国教育历来都强调德、识、才、学、体五个方面的全面发展，或简称为德才兼备。人才的五要素是一个统一的有机体，五个方面对人才的成长互相促进、相互制约，缺一不可。能力的培养是现代社会对大学教育提出的一个重大任务。知识再多，不会运用，也只能是一个知识库、“书呆子”。由于一些大学生存在高分低能的现象，使得大学生的能力的培养成为高等教育中十分重要的问题。获取知识和培养能力是人才成长的两个基本方面，它们是相辅相成、和谐统一的。广博的知识积累，是培养和发挥能力的基础，而良好的能力又可以促进知识的掌握。人才的根本标志不在于积累了多少知识，而是看其是否具有利用知识进行创造的能力。创造能力体现了识、才、学等智能结构中诸要素的综合运用，大学生要想学有所成，将来在工作中有所发明、有所创造，对人类社会的进步有所贡献，就必须注意各种能力的培养。如科学

2022—2023 年度中国大学生自强之星标兵事迹展示

研究的能力、发明创造的能力、捕捉信息的能力、组织管理的能力、社会活动的能力、仪器设备的操作能力、语言文字的表达能力，等等。在当今世界激烈竞争中，最根本的是高科技竞争，而高科技竞争则主要表现在人才的培养和能力的发挥上。大学教育从某种意义上讲，正是培养有知识、有能力的高科技人才的重要环节。这就要求大学生在校学习期间，必须在全面掌握专业知识和其他有关知识的基础上，加强专业技能的培养和智力的开发，在学习书本知识的过程中重视教学实践环节的锻炼和学习。要认真搞好专业实习和毕业设计，积极参加社会调查和生产实践活动，努力运用现代化科学知识和科学手段研究并解决社会发展和生产实践中的各种实际问题，克服在学习中存在的理论脱离实际和“高分低能”的不良倾向。

大学学习方法

一、大学学习四个“三”

大学学习和中学学习不一样，作为大学生，要注意把握三个学习要点，树立三种学习精神，遵循三条学习原则，形成三种学习能力。

（一）三个学习要点

关于学习的方法可以谈很多，但主要应注意以下三点：

1. 多读书，注意基础

要想学习好，基础知识的掌握尤为重要，而基础知识就是指课本知识，这一点同学们一定要清楚。但在学习中，很多同学却不重视课本的阅读理解，只愿意去多做一些题，因为很多考试就是做题。实际上这是一种本末倒置的做法，应当说，课本与习题这两方面都很重要，互相不能替代，但课本知识是本，做题的目的之一是能更好地掌握知识。所以我们主张多读书少做题，不主张多做题少读书。

2. 多思考、注重理解

“学而不思则罔”，思考是学习的灵魂。在学习中，知识固然重要，但更重要的是驾驭知识的头脑。如果一个人不会思考，他只能做知识的奴隶，知识再多也无用，而且也不可能真正学到好知识。知识的学习重在理解，而理解只能通过思考才能实现，思考的源泉是问题，在学习中应注意不要轻易放过任何问题，有了问题不要急于问人，应力求独立思考，自己动手动脑去寻找问题的正确答案，这样做才有利于思考能力的提高。

3. 多重复，温故而知新

《论语》开篇第一句“学而时习之”道尽学宗，不断的重复显然是学习中很重要的一个方面。当然，这种重复不能是机械的重复，也不只是简单的重复记忆。我们主张每次重复应有不同的角度、不同的重点、不同的目的，这样每次重复才会有不同的感觉和体会，一次比一次获得更深的认识。知识的学习与能力的提升就是在这种不断的重复中得到升华，所谓温故而知新也。

（二）三种学习精神

1. 不唯书

古人云：“尽信书，不如无书。”在我们的学习中，教科书是我们学习的重要材料，学好课本基础知识是毋庸置疑的。但是，这里应当明确两个问题：第一，科学总是发展着的知识体系，我们所学的知识和方法不可能都是毫无缺陷的。这就需要我们多动脑筋，在思考的基础上敢于怀疑，大胆探索，提出我们自己的观点和看法。第二，人们对事物的认识过程总是多次反复才能完成的。也许我们的怀疑是错误的，我们提出的观点和见解是不正确的，但正是在这种错误与正确的交锋中才能获得正确的认识。一味死记硬背，即便把课本背熟了，也难以灵活运用。所以，我们提倡不唯书，并不是为了否定书，而是为了培养一种创新精神。

2. 不唯师

在中学阶段的学习中，很多同学上课时只会认真听讲，把老师的板书一字不差地抄录下来，课后进行消化吸收，但却很少能发现问题、提出问题，老师讲什么是什么，教什么学什么，把自己变成了一个“知识容器”。瑞士著名的教育心理学家皮亚杰曾说过：“教育的主要目的是培养能创新的而不是简单重复前人已做过的事的人。”所以，我们主张同学要多与老师交流，当对老师讲的有疑问或有不同看法时，要敢于坚持自己的观点，敢于向老师质疑，甚至与老师争论，在争论中我们失去的只是错误，而得到的除了正确的认识外，更重要的是智力的发展，还有勇气和信心的提高，最终有“青出于蓝而胜于蓝”的必然。

3. 不唯一

对于一个知识的理解，可以从不同的角度去认识；对于一道题的求解，可以有不同方法；对于一个实际问题，可以从不同学科去分析解决。世界本身就是一个多样化的世界，我们学习的目的绝不是为了追求唯一的答案。所以，我们在学习中必须具备这种“不唯一”的意识和精神，尽可能寻求更多解决问题的途径，养成多方面、多角度认识问题的习惯，训练思维的灵活性和变通性。

（三）三条学习原则

学习的具体方法，往往因人而异，不同的人有不同的学习特点，完全可以根据自己的实际情况采取不同的措施。但也需要我们严格遵守一些共同的原则，它们是取得好成绩的重要保证。

科学学习方法遵循的一般原则

1. 自觉性原则

自觉性指的是学生能够自觉地安排自己每天的学习活动，自觉地完成各项学习任务。我们应当明确，当学习是一种自觉的行为时才更有效，特别是中学生的学习，主要依靠自觉来完成。如果把学习变成一种被别人压迫的行为，学习的动力就会减弱，久而久之就会产生厌倦感，失去学习兴趣，学习效果可想而知。所以，对于那些学业不佳的同学应首先检查自己的学习自觉性如何，一切属于自己的事，必须自觉地去做，这是做好一切事情的前提。

2. 主动性原则

主动性指的是学生对学习要有热情，能够主动获取知识，不等待，不依靠，不懂就问。做任何事情，积极主动是取得成功的必要条件，学习也不例外。很多同学在学习中恰恰缺乏这一点，不懂的问题宁肯烂在肚子里，也不愿开口问一下别人。老师讲什么，就学什么，不越“雷池”半步，很少主动与老师、同学交流，有的同学甚至一年也不会问老师一个问题。这些同学绝不是一个问题也没有，而是缺乏学习的主动性和积极性，而这种被动的学习状态是十分有害的，必须改变。

3. 独立性原则

独立性指的是学生做事要有主见，不轻信，不盲从，不人云亦云，能独立完成学习任务，不轻易受群体因素的影响。很多优秀的学生往往具备这样的特征。当别的同学总愿让老师反复讲解时，他们却更愿意独立思考，依靠自己独立的智慧去努力获取知识。正是他们这种学习的独立性，造就了他们的出类拔萃。我们认为，如果在学习中没有独立性，就没有创造性，就不可能取得最佳的学习效果。

（四）三种学习能力

1. 独立探求知识的能力

这种能力也可以叫自学能力，在外界条件完全相同的情况下，不同的学生所取得的学习成绩是不同的，这有多方面的原因，但其中自学能力不同是一个重要原因。那些优秀的同学往往具有较强的自学能力,他们不仅仅满足在老师指导下的学习,更注重独立探求知识。他们注重对书本的自学理解,遇到问题,并不急于求教,而是首先通过独立思考来解决,他们总是根据自己的实际情况来安排学习,表现出较强的独立性和自主性。我们认为,在一个人所学到的知识中,独立探求的比例越大,那么知识掌握得就越好,而且能更好地促进他的进一步发展。所以,同学们在学习中应加强自学精神和独立意识。

2.与他人合作的能力

人类的认识活动总是在一定的社会环境中完成的,所以我们在主张独立探求知识的同时,还需要加强与他人的合作学习,通过合作学习,更加全面、更加深刻地理解知识。老师讲、学生听,只是一种单向传递,知识的掌握需要双向、多向交流,所以,我们不仅要主动与老师多交流,而且要与同学进行积极的讨论。学会认真听取别人的意见,互相协作解决问题,也是善于同别人打交道的一种社交能力。一位哲学家曾说过:“我有一个苹果,你有一个苹果,交换以后,我们还是拥有一个苹果。但是,我有一种思想,你有一种思想,交换以后,我们就会拥有两种思想。”

3.流畅的表达能力

一些同学认为,好像只有文科要求有较好的写作表达能力,实际上理科所要求的解答过程也是一种表达能力。我们这里所说的表达能力不仅包括文字表达,还包括口头表达。在很多学习活动中,善于演讲,能够准确、自如地表达自己的思想是一种重要的学习能力。语言是与人交流的工具,也是思维能力的表现,不注意表达能力的训练,不仅影响与他人的交往,而且会影响思维的发展,进而影响学习。所以,同学们应有意识地加强表达能力的自我训练。

二、两种高效学习方法介绍

(一)番茄工作法

番茄工作法,又称“番茄钟”技术,是一种高效的时间管理方法,通过将工作时间划分为若干个短暂的时间段,每个时间段称为一个“番茄钟”,来提高工作效率和专注力。这一方法的核心理念是将工作时间分割成短的时间段,每段时间内集中精力完成一项任务,然后休息一段时间,以保持高效的工作状态。下面详细介绍番茄工作法的原理、步骤和实践技巧。

1.番茄工作法的原理

番茄工作法的原理是基于对人类大脑的生理特点和注意力集中的能力的研究

而形成的。人的注意力是有限的，长时间持续专注于同一任务会导致注意力涣散和疲劳，从而降低工作效率。而将工作时间分割成短暂的时间段，每段时间内专注完成一项任务，然后休息一段时间，可以帮助大脑保持清晰的思维和高度的专注力，提高工作效率和质量。

2.番茄工作法的步骤

番茄工作法的步骤非常简单，主要包括以下几个步骤：

第一，设定任务。首先确定要完成的任务或目标，确保任务具体明确，可以量化和可完成。

第二，设定番茄钟。将工作时间划分为一个个25分钟的番茄钟，每个番茄钟称为一个工作阶段。

第三，专注工作。在每个工作阶段内，集中精力专注于完成当前任务，不受任何干扰。

第四，短暂休息。每个工作阶段结束后，休息5分钟，放松大脑和身体。

第五，长休息。连续完成4个工作阶段后，休息15~30分钟，让大脑得到充分休息和恢复。

3.番茄工作法的实践技巧

为了更好地实践番茄工作法，可以采用以下几点技巧：

第一，制订计划。在开始工作之前，制订一份详细的工作计划，包括要完成的任务、每个任务的时间估计和优先级。

第二，使用工具。可以借助番茄工作法的手机应用或网页工具，如“番茄土豆”等，来帮助记录工作时间和提醒休息时间。

第三，避免干扰。在工作阶段内，尽量避免手机、社交媒体等干扰因素，保持专注。

第四，灵活调整。根据实际情况，可以适当调整番茄钟的时长和休息时间，以适应个人的工作习惯和节奏。

第五，坚持实践。番茄工作法需要持续地实践和坚持，通过不断训练和调整，逐渐提高工作效率和专注力。

番茄工作法是一种简单而有效的时间管理方法，通过将工作时间分割成短的时间段，帮助人们提高工作效率和专注力，减少拖延和分心的情况。通过合理规划工作任务、专注工作和适时休息，可以帮助人们更好地完成工作，提高工作质量和效率。希望大家可以尝试使用番茄工作法，提升自己的时间管理能力和工作效率。愿大家都能在工作中事半功倍，取得更好的成就！

（二）费曼学习法

费曼学习法是一种高效的学习方法，以物理学家理查德·费曼的名字命名。费曼学习法通过将学习内容解释给他人来帮助学生更好地理解和掌握知识。以下将从原理、使用方法、使用范围、使用技巧和使用注意事项等方面详细介绍。

1. 原理

费曼学习法的核心原理是通过将知识解释给他人，促使学生深入思考和理解学习内容。费曼学习法背后的理论基础是“只有你能够简单地表达一件事，你才真正理解了它”。当学生将知识表达出来时，需要经过梳理和整理，这个过程可以帮助他们理解和掌握更深层次的知识。

2. 使用方法

（1）选择要学习的主题。选择一个你想要学习或复习的主题。

（2）把知识讲给别人听。将你所学的内容当作教学材料，尝试将其简化、提炼，并逐步讲解给别人。可以写下来，也可以大声朗读，或者通过视频、音频等方式进行表达。

（3）寻找问题和困难。当你尝试将知识解释给他人时，可能会发现自己在某些领域理解得不够深入或存在盲点。这时候，可以进一步钻研，寻找问题和困难，然后再次归纳、总结和解释。

（4）简化和梳理知识。通过将知识进行简化和梳理，找到最核心的概念和关键点，帮助自己更好地理解和记忆。可以使用图表、思维导图、流程图等形式进行组织和整理。

（5）优化表达和强化理解。不断完善和优化对知识的表达方式，使其更加清晰和易于理解。在整个过程中，要保持对学习内容的强烈好奇心和主动探索的态度。

3. 使用范围

费曼学习法适用于任何类型的学习内容，包括但不限于科学、历史、文学、经济、法律等领域。无论是学校课程还是自学的知识，都可以通过费曼学习法来提高学习效果。

4. 使用技巧

（1）形象化表达。将抽象的知识转化为形象的图像、实例、比喻等，使其更易于理解和记忆。

（2）反馈和纠错。将自己的表达和解释与他人的反馈进行对比，发现问题和错误，并及时进行修正和改进。

（3）扩展和应用。将已经学习和理解的知识应用到现实生活中，扩展自己的思维和应用能力。

(4)多角度思考。从不同的角度和层面来考虑和解释问题,帮助自己更全面地理解知识。

(5)反复练习。反复使用费曼学习法,不断练习和应用,加深对知识的理解和记忆。

5.使用注意事项

(1)寻找听众。找到一个愿意听你解释和教授知识的人,或者通过网络、社交平台等方式找到志同道合的学习伙伴。

(2)理解是关键。在解释给他人时,要保持对知识的深入理解和把握,避免只做表面上的“讲解”而没有真正理解。

(3)提炼核心概念。将知识进行简化和提炼,找到最核心的概念和关键点,不要陷入细枝末节。

(4)打破知识难点。通过对知识进行解释和讲解,发现并攻克自己的知识盲点和难点,促进学习的深入。

(5)坚持和反复。费曼学习法需要长期坚持和反复实践,不要期望一蹴而就的效果。

费曼学习法是一种有效的学习方法,通过将知识向他人解释来帮助学生更好地深入思考、理解和掌握知识。使用费曼学习法需要理解其原理、掌握正确的使用方法,同时注意技巧和注意事项。尝试将知识解释给他人,并不断优化和强化自己的表达和理解能力,可以有效提高学习效果。

康奈尔笔记法

大学生学习动机

动机是由某种需要所引起的有意识的行动倾向。它是激励或推动人去行动以达到一定目标的内在动因。大学生学习动机是直接推动学习的内部力量,是学习成功的原动力。有些学生总觉得对学习提不起劲来,一拿起书就觉得很厌烦,学习上拖拉、散漫,这些都是缺乏学习动机的表现。

中国青年报《当代青年要吃什么样的“苦”》

一、学习动机的分型

学习动机一般有两种分类方法:

第一种,学习动机从作用持久或暂时性看来,有间接的远景性学习动机与直接的近景性学习动机。前者是与社会意义相联系的动机,这是社会要求在大学生学习中的体现,如青年马克思为人类幸福而奋斗的人生目标是在中学时代确立的,早年周恩来“为中华崛起而读书”的理想,毛泽东将理想称为“人生之鹄”,20世纪80年代大学生的学习以“为振兴中华而读书”,这些都与大学生的人生观、世界观有着密切的联系,具有较大的稳定性和持久性,能在较长时间内发挥作用。直接的近景性学习动机是与学习活动直接联系的动机,是由对学习的直接兴趣、对学习活动的直接结果的追求引起的,如大学生为了获得学位、通过某门考试而学习,其作用短暂而不稳定,容易受情景变化而变化。随着大学生知识经验的积累、世界观的形成,学习动机更多地具有社会性,与未来的生活、工作、理想紧密地联系在一起。这时,无论是与社会要求相适应的间接的远景性学习动机,还是与学习活动本身相联系的直接的近景性学习动机都发展到了一个更高级的水平,更加稳定、深刻而持久。

第二种,从内部与外部分为内部动机与外部动机。美国心理学家J.布鲁纳认为,内部动机由3种内驱力引起:①好奇的内驱力,这是一种求知欲,驱使学习者产生探究反射;②胜任的内驱力,这是一种求成欲,在取得学习成就时获得满足;③互惠的内驱力,这是一种个人与他人和睦相处、协同合作的需要。内部动机是学习者对学习活动本身感兴趣,学习活动本身就能使他获得满足,学习者无须外力推动而自愿学习。外部动机是由某些外部权威人士(家长、教师等)人为地灌输给学习者的,由外部诱因激发的竞赛、奖赏都属于外部动机。内部动机效应强且持久,而外部动机效应弱且短暂。大学生的学习动机以自己的意识倾向为核心并受其支配,这种较高级水平的自律性动机使得大学生的学习活动具有更高的自觉性。

二、学习动机的激发

作为大学生,其实每个人都有学习需要,只是由于个体所处的客观环境对人的要求不同,人的学习需要存在一定的差异。学习动机的激发是指利用一定的诱因,使已经形成的学习需要由潜在状态变成活动状态,形成学习的积极性。

(一)提高认识

了解学习的意义所在,是激发大学生学习动机最直接有效的途径。只有认识到学习的重要性,才可能增强学习动机,才能够提高学习效率与成绩。知识就是力量，大学生要充分认识到，未来社会的发展对知识的需求将会越来越强烈，知识的价值将越来越得到体现，国与国之间的竞争实际上就是人才的竞争，而在社会上人与人之间的竞争实际上就是知识与能力的竞争。意识到学习对社会发展以及个人自我实现的重要性，了解到学习的重要价值，就会促进我们对学习的责任心和使命感，学习动机就会更为强烈。因此，大学生要积极参加一些社会实践活动，了解自己的专业对社会的贡献，并在实践中运用知识、发现问题，这样往往会增强学习动机。

（二）培养兴趣

对所学专业厌倦，学习中无精打采，很少感受到学习成功所带来的快乐，是学习动机缺乏的常见表现。爱因斯坦说："真正有价值的东西并非从舒心或责任感产生，而是从人对客观事物的热爱与热忱产生，热爱是最好的老师。"兴趣能让我们有选择、积极愉快地去探究某种事物或进行某项活动。表现在学习方面，就是对某一学科、某类书籍、某项活动特别喜欢，学习起来不知疲劳，常常会自觉或不自觉地进入一种迷恋状态。甚至达到孔子所说的"发愤忘食，乐以忘忧，不知老之将至"的境界。法布尔从小对昆虫活动产生了兴趣，激发了他终身研究昆虫的志趣，写下了共十卷的巨著《昆虫记》，对昆虫学做出了巨大的贡献。在学习过程中，学习兴趣与学习效果之间有着密切的关系。浓厚的学习兴趣可以使学生对学习充满热情、能主动克服各种困难、全力以赴地实现自己的学习愿望。如果对学习不感兴趣，仅仅由于强制而求知，则味同嚼蜡，苦不堪言。拉扎勒斯等人的研究表明，兴趣比智力更能促进学生努力学习。他将被试者按照智力和兴趣分为智力组和兴趣组，智力组学生平均智商120，但对语言的阅读和写作缺乏兴趣；兴趣组学生的平均智商107，但对于语文的阅读和写作很感兴趣。学期结束时，兴趣组的成绩远远超过智力组。

兴趣是学习动机中最现实、最活跃、带有强烈情绪色彩的因素。值得指出的是，学习兴趣并不完全是天生的，是可以通过后天培养的。培养兴趣的途径有以下几种。

1.积极的自我强化

在我们生活中的众多行为中，那些导致对自己有利结果的行为会不断被保留、不断被重复。操作性行为所导致的令人高兴的结果使这种行为不断增加的现象叫作"强化"。所谓自我强化通俗地讲就是自己奖励自己。在学习的时候，如果你取得了一定的成绩，或者达到了你预想的目标，没人表扬你也会很高兴。成绩本身就会成为学生继续学习的激励。试想一个数学不好的学生，考试之前突然下决心考好，下苦功夫复习，结果取得比以前好得多的成绩。努力的成果本身会正强化他的行为，同时他也会得到被教师表扬、受同学注目等社会性强化。结果，他在下次考试的时候也会努力学习，这样数学成绩就会渐渐提高起来。积极强化可以同时产生“学数学真有乐趣”“真盼着下一次考试”这种情感，会与主动学习的态度联系起来，也就是他喜欢上了数学。而对数学的情感又会较容易地迁移到别的科目上，他也有可能喜欢上英语和化学，并努力学习。

2.运用积极的自我暗示

暗示既能产生正面影响，也能产生负面影响。每当学习时，满怀热情，充满自信，心情愉快，自言自语地说“这门功课很有用，这门功课很有意思”，“我一定能学好它”，“我对这门课充满兴趣”，在头脑中浮现获得学习成功的愉快情境和生动形象，将暗示训练与实际学习活动结合起来，就是说带着训练产生的愉快心理去学习，效果就会好。如此长期反复练习，就会形成信念，使之嵌入潜意识，发挥意想不到的学习效果。

3.带着问题去学

抓住本学科中一些没有定论的、有争议的问题，广泛搜集资料，通过独立思考，提出自己的看法，这往往会使你对此学科产生强烈的兴趣。

4.积极主动地参与学习实践活动

学生应该尽可能多地参加学习活动来激发学习兴趣。比如我们现有的实验课、实习课等，都是很好的学习实践。学习实践既能动手操作，又能积极思考解决问题，多练习、多实践，使基础知识和基本技能不断加深和拓宽，从而可以激发求知欲，培养学习兴趣。

（三）树立目标

学习目的，是指学生进行学习所要达到的结果或实现的目标。学习动机作为促使学生达到学习目的的动因，总是以某种学习目的为出发点的，只有树立明确的学习目标，才能产生强烈的学习动机，保持高度的学习自觉性，因此，学习目的作为产生和保持学习动机的因素，在学习行为中起着重要的指导作用。

有研究人员做过一个调查。他对一所大学的毕业生是否有明确、特殊的个人发展目标进行调查，发现只有3%的人有这种目标。20年后，再对他们调查，发现这3%有明确目标的人所获得的成就比其余97%的人所获得的成就之和还要多。这就是目标的力量。

学习目的有长远与短近之分，长远的学习目的是建立在社会需要的基础之上的，例如“为祖国富强而学习”。短近的学习目的是以学习的具体活动或具体教学要求相联系的，如准确理解某个词的含义就是课堂教学要求的反映。大学生在学习过程中，既要有长远明确的目标，又要有短近具体的学习目的，后者是有效地完成学习任务，从而成功地达成长远学习目的的关键。确定具体的学习目的时，应掌握三个原则，一是求近不求远，要先完成眼前的学习任务，再考虑未来的学习目标；二是具体明确而非笼统模糊，没有明确的学习目标，就不能做到有的放矢；三是分析个体情况，制定具体的学习目标，具有适中的挑战性。

大学生学业规划

一、什么是学业规划

大学生的学业是指大学生在高等教育阶段所进行的以学为主的一切活动，是广义的学习阶段，它不仅包括科学文化知识的学习，还包括思想、政治、道德、业务、组织管理能力、科研及创新能力等的培养。规划在字典中有两个含义，一是名词性的含义指比较全面的长远的发展计划；二是动词性含义做规划。

大学生学业规划，是指大学生对与其事业（职业）目标相关的学业所进行的安排和筹划。具体来讲，是指大学生通过对自身特点（性格特点、能力特点）和社会未来需要的深入分析和正确认识，确定自己的事业（职业）目标，进而确定学业发展方向，然后结合自己的实际情况（经济条件、工作生活现状、家庭情况等）制定学业发展计划。

换言之，学业规划就是大学生通过解决学什么、怎么学、用什么学、什么时候学等问题，核心是制定明确的学习目标，激发学生的学习动力和热情，以确保自身顺利完成学业，为实现就业或开辟事业打好基础。

二、大学学业规划五步骤

（一）学业规划选定

首先，分析自己的兴趣爱好，认定自己想干什么。兴趣是理想产生的基础，兴趣与成功概率有着明显的正相关性。要择己所爱，选择自己喜欢的专业方向和研究领域进行钻研和学习。其次，分析自己的能力、特长，确定自己能干什么。能力是人的综合素质在现实行动中的表现，是正确驾驭某种活动的实际本领、能力和熟练水平。能力是实现人的价值的一种有效方式，也是支配人生命运的一种主导性的积极力量。因为任何一种职业都要求从业者掌握一定的技能，具备一定的条件，所以结合自己的兴趣爱好，在认定自己想干什么的基础上确定已经具备的能力和应该培养的能力。再次，分析未来，确定社会要求干什么。着眼将来、预测趋势，立足于社会不断发展变化的需求。避免盲目跟风，因为最热门的并非是最好的。选择社会需要又最适合发挥自身优势的专业方向和研究领域才是最好的。要把自己的兴趣爱好、能力特长同社会需要结合起来，把想干什么、能干什么、社会要求干什么有机地结合起来。几方面的结合点和连接处就是我们学业规划的关键所在。

（二）强化学业规划

当学业规划选定以后，很多大学生或者束之高阁或者虎头蛇尾，结果导致有了学业规划却不能实施或实施后不能持久，最终无法实现既定的学业规划。这些现象的出现是因为大学生在制定学业规划时缺少一个重要环节，即对学业规划的强化。强化学业规划就是规划执行者在执行之前充分运用想象，详细地罗列出达成学业规划的好处，从而培养出积极的心态，进而增强动力、产生更大的执行力，确保学业规划顺利完成。

（三）学业规划分解

学业总目标制定以后，要能自上而下地分解，即制订学习计划。以本科四年为例，可以按照以下的思路进行：四年的总学习目标——年的学习目标——学期的学习目标——月的学习目标——周的学习目标——日的学习目标。使得学业规划落实到学习生活的每一天，确保学业规划的严格执行。

（四）学业规划评估与反馈

在实施过程中，要及时地对环境和条件做出评价和估计，对自己的执行情况做出评估。由于现实生活中种种不确定因素的存在，学业规划的设计必须具有一定的弹性，因此评估结果出来以后应进行反馈，以便自己及时反省和修正学业目标，变更实施措施与计划。同时应做到定期评估与反馈：每年、每学期、每月、每日进行检查评估与反馈，进而分析原因与障碍，找出改进的方法与措施。

（五）激励与惩罚

激励措施能将人的潜能和积极性激发出来，惩罚可以防止惰性的产生。一定要制定出完成阶段目标后对自己的奖励和惩罚措施：完成后怎样奖励自己，完不成将怎样惩罚自己。

专题一
优秀学长交流

专题介绍

通过与优秀学长的交流，了解大学学习的特点，知道大学学习的方法，少走弯路，及时适应大学学习生活。

感…

三名学长经验交流分享。

议…

请大家思考，大学学习与中学学习有哪些不同，怎么适应。

践…

走近专业教师和辅导员，了解大学生学习中遇到的常见问题，及时对照自己，完善自己。

悟…

你心目中的大学学习生活与你了解之后的大学学习生活一样吗？

写给大学生的一封信

专题二
学会学习

专题介绍

本专题通过分析大学生存在的常见学习问题,让大学生反思自己,找到解决问题的办法。同时,让自己明确大学的学习目标,增强学习动机,制订合理的学习规划。

感 …

三个方面的案例

案例一:学习"没劲",根源何在?

李某,男,19岁,某工科大学二年级学生,优秀班集体班长。该生主诉:"现代社会确实很需要知识,可我学习就是没劲,为什么学?学什么?现在所学的每门课我不用上课,只需两三天就可考出较好成绩,剩下的时间没事可干,我就找朋友、同学聊天,每个月要花几百元话费,现在就连聊天我也不感兴趣了。我最感兴趣的是当警察,做侦探工作。我考大学时所有志愿都报公安学校,没想到录取到工科院校学锅炉设计,真是一点办法也没有。也想过退学重考,可左思右想不行,还得在这儿继续学。"

点评:所学专业与自己的志向、兴趣不同,是小李学习"没劲"的根源所在,加上他学习能力较强,不用下功夫学习也可考得好成绩,养成了松散的学习习惯,既不满意现状又很难集中精力学习。小李应建立一个自己认可的目标,并制订一个可行的计划,逐步养成良好的学习习惯,在学习中体验到愉快的情绪。

案例二:因学习困难感到焦虑恐惧

周某,女,19岁,本科一年级学生,父母均为农民,两个哥哥先后大学毕业,她经过高考,终于实现了自己“像哥哥们那样上高等学府深造”的愿望,抱着一种与现实差距较大的神秘幻想,跨入大学门槛。入学后紧张的军训,她挺过来了,可是另一种紧张而单调的学习生活,她却难以承受。她说:“生活真没意思,学习压力太大,没想到这样难,特别是高等数学和画法几何,学起来十分吃力。高中时我数学不是特别好,但也还过得去。现在上课时老师不停地讲,前面的内容还没完全听懂,后面的又接踵而至。尤其是画法几何,我怎么也想象不出来那些线条在空间是什么样的几何形状,太抽象啦。没想到大学课程的难度这么大。我最害怕的是期末考试不及格,要真的及不了格可怎么办呀!从上小学到高中毕业,还从来没遇见过这种困境。”

点评:小周主要是产生了学习焦虑,害怕考试不及格。她感觉到大学的教学内容多、进度快,学习吃力,在学习上遇到了前所未有的困难,特别是因空间想象能力较差(这一点在女生中比较普遍),数学基础一般,所以,一时难以适应大学数学较高的抽象思维能力的要求,尤其是画法几何这门课,高中几乎没有涉及。学习上感到非常吃力,失去了自信,乃至产生了恐惧感,甚至感到就像真的已经考不及格了一样。

案例三:培养专业兴趣,增强学习信心

董某,男,19岁,理科一年级大学生。填报大学志愿时未报考自己感兴趣的人文科学某专业,而是遵从了父母意见报考了理科。现在所学的专业又是当前不“热”的基础科学,担心毕业后的工作不理想,所以不喜欢专业,但又认为应该学好专业。上期末两科不及格。寒假回家后不想返校。本学期情绪低落,听课时常头痛。睡眠不好,梦多,感觉“头紧绷绷”的。校医说他神经衰弱,让服用镇静类药物帮助睡眠。一想到父母工作担子重,经济负担重,对自己寄予很大希望,就拼命读书。但学习效率极低,有很多时候一晚上一道题也解答不出来。只有一个多月又要期末考试了。他说:“我的功课欠账太多。急欲向前走,走不动又不敢歇脚,真不知所措。生怕补考不及格被退学。”

点评:小董在学习上面临的压力主要来自两个方面:一是专业兴趣问题,二是考试压力问题。这两个问题相比之下,考试压力更为紧迫一些。首先应使其正确认识神经衰弱。他目前的症状只是轻微的神经衰弱,他只是由于长期的紧张、烦恼等使大脑疲劳了;其次是由于考试的临近,他出现了考试应激问题,紧张、害怕,有一种预期焦虑,对还没有到来的考试自我恐惧,愈想愈糟糕,越想越紧张,越紧张学

习效率就越低，效率越低越想靠用功学习补回来，结果适得其反，如此恶性循环。所以应克服这种“万一考不好就糟糕透顶”的消极心理暗示；再次对于专业兴趣问题，其实他原来并不讨厌这个专业，只是由于进大学后感到学习吃力，两门补考，由此认为自己不是学理科的“料”，自信心受挫，同时由于担心专业不“热”不好找工作，从而对专业产生了阻抗情绪，对专业没了兴趣。所以应明白“兴趣是最好的老师”、最好的“催化剂”，正确看待所学专业与社会需要之间的关系、人文科学与自然科学之间的关系，努力培养自己的专业兴趣，增强学习的信心。

议…

讨论：我们为什么要学习？

导…

活动一：撕纸游戏

目的：

让学生学会珍惜时间，做好时间管理。

操作：

假如现在你个人的生命处于0～100岁之间，接下来我们来玩一个游戏。

请准备一张长条纸用笔将它划成10份（中间部分刚好每两列一份代表生命中的10年，分别写上10、20等，最左边的空余部分写上“生”字，最右边的空余部分写上“死”字）。

下面我给大家出几个问题，请大家按我提的要求去做：

第一个问题：请问你现在几岁？（把相应的部分从前面撕掉）

过去的生命是再也回不来了的！请撕彻底，撕干净！

第二个问题：请问你想活到多少岁？（如果不想活到100岁的话就从后面把那部分撕掉）

第三个问题：请问你想多少岁退休？（请把退休以后的部分从后面撕下来，不用撕碎，放在桌子上）

就剩这么长了，这是你可以用来工作的时间。

第四个问题：请问一天24小时你会如何分配？

一般人通常是睡觉8小时(有人还不止呢!)占了1/3,吃饭,休息、聊天、摸鱼、看电视、游玩等又占了1/3。其实一天中真正可以工作有生产力的时间约8小时,即1/3。所以,请将剩下来的折成三等份。并把2/3撕下来,放在桌子上。

第五个问题:比比看。

请用左手拿起剩下的1/3,用右手把退休那一段和刚才撕下的2/3加在一起,并比一比:你要用左手的1/3工作赚钱,提供自己另外2/3的吃喝玩乐及退休后的生活。

第六个问题:想一想。

你要赚多少钱、存多少钱才能养活自己上述的日子,这还不包括给父母、子女、配偶的哦!

第七个问题:请问你现在有何感想?

第八个问题:请问你会如何看待你的未来?

这个游戏,你按要求做完了吗?你有什么感想?

活动二:我的学习动机

目的:

帮助学生明晰自己的学习动机,激发学生有效能的学习动机,树立对学习的信心。

操作:

(1)列出你究竟为了什么而学习。

(2)想想这些原因对你的学习有什么影响,有何积极作用,有何消极作用。

(3)小组讨论学习动机,比较自己的学习动机和大家有什么不同。

践…

1.制订大学学业规划。

2.测一测自己的学习情况。

学习能力多维测评系统

悟…

请思考自己到底该如何投入大学学习中。

书海导航

1.《学习之道》

(美)芭芭拉·奥克利著,教育边界字幕组译,机械工业出版社

读完一本书,却不记得讲了什么?美剧看了一箩筐,英语还是没长进?公众号、指导书、牛人帖,一个都没落,却还是没有形成自己的学习体系?

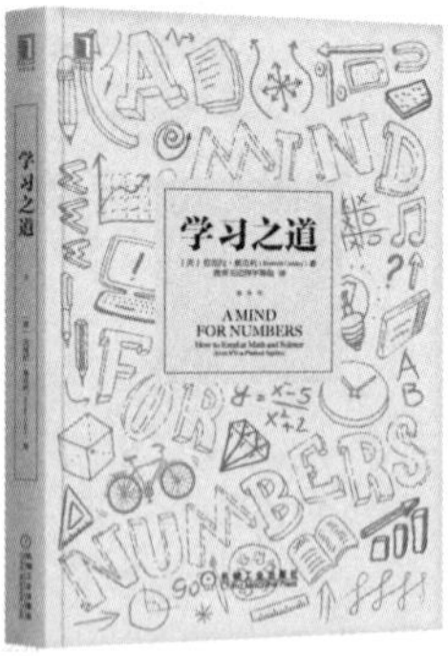

这些都是典型的低质量学习症状。不了解学习的原理,就是在无效重复;缺乏有效的学习方法,就是在消耗天赋。本书从脑科学和心理学的最新研究出发,跨学科解读学习的原理,提供最全面的学习方法和思维模式:大脑如何处理图形、文字、数字等信息,不同类型的学习匹配哪种信息通路。学艺术、学语言、学音乐,还是学数理?各种事物的学习原理有何差异?对于你而言,为什么A方法比B方法效果更好?如果你翻开这本书,我相信你对学习是认真的。

2.《如何高效学习》

(加)斯科特·扬著,程冕译,机械工业出版社

本书就是作者对他学习方法的全面介绍,其中包括整体性学习策略的核心思想和具体技术,详细介绍了快速阅读法、流笔记法、比喻法、内在化等七大方法,并为高效学习提供了从生活到时间管理的整体解决方案。

IN语

1. 在寻求真理的长河中,唯有学习,不断地学习,勤奋地学习,有创造性地学习,才能越重山跨峻岭。

——华罗庚

2. 学习是一个人的真正看家本领,是人的第一特点,第一长处,第一智慧,第一本源。其他一切都是学习的结果,学习的恩泽。

——王蒙

3. 学习是终身的职业。在学习的道路上,谁想停下来就要落伍。

——钱伟长

4. 不积跬步,无以至千里。

——荀子《劝学》

单元四

悦纳自我
——认识自我，做更好的自己

测一测

田纳西自我概念量表

田纳西自我概念量表基于自我概念的多维观点进行编制，主要从身体自我、道德伦理自我、个人自我、家庭自我、社会自我、自我认同、自我满意等维度来了解自我。

学习导读

自我意识简述

自我意识是指个体对自身身心状况及自己与周围事物关系的认识和体验。它包括对自己的思想、感受、行为和动机的觉察。自我意识是人格的重要组成部分，一个有较强自我意识的人能够清晰地识别自己的情绪和想法，并能理解它们是如何影响自己的行为的。自我意识不仅仅是了解自己的外在表现，更重要的是了解内在的思想和情感,以获得与自己、他人和环境三者的动态平衡。

思考:我们是从哪些方面来认识自己的呢?

从涉及的内容上看,自我意识包括生理自我、社会自我和心理自我。生理自我是对自己的身高、体重、容貌、年龄、性别、身体健康程度等方面的认识;社会自我是对自己在群体中的社会地位、作用及与他人关系的认识、评价;而心理自我则是对自己的知识、情绪及能力、气质、性格、兴趣、信念等人格特征的认识和体验。

从过程来看,自我意识包括自我认识、自我体验、自我调控。自我认识主要包括个体的自我观察、自我分析和自我评价等方面的内容,如“我是谁”“我是一个怎么样的人”;自我体验主要包括自尊、自信、自卑、自负、自责、自豪感等方面的内容,如“我是否喜欢自己”;自我调控是指个体对自己的心理、行为和态度等方面的调节,主要包括自主、自立、自律、自我教育、自我控制等方面,如“我可以选择怎么做”。

从评判角度来看,自我意识可以划分为现实自我、理想自我、他人自我。现实自我就是个体对自己当前总体实际状况的基本评价。理想自我则是指个体希望达到的形象。他人自我是个体与他人接触过程中,他人对自己的评价。

大学生自我意识变化的特点及其类型

一、大学生自我意识发展的规律

(一)自我意识的分化

青年期是个体自我意识迅速发展并趋向成熟的关键时期。大学生的自我意识与青少年时期相比,正经历着一个特别明显的分化、矛盾与统一、转化的过程。由青少年时期的着重关注认识外部世界转向认识内部世界。自我意识也随之分化为外部的我——客观我、现实我,内部的我——主观我、理想我。

1.主观我与客观我

主观我是主体对内部世界自身的意识与体验,一般是以观察者身份出现。处于主观地位的自我,往往代表了社会的要求,在头脑中塑造了一个理想的我形象。客观我则是主体对外部世界及主体自身的客观处境、客观存在、实践行为的反映,是对感性自我世界的认识,用来表达我怎么看待我,是以被观察者的身份出现,呈现出在现实生活中我的形象。客观我常常表现为我是谁,现实生活中我是一个怎么样的人。

2. 理想我与现实我

理想我是个体想要达到的完美的形象,是个人追求的目标,它引导个体实现理想中的个人自我。现实我是个体从自己的立场出发,对现实自我的各种特征的认识。

(二)自我意识的矛盾

1. 主观我与客观我的矛盾

由于观察角度不同,主观我与客观我可能会产生矛盾。主观我是自己所认识和评价的自我。在个体认识自我时,掺杂着个人情感因素,往往在认识自己的时候可能对自我各方面的评价存在夸大或者缩小的情况,也可能受制于难以跳开自我的角度而对自我认识不足与不全面。而客观我是他人所认识的我,是他人对自己的评价在头脑中形成的另一个自我的形象。自我评价与别人评价之间差距过大,就构成了主观我与客观我之间的矛盾。

2. 理想我和现实我的矛盾

有句话说得好,做最好的自己。就是不断超越现在的自己,实现理想中的自己。但在实现过程中,可能会出现各种矛盾,这种矛盾的起源可能源自于理想我与现实我脱节,导致个体好高骛远,不切实际地虚拟理想中我的形象。如,我希望能够不用工作而坐拥上千万的资产,或者我希望是一个能够拯救全人类的超人,而现实中的我却并没有拥有任何可以实现这一点的资源。最终,理想我与现实我分化严重,可能导致我的分裂,让自我产生强烈的自卑与自怜,甚至出现各种各样的心理问题,失去前进的动力。

3. 独立意向与依附心理的冲突

从青春期开始,大学生就开始渴望独立。特别是进入大学后,这种独立的愿望特别强烈,渴望在经济、生活、学习、思想上独立,摆脱父母及老师对他们的约束。但由于各种原因,大学生无法真正做到独立,无论是在经济上、心理上,还是在情感上。这种独立与矛盾也一直是大学生苦恼的问题。

4. 交往需要和自我闭锁的冲突

作为社会的人,大学生同样需要友谊,渴望归属和爱。他们有着强烈的交往需求,希望能够结交到志同道合的朋友,在人生的路上有人陪同,有人能倾听他们的心声。同样,在没有遇到合适人选时,他们不自觉地将内心封闭,造成内心的苦闷。对交往的渴求与不自觉的自我封闭的矛盾与冲突,使不少大学生常处于孤独的煎熬之中。

(三)自我意识的同一性

1. 自我同一性

自我同一性最早由美国心理学家艾里克森提出,他认为自我同一性就是自己认同自己,是个体对自己拥有过去、现在、将来的连续性和独特性的感受。对于自我同一性,艾里克森认为,可以从不同角度来定义,自我同一性可以表现为在内容上生理自我、心理自我、社会自我的统合,也可以表现为在结构上自我认识、自我体验与自我调控的统一等。在艾里克森看来,建立起同一感的个体会体验到一种幸福感,一种心归其位,知道会往哪里去的感觉,一种发自内心的确定感。此类感受并不会随着时间的推移而发生改变,它是一个人过去、现在和未来持续不断的感受。艾里克森认为,青年期发展的课题是自我同一性的形成和防止自我同一性扩散。

2. 自我同一性的类型

马西亚将艾里克森的自我同一性按照探索与投入程度分成同一性获得、同一性延缓、同一性早闭、同一性扩散四种类型。

同一性获得,是同一性发展中最成熟的状态。处于同一性获得状态的大学生经过积极的自我探索与思考,已经明确了个人的价值观、目标、发展方向和生活的意义,获得了内在的成长动力。处于同一性获得状态的大学生通常喜欢思考,思想成熟,能积极主动地对生活中的重要问题进行探索,主动解决成长的困扰,并能主动适应环境。因而,在环境中表现出积极的心态。

处于同一性延缓状态的大学生正处于积极的自我探索中,对人生的价值观、目标、发展方向和生活意识都做出了探索,但还没有寻找到最后的答案。他们的内心是摇摆的,容易受环境的影响。处于同一性延缓状态的大学生往往具有较高的焦虑情绪,他们往往通过拒绝、发泄和认同来控制内心的焦虑。

处于同一性早闭状态的大学生没有经过对有关自我发展的重大问题的思考,而直接接受父母与权威人物对人生、发展方向、生活意义的观点与希望。也就是做父母或权威人物所希望的人。这是一种较低级的自我同一性状态。

处于同一性扩散状态是最不成熟的自我同一性状态。在此状态下,大学生对自己的探索是肤浅的或者压根儿就没有探索,并缺乏对价值观和目标的明确投入。他们不理解自己,自我评价偏低,自信心不足;或是因自我认识和别人对自己的认识不一致,而产生困惑和苦闷的情绪。处于自我同一性扩散状态的大学生往往没有生活目标,生活失去热情,学习失去动力,往往会出现自卑、退缩的心理状态,给社会增添了不和谐的因素。

应该指出的是，大学生的自我同一性状态不是一成不变的，而是伴随着个体成长发展变化的。处于同一性延缓状态的大学生，在个体积极探索的基础上，如能给予正确的教育引导，便可促使同一性延缓状态向同一性获得状态发展。

3.获得自我同一的途径

促进自我教育是帮助大学生顺利应对同一性危机的一种重要方式。自我教育是指学生在实现自己的理想或目标过程中，有意识地调控自己的心理和行为，充分发挥自己的主体作用。自我教育特别强调发展学生本人的能动性作用，对自己积极地探索，了解与认识自己，思考自己是什么样的人，自己能做什么，今后将成为一个什么样的人，继而对自己的人生观、价值观、职业理想、社会角色、自身能力和潜能进行定位，从而获得自我同一性。

除自我教育外，还可以通过以下途径获得自我同一性。如调整理想自我与现实自我的差距，使理想自我与现实自我逐渐整合，最终实现自我同一性。在此过程中，可以调整与改善现实自我，使之逐渐接近理想自我。也可以修正理想自我中某些不切实际的过高标准，使之与现实自我趋近，甚至在某些时候，放弃理想自我而迁就现实自我。

二、大学生自我意识发展的特点

大学生的自我意识在大学阶段得到了迅速发展，其自我认识的主体性、控制性得到了长足的发展，在自我意识的发展过程中，存在着以下特点。

（一）强烈关心自己的发展

与同龄的社会青年相比，大学生并没有直接进入社会，而是有4年左右的知识技能准备期以及人生思考的缓冲期。在这个期间，除了累积知识外，大学生们应该思考一些问题，如今后我能做什么，我将成为一个什么样的人，到了社会上后我以什么方式立足，我存在的价值是什么。对自己今后的前途发展，有一个思考。也许在大学之中并没有完全思考出来，但也就是这种思考，促使大学生不断向前发展。

（二）自我评价能力趋于客观

随着生活经验的丰富、各类知识的增加，大学生对自己的评价逐渐变得客观起来，不再以学习作为评断自己的唯一标准。自我评价标准逐渐由学习成绩的单一维度变得多元。也由此，在大学期间，大学生们将目光放在了学习之外的其他方面能力的锻炼上。也正是自我评价标准的变化，让大学生们的生活变得丰富多彩起来。

(三)自我体验丰富而复杂

一般来说,大学生会体会到丰富而积极的正向情感。大部分学生会充满着阳光、自信与自尊。但他们也容易出现波动,特别是在涉及有关自我的方面,会比较细腻。有时,会把自我的心封闭,情绪情感会体验到两个极端。在取得成就时可能会得意忘形,而遭受失败或遇到挫折时,则可能产生自我的否定。

(四)自我控制的能力提高

大学生在求学期间,远离了父母,但并不等于远离了对自我的约束。随着年龄的增长,大学生对自己的约束逐渐由父母等外在方面的约束变为自己对自己的约束与控制,自控行为逐渐增加。能根据目标自觉调整行为,同时自我独立意识、自治意识增强。

(五)自我意识水平存在年级差异

大学生自我意识的发展并不平衡,在年级上存在着相应的差异。研究表明,大学一、三、四年级学生的自我意识随着年级的升高而发展,而二年级自我意识最低。造成大学生在大二时自我意识比较低的原因可能在于这个时期大学生正处于思想的矛盾与斗争期。大一时刚经历过高考,学业的成功让其自尊感增强,认为自己无所不能,自我意识高涨。但到了大二,经过一学年的沉淀,发现自己与周围师哥、师姐相比,落下了一大截,有着自我否定的状态,这个时期内心最不稳定。也恰恰就是这个时期,这种内心的不稳定,也是大学生自我意识发展的转折时期。如果大学生在此过程中,重新思考自己的人生,重新思考自己的未来发展道路,将有助于他们的发展。研究表明,经过大二一年的思索与实践探寻,大部分学生能够从低落的自我意识状态中走出来,重新获得自我意识的增强,找回自尊与自信,为此后的成长打下坚实的基础。

大学生自我意识的常见问题及调适

大学生自我意识在发展过程中必然会出现种种问题。对于部分大学生来说,通常会出现以下问题。

一、自我设限与负面自我评价

自我设限是指对自己能力的低估或限制。这种心理状态常常伴随着负面的自我评价，使我们难以看到自己的潜力和价值，通常表现为过度自卑，严重者可表现为两个极端，要么消极颓废、软弱无能、精神萎靡，要么敏感多疑、傲慢强硬、自高自大。我们可能因为过去的失败经历而对自己失去信心，从而为自己的发展设限。例如，一个曾经在公众演讲中失败过的人可能会因为害怕再次失败而避免任何形式的公开演讲，从而限制了自己的发展机会。

调适建议：

(1)在学习生活中多了解自己的人格特点、兴趣爱好、价值观念以及目标和规划，避免产生不现实或夸张的自我评价，不过分追求完美，接受自己的缺点和不足之处，适度与他人进行比较，既看到自己的长处，也看到自己的短处，并能扬长避短，弥补自己的短处。

(2)不断学习新知识、新技能，拓宽自己的知识面和视野，增强自己的综合素质和竞争力，以提升自我认知，避免陷入固有的思维模式。

(3)勇于挑战自己，不断尝试新的事物和挑战自己的极限，锻炼自己的意志力和信心，拓展自己的能力和视野，避免自我设限。

二、过度受社会比较与他人评价的影响

社会比较与他人评价的影响有助于大学生形成对自己的认知和评价，进而影响他们的行为和决策过程。但过度依赖他人的评价或与他人比较会干扰我们对自我的真实认知。我们可能因为他人的意见而改变自己的行为，导致失去自我。例如，我们可能因为周围人都在追求某种生活方式而忽视了自己真正的兴趣和追求，从而陷入迷失自我的困境。

大学生的自我意识发展是一个复杂的过程，涉及多个因素的影响，其中社会比较和他人评价是两个重要的方面。社会比较理论认为，个体倾向于通过与他人进行比较来评价自己，这种比较可以是客观信息、个人标准信息和社会比较信息的结合。在缺乏客观信息和个人标准信息的领域，或者在个体不熟悉的领域中，社会比较信息对个体的自我评价尤为重要。群际情境下的社会比较，尤其是高群体认同的个体，更倾向于与外群体进行比较，这种比较方式会影响个体的自我评价和群体认同感。

此外，他人评价也是影响大学生自我意识发展的重要因素。他人的评价可以提供关于“现实自我”的形象的信息，帮助个体了解自己在别人心目中的地位。这种评价可能来自正式的场合(如竞赛评比)，也可能来自非正式的场合(如相互交谈)。通过这些评价，大学生可以调整自我理想，深化自我认识，实现和超越自我。

调适建议：

（1）定期进行自我反思是关键。大学生每天可以花一点时间回顾自己一天的行为和言语，判断其合理性及是否有改进空间，从而发现自己的优缺点和问题所在，这有助于大学生更好地了解自己，而不是盲目地与他人比较。

（2）关注自己的内心世界，及时发现并解决内心的问题和烦恼，这有助于大学生更加清晰地认识到自己的需求，从而减少因外界评价而产生的自我意识波动。

（3）理性对待评价。大学生应学会用理性的眼光看待自己的能力和不足，客观地认识自己，避免过度关注外界的评价。

三、过度自我认同

自我认同也称为自我同一性，自我认同是对个体围绕着性别、年龄、职业、国籍等方面对自我身份的确认，其核心表现为对“我是谁”的评价性认识和以评价性认识为基础的事实性的指认和确证。但是，关于我是谁，某些大学生并没有清醒的认识，相反，对自我产生了过高的评价，不仅放大自己的优点，有时也将自己的部分缺点包装成自己的优点，认为自己无所不能。对自己肯定性的评价往往超出自己的实际能力，表现得眼高手低、野心勃勃，一旦在实际生活中遇到挫折，往往会把受挫的原因归咎于老师、同学，认为世界对自己不公，从而疏远集体与他人。也正是对自己过高的评价，过度自我认同的人在人际交往中，往往以一种居高临下的姿态面对他人，看不起他人，给他人以不舒服、不愉快的感觉。对个人的心理健康、人际关系及社会适应能力造成负面影响。

过度自我认同是过度热衷于追求自我认同，忽视了其他重要的个体和社会关系，最主要的特征就是高估自己、贬低别人，其核心还是某种程度的自卑表现。

调适建议：

（1）要善于看到自己的长处与短处，接纳自己的短处，同时，也要接纳与欣赏别人的长处，尊重别人的反馈意见。因此还可以通过自我反省来审视自己在不同场合中是否过于强调自我认同，是否忽视了他人的感受和需求，是否对自己的认同感过于依赖。

（2）寻求他人反馈，可以向身边的朋友、家人或者专业人士征求意见，了解别人对自己的认同度以及自己是否表现出过度的自我认同。

（3）培养个体的自主性和自我接纳能力，这包括接受自身的不完美和不足，意识到每个人都有自己独特的个性和特点，并赋予选择权，让个体有能力做出自己真正想要的选择，而不是被外界的期待和规范所左右。

(4)关注身边他人的需求和感受,培养关怀和同理心,学会在合适的时机减少自我认同的表达。

如果过度自我认同的问题过于严重,个人很难自我调理,那么寻求专业帮助是一个很好的选择。专业的心理咨询师或治疗师可以提供个性化的指导和支持,从而避免过度自我认同的问题。

四、以自我为中心

以自我为中心就是过度关注自己的需求和感受,而忽视他人的观点和需求,凡事从自己的角度来考虑,不顾及他人的感受。以自我为中心既是一种行为倾向,也是一种行为态度,体现为我行我素,一切以自己的好恶为评价标准,自我封闭,自私自利。在与他人相处时,总喜欢把自己的意志强加于人,给他人的感受总是盛气凌人。这种倾向可能导致人际交往中的障碍,影响个人的社会适应和心理健康。

调适建议:

(1)以自我为中心的人长期习惯于从“我”的角度来思考问题,要改变以自我为中心的行为倾向与行为态度,首先就要从思维方式上进行转变,学会换位思考,将从“我”开始的思维模式逐渐变成从别人开始的思维模式,有意识地去觉察,想想对方会怎么想,我的想法、做法会对他人产生什么样的影响,站在别人的角度去思考与解决问题。这有助于更好地理解他人的需求和感受,从而减少以自我为中心的倾向。

(2)面对他人的意见时,保持谦虚的态度,接受自己的不完美和局限性,相信别人的建议是对自己有益的补充,即使面对批评,也尝试思考其建设性。这样可以帮助摒弃以自我为中心的思维,更加开放地与他人沟通和合作。

(3)在人际交往中,可以尝试先倾听别人意见的习惯,在理解他人意图的基础上,再发表自己的见解。这有助于建立良好的沟通,减少因以自我为中心而导致的误解和冲突。

(4)积极参与社交活动,通过参与社交团体、志愿者活动等,与不同的人接触并了解他们的经历和观点。这有助于打破以自我为中心的思维,增加对他人的理解和尊重。

五、苛求完美

苛求完美,就是对自己要求很严格,事事要求做到尽善尽美,追求没有缺陷或错误的状态,这种追求往往是不切实际的,可能会导致自寻烦恼和不必要的压力。如果没有达到自我设定的标准,内心就很纠结,与自己不断较劲,最终导致自己不断地责备自己,内心产生强烈的挫败感。

苛求完美,在某种程度上是一种病态,容忍不了任何一丁点儿的瑕疵。这种心态在生活中并不少见,尤其是在追求个人成就、工作表现或人际关系等方面。然而,事实上,不完美的状态常常十之八九,学会接受不完美是获得快乐和满足感的重要一步,要善于接纳有缺陷、有瑕疵的状态,因为生活本身并不存在绝对的完美,每个人都有自己的优点和不足,重要的是如何看待和处理这些不完美。即使有些事情通过努力能够达到百分之百的完美,但从花费的时间与精力来看,也许并不值得。

完美主义的特征

需要明确的是,追求完美并不一定是一件坏事。但是,如果追求完美成了一种过度的心理负担和压力,就需要适当调整。

调适建议:

(1)改变自己的思维模式和观念,学会接受现实,不给自己贴标签。过于执着于让一件事变得完美,只会让你在很多其他方面变得比不完美更糟糕。桑德斯说:“与其自认为是一个完美主义者,不如改变你的语言,说‘我倾向于以完美主义的方式行事’,这样你就可以开始允许自己与众不同。”尝试“必须做到完美”改变为“尽力做到最好”,注重过程而不是结果,可以有效地减轻心理压力。

摆脱完美主义是一个逐步的过程,需要时间和努力。比如,当你工作中的一项任务没有达到自己设定的标准时,不要过分苛责自己,可以反思一下哪些地方可以改进,并给自己一个积极的反馈。你可以告诉自己:“虽然这次的表现不完美,但我已经尽力了,下次我会更加努力改进。”通过这样的方式,你能够将注意力放在问题解决上,而不是陷入消极的情绪中。

(2)善待自己,原谅自己的过失和不足,接纳那个真实的、有缺陷的自我,为自己营造一个宽松、健康的心理环境。同时,不把自己的注意力集中在自身的不足和缺点上,多看到自己的优势和长处。做真实的自我,凡事尽力就行,不要太在意别人对自己的评价和赞美。摆脱完美主义并不意味着放弃追求卓越和进步,而是要学会在过程中接纳自己的不完美,并从中汲取经验教训。

(3)设定一个目标:将自己的注意力集中在实现目标上,而不是陷入过度的细节和完美主义。为了达到这个目标,建议使用时间管理策略和优先级制定等工具来帮助你分配时间并减少干扰因素。如为自己设置一个时间限制,考虑把它设置为应该花费的时间的一半,一旦你达到了,想想接下来会怎么做。制定时间限制对与完美主义做斗争的人有帮助,因为他们要看自己的整体时间预算,往往就“我分配多少时间给这项任务能得到一个完美结果”进行思考和行动。

总之,每个人都有独特的优点和不完美之处,完美只存在于我们自己心中的理想标准里。重要的是学会爱护自己,接纳自己的不完美,并为自己创造一个充满快乐和自由的人生。

大学生自我意识的完善

完善自我的途径与方法很多,主要包括正确认识自我、积极有效地悦纳自我、控制自我并不断发展自我。

一、自我认识的策略

(一)自我反思与自我评估

自我反思是了解自己的第一步,是对自身情绪、行为、想法、人际关系及个人特质等方面的认识、反省和思考。通过每天的反思,我们可以评估自己的行为和情感反应,识别出哪些行为和情感是积极的,哪些需要改进。自我反思不仅仅是简单的回忆,而是通过深思熟虑来理解自己的行为和情感。例如,每一天晚上睡觉前,花几分钟时间回想一下当天的经历,思考哪些事情让自己感到开心,哪些事情让自己感到困扰,并尝试找出这些情感背后的原因。

自我评估是认识自己、实现自我成长的重要途径,大学生在学习生活中可以通过自我观察、请教他人、心理测试等方式多角度地评估自己的性格、能力、学业、社交和自律等特征,更加深入地了解自己的兴趣、能力和特长,确定自己在各个方面的优势和不足,并与自身目标和期望进行对比,以便更好地发现问题和改进自我。

(二)日记法

写日记是一种有效的自我认识方法,能培养自我观察、自我反思和自我理解的能力,挖掘内心真实的自我反思和内在成长。通过记录每日的感受和行为,我们可以识别出情绪和行为模式,发现潜在的问题和解决方案。日记不仅仅是记录事件,还包括记录自己的情绪和反应。例如,在日记中记录一天中发生的重要事件,以及自己对这些事件的情感反应。通过回顾日记,我们可以更好地了解自己的情感模式,找到改进的方法。

记录生活的习惯:使大学生对内心的感受和成长有更深入的感触。

真实表达感受和思考:在写日记时,真实地表达自己的感受和思考,不需要顾忌他人的评价,可以更好地了解自己的内心世界,认识自己的优势和不足。

反思和总结:了解自己的行为和决策的后果,思考自己的成长经历和改进方向，并且可以不断地改进自己的表现，促进个人全面发展。

（三）心理测试与测量工具

利用科学的心理测试（如MMPI、Big Five、气质类型量表等）可以帮助我们更系统地了解自己的性格特点和心理状态。这些工具提供了一个客观的视角，帮助我们更全面地了解自己。例如，MBTI（Myers-Briggs Type Indicator）可以帮助我们了解自己的性格类型，从而更好地理解自己的行为和决策方式。Big Five人格测试则可以从开放性、尽责性、外向性、宜人性和情绪稳定性五个方面对人格进行评估。这些工具和方法提供了从主观感受到客观测量多个维度的评估，帮助大学生更好地了解心理健康状况，促进自我和谐发展。

二、悦纳自我的策略

自我悦纳是指无条件地接纳自己，包括接纳自己的优点和缺点。它意味着我们对自己持有一种积极和宽容的态度，不论遇到什么困难或失败，都能够自我接纳。自我悦纳并不是自我放纵，而是对自己有一个现实和全面的认识，接纳自己的所有方面。

研究表明，自我悦纳可以增加自尊和自信，减少焦虑和抑郁，提高整体幸福感。例如，一个能够接纳自己外貌缺陷的人，可能会更自信地面对生活，而不是因为不符合社会的美貌标准而自卑。自我悦纳帮助我们建立更积极的自我形象，从而更积极地面对生活中的挑战。

自我悦纳是建立高自尊和自信的基础。当我们能够接纳自己的所有方面，包括缺点和不足，我们的自尊和自信就会自然提升。自尊是对自己价值的认可，而自信是对自己能力的信心。通过自我悦纳，我们能够真实地看到自己的价值和能力，从而提升自尊和自信。

（一）接纳自己的不完美与局限

接纳自己并不意味着忽视缺点，而是认识到每个人都有缺点和局限。通过接纳这些不完美，我们可以更真实地面对自己，并努力改进。例如，我们可以列出自己的缺点和优点，客观地看待自己的不足，并制订改进计划，而不是一味地否定自己。

（二）积极自我对话与肯定自我

积极的自我对话是指用正面的语言和自己对话，如“我能做到”“我很有价值”等。这种自我肯定的方式可以帮助我们建立更积极的自我形象，减少负面的自我评价。例如，在面对挑战时，我们可以用积极的自我对话鼓励自己，而不是陷入消极的自我否定中。

(三)发展自我同理心

自我同理心是对自己表现出的关怀和理解。当我们遇到困难或失败时,能够用同理心对待自己,而不是严厉地自我批评。这种态度有助于我们更好地应对挫折,保持心理健康。例如,当我们犯错误时,我们可以对自己说:“每个人都会犯错误,这很正常。重要的是从中学习并改进。”

(四)克服自我批评与负面情绪

自我批评是阻碍自我悦纳的一大障碍。我们需要学会识别这些负面的内在声音,并用理性和积极的观点去挑战它们。例如,当我们发现自己在进行自我批评时,可以停下来问自己:“这是真的吗? 有没有更积极的看法?”通过这种方式,我们可以减少自我批评的影响,增强自我悦纳。

积极思维:每天记录自己感激的事情,可以帮助我们培养积极的思维方式。感恩的态度可以提升我们的幸福感,减少对自我的负面评价。例如,我们可以每天写下三件自己感激的事情,不论大小。通过这种方式,我们可以更积极地看待生活,减少负面情绪的影响。

建立支持性的社交网络:与支持我们的朋友和家人分享自己的感受和经历,可以获得情感支持。这种支持可以帮助我们更好地接纳自己,减少孤独感和压力。例如,当我们感到困扰时,可以与朋友或家人谈谈,听取他们的意见和建议。通过这种方式,我们可以获得情感支持,增强自我悦纳。

三、发展自我策略

自我发展是指通过学习和实践,不断提升自己的能力和素质,实现个人成长和目标。它包括技能的发展、知识的扩展、人格的完善等方面。自我发展不仅仅是学业上的提升,还包括生活中各个方面的成长,如情感、社交、身体等。

自我发展可以提升我们的生活质量,使我们能够更好地应对生活中的挑战,实现个人的梦想和目标。例如,通过学习新技能,我们可以在工作中取得更好的成绩,获得更多的机会和回报;通过发展健康的生活习惯,我们可以提高身体健康程度,延长寿命。

(一)制订个人发展计划

设定明确的目标:明确的目标是自我发展的第一步。我们需要设定短期和长期的目标,并制订详细的计划。例如,我们可以设定一个短期目标,如在六个月内学会一项新技能;同时设定一个长期目标,如在五年内实现职务晋升。通过设定明确的目标,我们可以有方向地努力,实现个人成长。

制订可行的行动计划:在设定目标后,我们需要制订具体的行动计划,包括时间表和步骤。例如,为了实现学会一项新技能的目标,我们可以制订每周的学习计划,安排每天的学习时间和任务。通过这种方式,我们可以有条不紊地进行学习和实践,实现目标。

不断评估与调整计划:在实施计划的过程中,我们需要定期评估自己的进展,根据需要调整计划和目标。例如,每个月进行一次自我评估,检查自己的进展和效果,根据评估结果调整学习计划和方法。通过这种方式,我们可以保持计划的灵活性和有效性,实现最佳的自我发展。

(二)加强时间管理提升效率

有效的时间管理是提升并发展自我的关键。通过合理安排时间,提高工作和学习的效率,我们可以更快地实现目标。例如,利用时间管理工具,如日程表和任务清单,规划每天的工作和学习任务,提高效率,避免浪费时间和精力。

常用的时间管理的方法如下:

第一,时间管理四象限法则。将任务按照重要紧急程度分类,合理规划时间。

第二,番茄时间管理法。使用番茄工作法,设定25分钟的工作时间和5分钟的休息时间,提高工作效率。

第三,“4D”原则。通过Do(立即行动)、Defer(推迟处理)、Delegate(委托他人)、Delay(删除不必要的事)来管理任务。

第四,设置优先级。识别并优先处理最重要和紧急的任务。

第五,分配时间块。将时间划分为不同的块,专注于特定任务,避免分散注意力。

(三)建立持续学习的习惯

持续学习是自我发展的重要途径。通过阅读、学习新技能、参加培训等方式,我们可以不断提升自己的能力和知识。例如,每天安排一定的时间进行阅读和学习,参加专业领域的培训和讲座,不断更新和扩展自己的知识和技能。

(四)寻求指导与反馈

在自我发展的过程中,寻求他人的指导和反馈可以帮助我们更快地进步。例如,找一位导师或教练,定期与其交流和讨论自己的目标和进展,听取他们的建议和意见。同时,主动寻求同学和朋友的反馈,了解自己的优势和不足,及时调整自己的发展计划和策略。

专题一
觉察自我

专题介绍

对于我是谁，我来自哪里，将去向何处，我要做什么，我能做什么，我怎么去做，人活着的意义是什么等问题，无数的哲人以及我们自己都曾经思考或者触碰过。尽管可能没有答案，但这对人生是一种启示与引领。如果将这些问题思考清楚了，人生就没有白过，就有意义。因此，在本专题中，将引导大学生尝试觉察自己。

感…

斯芬克斯之谜：斯芬克斯是希腊神话中一个长着狮子躯干、女人头面的有翼怪兽。传说天后赫拉派斯芬克斯坐在忒拜城附近的悬崖道路上，向过路的行人问一个谜语。谜语的内容为：是什么动物，早上四条腿走路，中午两条腿走路，而晚上三条腿走路？如果没有回答对，路人将会被吃掉。直到某一天，这个谜底才被年轻的希腊人俄狄浦斯答对，斯芬克斯因羞愤而跳崖自杀。同学们，你们猜出答案了吗？

谜语的答案是“人”。早上、中午、晚上分别比喻人的幼年、中年和老年。

议…

如何认识自身？

自我和谐量表

导···

活动一:20个我是谁

目的:

引导学生强化对自我的认识,促进对自我的接纳。

操作:

1.请写出20句反映个人风格的“我是什么样的人”,尽量避免出现类似“我是一个男生”这样的语句。

(1)我是一个__________________的人。

(2)我是一个__________________的人。

(3)我是一个__________________的人。

(4)我是一个__________________的人。

(5)我是一个__________________的人。

(6)我是一个__________________的人。

(7)我是一个__________________的人。

(8)我是一个__________________的人。

(9)我是一个__________________的人。

(10)我是一个__________________的人。

(11)我是一个__________________的人。

(12)我是一个__________________的人。

(13)我是一个__________________的人。

(14)我是一个__________________的人。

(15)我是一个__________________的人。

(16)我是一个__________________的人。

(17)我是一个__________________的人。

(18)我是一个__________________的人。

(19)我是一个__________________的人。

(20)我是一个__________________的人。

2.将陈述的20项内容进行归类。

A.身体状况(你的体貌特征,如年龄、身高、体形、健康程度等)

编号:____

B.情绪状况(你常持有的情绪情感,如乐观开朗、抑郁烦恼等)

编号：____

C.才智状况（你的智力、能力等）

编号：____

D.社会关系情况（与他人的关系，对他人持有的态度、原则等，如乐于助人、爱交朋友、真诚、热情、冷淡、孤独等）

编号：____

3.评估你对自己的陈述是积极的还是消极的，在你列出的20条语句中，在每句正向、肯定自己的话后面都加上一个正号，对每句表达负面、消极、否定的用负号表示，最终统计出正负号的数量并进行比较。如果正号数量多于负号，说明自我认知与自我接纳良好。相反，如果负号多于正号，说明你对自己的接纳程度较低，容易消极否定自己。想想是什么原因使你成为这样，有没有改善的可能。

4.分组交流。在组内进行交流，交流彼此对自我的认识以及对活动的感受。

5.团体内分享。每组选派一名代表在团体内进行小组情况交流或个人体会发言，供大家分享。

活动二：我的特质

目的：

对自我的不同领域进行探索。

操作：

“乔韩窗口”理论

1.以5~6个同学为一组，每个人先在“我的特质”纸上写出符合自己的词语，与其他组员交换特质表，在“TA的特质”写上符合组员的词语，并说出对他人的评价和分析。

2.对比自我与他人的评价：在“我的特质”的词表中圈出那些与他人评价重合的词语，“公开我”。

3.在“我的特质”的词表中用下画线标出剩余（与他人评价不重合）的词语，“隐藏我”。

4.在“TA的特质”的词表中圈出那些与自我评价不重合的词语，“盲目我”。

5.引导学生对比在“公开我、隐藏我、盲目我”中哪一个类别下的词语数量最多，特别关注一下“盲目我”的词语，是否让自己感到意外，是否增加了对自己的认识。

	自己知道的	自己不知道的
别人知道的	公开我（请填写）	盲目我（请填写）
别人不知道的	隐藏我（请填写）	未知的我（请填写）

盲目区过大会表现出封闭和无知;隐藏区过大可能会出现孤芳自赏、孤立无援;未知区过大会无法充分开发自己的潜能。要想扩大公开区,缩小盲目区,需要我们正确看待他人的意见,多与他人交流沟通,展现自己。

活动三:我的冰山

目的:

通过探索冰山,让学生明确潜意识层面的期待、渴望、观点等,帮助学生更全面、更真实地自我觉察。

萨提亚冰山隐喻

操作:

1. 想一想学习生活中发生过的一件困扰你至今的事件,一想起这件事,就会引起你的某些情绪和行为。

2. 尝试利用萨提亚的冰山隐喻探索自己的内在。

困扰的事件:____________________

行为:____________________

应对方式:____________________

感受:____________________

观点:____________________

期待:____________________

渴望:____________________

自我:____________________

践…

我的成长相册回顾

找到自己从小到现在的相册,与同学或父母一起回顾成长的故事,并探讨自己的变化过程,如曾经的我、现在的我、未来的我。

悟…

通过以上活动或学习,觉察自己是一个什么样的人。

____

____

专题二 悦纳自我

伤痕实验

专题介绍

要悦纳自我，首先要清楚地认识自我，认清自身的长处与短处，认清自身的优势与劣势，并以积极的心态对待在认识自我的过程中所产生的情绪。在面对自我的优势与长处时不沾沾自喜，面对短处与劣势时也不自惭形秽，消极应对，而是取长补短，积极弥补。同时，合理定位，珍惜与接受当下所拥有的一切，弥补与包容自己的不足，让自己的世界充满美好。

感 • • •

无用之树：樗树

惠子谓庄子曰："吾有大树，人谓之樗。其大本拥肿而不中绳墨，其小枝卷曲而不中规矩，立之涂，匠者不顾。今子之言，大而无用，众所同去也。"庄子曰："子独不见狸狌乎？卑身而伏，以候敖者；东西跳梁，不辟高下；中于机辟，死于罔罟。今夫斄牛，其大若垂天之云。此能为大矣，而不能执鼠。今子有大树，患其无用，何不树之于无何有之乡，广莫之野，彷徨乎无为其侧，逍遥乎寝卧其下，不夭斤斧，物无害者，无所可用，安所困苦哉！”

议…

思考：你悟出了什么？

导…

活动一：三个我

目的：

协助大学生认识自我，促使大学生进行自我反思，调整与整合自我。

操作：

1. 请闭上眼睛，深吸一口气，静静地思索一下现实中的我、理想中的我、别人眼中的我，然后用几分钟时间写出对“我”描述的三个方面的词语。尽可能多地写出每个方面的“我”来，待写完后，与同学相互分享，并核查三个“我”之间是否协调一致，特别注意理想中的我和现实中的我的差异。

现实中的我：________________________________

理想中的我：________________________________

别人眼中的我：______________________________

2. 一个心理健康的人三个“我”是协调的，当三者有较大的差异时，我们就可以问问自己：我是否表里不一致？差异更多表现在哪里？对于自己拥有的，满意哪些？不满意哪些？哪些是可以改变的？可以如何改变？

3. 进一步思考后，可以对比之前的三者，写出调整后的理想中的我、别人眼中的我、现实中的我。将开始时的三个“我”和调整后的三个“我”结果与他人分享讨论，加深对自我的了解和认识。调整后：

整容带来的噩梦

现实中的我：________________________________

理想中的我：________________________________

别人眼中的我：______________________________

活动二：面对不如意的我

目的：

认识自己的自卑，直面自己最恐惧、最害怕的事物。

操作：

请深深吸一口气，然后在下列横线上写出让你感觉到自卑、最难以启齿或让你最害怕的内容，写完后在小组内进行讨论，就自己印象最深刻的、最能引起你同感的内容发表自己的看法。

我感到自卑的是：____

让我最难以启齿的是：____________________________________

最让我害怕的是：____

想一想，他们这些人为什么会成功：洛克菲勒，他有学习障碍，但他是石油大王；亚里士多德沟通能力有障碍，但他是位有名的哲学家；凡·高受情绪困扰，但他在画坛上的成就却是超凡的；孙膑腿上有残疾，但他是中国古代杰出的军事家；罗斯福的下肢残疾，但他带领美国人度过困难期；海伦·凯勒失聪，但她的内心却不凡；爱因斯坦曾遇上学习障碍，但是他在科学上的成就有目共睹；丘吉尔有沟通障碍，但是他在国际政坛叱咤风云；贝多芬失聪，但是他是乐坛上的巨人。

通过这个活动，我感受最深的是：______________________________

活动三：停止对立苛刻

目的：

停止对自己的对立和苛刻，学习接纳自己，培养自我同理心。

操作：

试着回想自己曾经做过的一件失败或错误的事件：__________________

____

对于这件事我曾经对自己说：______________________________________

____

现在或以后我会对自己说：________________________________

____

例：不论我的现状如何，我选择尊重自己的生命和独特性；

不论我做错了什么，我选择从中吸取教训；

我选择原谅自己而不是责备自己。

30 句强大内心的自我对话

践…

每天早起和睡觉前，各用一分钟左右的时间选择一些积极的、肯定的、激励性的语言进行积极的自我暗示。

如：我要微笑面对世界，我会越来越好！

我知道我是有能力的，重要的是积极行动！

无论面对何种处境，我愿意积极地应对。

悟…

通过上述一系列活动，我认识到：________________________________

____

____

____

____

专题三
发展自我

我很重要

专题介绍

在自我觉察、自我悦纳的基础上,还应主动发展自我。按社会需要和个人的特点来制定切实可行的自我发展目标,主动完善自我控制机制,努力实现现实自我和理想自我的和谐平衡。同时,还必须保持乐观自信的精神状态,在学习生活中不断发展与完善自己。

感···

俄国大文豪托尔斯泰的《战争与和平》《安娜·卡列尼娜》相继发表以后,各种宴请、采访、签名就包围着他,使他极为苦恼。这时,托尔斯泰正准备写一部揭露和抨击沙皇专制制度的长篇小说《复活》。为了专心致志地写好这本书,有一天,他把佣人叫到跟前,对他说:“从今天起,我死了,就死在我的房间里。不过别忘了给我送饭。”从此,托尔斯泰把自己锁在屋子里,集中精力写作。每当有人来拜访他时,佣人便显出十分悲痛的样子对客人说:“先生死了,死在谁也不知道的地方。”渐渐地,社会上都传说托尔斯泰神秘地死去,来访者因此而绝迹了。

9年过去了,1891年,世界文学史上的巨著《复活》脱稿,作者托尔斯泰也同时

"复活"了。醉心于鲜花和掌声的小神童仲永,像一颗流星,在人类文化的天空中一闪即逝;耐得住寂寞的托尔斯泰,以他的皇皇巨著长久地占据着人类的精神领空。托尔斯泰的"死去"和"复活",形象地告诉我们:要想成就一番事业,必须要学会给自己一条冷板凳。

那些最终成就了伟业的人,都是能坐得住冷板凳的人。托尔斯泰的冷板凳一坐就是10年,其实,音乐大师贝多芬坐冷板凳的功夫也不浅。1814年10月,贝多芬创作的《光荣的瞬间》、A大调《第七交响曲》和《惠灵顿的胜利》在维也纳公演。普鲁士皇帝、奥地利女皇、俄国皇后以及其他地位显赫的王公贵族都出席了这次隆重的音乐会。这时的贝多芬已经名震四方,许多人千里迢迢来到维也纳,就是要见见这位音乐巨匠。可是,他们想尽了办法也没有见到他。音乐会,他不去;到他家去吧,他又在几天前搬家了,而他的新居在何处,谁也不知道。有人做过统计,贝多芬在维也纳的三十几年里,共搬了79次家。贝多芬这样频繁地搬家,正是一次次地在让自己坐冷板凳。

是的,人生来就是向往红尘的热闹的,有谁愿意去坐那冰冷的板凳?然而,茫茫人海、悠悠古今,多少人的抱负在灯红酒绿之中沉没,多少人的聪明才智在名利的喧嚣中消隐!而适时给自己一条冷板凳,其实就是看淡名利、远离浮华,守住自己最初的梦想,守住创造的激情,守住灵魂深处的宁静!

议…

回想自身,应该在哪些方面进行改进,让自我实现最初的梦想?

导…

活动一:超越自卑

目的:

克服自卑带来的影响。

操作:

请静静地花上几分钟的时间,填写出让你自卑的内容,并告诉自己,我可以面对这一切。

1.让我感到自卑的事:______________________________

____

2.在写下自卑的内容时,想想自己是否能面对自己认为自卑的内容?如果不能,那应该怎么克服?

______

______

______

活动二:自信心训练

目的:

增强自信。

操作:

1.请思考让你缺乏自信的原因是什么。(提示:是生理原因、生活环境的差异、现实的挫折、上进心受挫,还是对自我能力的低估?)把这些消极的暗示写下来,在旁边打×或划掉,表示把它们抛弃。

如:我很矮。×

我长得丑。×

我能力不足。×

2.然后写出积极的暗示。

如:我可以努力达到我的目标!

我正在学习关于××相关的方法!

改变总是可能的,即使没有外在的改变也有内在的改变,这些改变包括感受、观点、预期等。

3.根据所填写的具体内容进行以下训练:

(1)积极心理训练;(2)写怕羞日记;(3)角色扮演;(4)形象训练;(5)眼光正视别人;(6)当众发言;(7)表达自我;(8)转移训练;(9)自我欣赏。

活动三:我的自我完善计划

目的:

认清自我,完善自我,发展自我。

操作:

请根据下列提示,完成相应内容:

1.我的优势:______

2.我的劣势:______

3. 如何发挥我的优势：________________________________

4. 请根据自我的优势与限制，提出完善自我的计划。

我的日常规划：________________________________

我的短期目标：________________________________

我的长期目标：________________________________

我的终极目标：________________________________

践…

给自己设计一个挑战计划，从最小的改变开始。比如尝试一次当众发言。

我是我

悟…

1. 再一次审视我，我感受到：________________

2. 本次活动有没有让你有些变化？如果有，主要是哪些方面的变化？

____

____

____

书海导航

1.《感谢自己的不完美》

武志红著，中国华侨出版社

我们一直以为一些负面情绪，如坏习惯、痛苦、悲伤、愤怒、恐惧等是不好的，甚至认为这些是不完美的，阻碍了我们成长，我们努力去避免和克服它们。作者从新的角度、用心理学的知识告诉我们，这些坏情绪，对我们有极大的帮助和正面意义。这些情绪是伴随我们一生的，而且这些情绪并不是我们的敌人，是我们的朋友，我们应该接纳它们，并要感谢它们让我们越来越坚强，体验更多生命的精彩。真实胜过完美。我们要做的不是灭掉内心的魔鬼，而是去认识并拥抱它，活出真正的自我！

2.《肖申克的救赎》

（美）斯蒂芬·金著，施寄青、赵永芬、齐若兰译，人民文学出版社

本书是斯蒂芬·金最受人喜爱的代表作，收录了他的四部中篇小说。其中，最为人津津乐道的便是被翻拍成的电影，曾获奥斯卡七项提名、被誉为电影史上最完美影片之一的《肖申克的救赎》。这是一个信仰缺失的年代里关于救赎的故事，核心是“希望”，因为希望，所以在监狱的痛苦生活中，在一次次对生活的失望下，仍没有放弃自己的信念与对自由的向往！在遭遇挫折、失去希望的时候，可以好好看看这本书！

IN语

1. 知人者智，自知者明，胜人者有力，自胜者强。

——老子

2. 自满、自高自大和轻信是人生三大暗礁。

——巴尔扎克

3. 亲爱的，外面没有别人，所有的外在事物都是你内在投射的结果。

——张德芬

单元五

不一样的烟火
——塑造健全人格

测一测

A型、B型人格测试

学习导读

透视人格的奥秘——人格概述

大学时期是人生的重要阶段，同时也是大学生人格发展与完善的难得机遇。大学生是我国社会中的一个重要的特殊群体，大学生的良好适应和心理健康直接关乎个人幸福、社会安定及国家发展。然而大学生由于心理、生理发展的特殊性及其现实处境，使这一群体常常处于心理障碍和精神疾病的高风险状态。国内许多研究表明，大学生心理问题和精神障碍的发生率较高，精神疾病是大学生病休、退学、成瘾、犯罪、自杀的重要原因。近年来，发生的若干校园恶性事件更是给大学生心理健康问题敲响了警钟。要提高大学生的社会适应能力和心理健康水平，健全人格的培养和人格障碍的矫治是关键。大学生作为社会中的一个相对特殊和优秀的群体，讲求人格健全是一种起码要求，理应成为大学生们的一种自觉追求。这一自觉，来源于大学生对人格属性和价值的理性认知、评价和取向，而这种理性认知、评价和取向并不是自发产生的，须经过一定的人格教育才能确立。因此，深刻认知大学生良好人格的内涵及其重要性、常见人格缺陷与人格障碍的表现，科学选择大学生人格教育的路径，具有重要的理论价值和现实意义。

一、人格概念的演变

人格这一词的英文单词personality是从拉丁文persona演变来的。拉丁文persona的原意是指面具、脸谱。面具是用来在戏剧中表明人物身份和性格的，这就是人格最初的含义。早在古希腊时期，人们就已经使用“人格”这个概念，并引申出较复杂的含义，其中包括：一个人的外在行为表现方式，他在生活中扮演的角色，与其工作相适应的个人品质的总和。在现代英文词典里，仍然可以在“人格”（personality）这一词条下看到上述含义的影子。

心理学家们对人格的定义也并不完全一致。著名的美国心理学家、人格心理学的创始人阿尔波特（Allport，G.W.）曾归纳总结前人对人格概念的探讨，列举出50种不同的定义，足见人格概念的分歧，同时还表明人格的复杂性。但众多定义有一个基本相似的看法，即认为人格是与人的行为风格或行为模式有关的概念。从以下各种定义可以看到这种共识：“人格是个体由遗传和环境决定的实际的和潜在的行为模式的总和”（艾森克，1955）；“人格是一种倾向，可借以预测一个人在给定情境中的行为，它是与个体的外显的和内隐的行为联系在一起的”（卡特尔，1965）；“人格是稳定的心理结构和过程，它组织人的经验，形成人的行为和对环境的反应”（拉扎勒斯，1979）；“人格是个人心理特征的统一，决定（内隐、外显的）行为，同他人的行为有稳定的差异”（米歇尔，1980）。华南师范大学郑雪教授认为：人格是个体在先天生物遗传素质的基础上，通过与后天社会环境的相互作用而形成的相对稳定的和独特的心理行为模式。人格标志一个人具有的独特性，并反映人的自然性与社会性的交织。

二、人格的基本特征

在人格概念上虽然没有一个公认的界定，但人格具备哪些基本的特征已经为现代绝大多数人所接受。围绕这几个基本的特征，研究者已经开展了大量的研究工作。人格的基本特征分别是人格的整体性、人格的稳定性、人格的独特性和人格的社会性。

(一)人格的整体性

人格是一个人的心理行为模式,是由内在的心理特征与外部行为方式构成的。人格的整体性是指人格不是单一的特质,更不是多个特质或特征的简单堆砌,而是多个身心特质之间相互密切联系的一个有机组织,是个体心理与行为的多侧面、多层次与多因素的统一体。各特质之间的协调整合保证了我们与外界的和谐相处,保证了个体自身的健康完整,同时又是自身发展的前提。一旦这些特质与因素之间出现了断裂,不仅特质与因素间无法实现统整,而且也无法将外界经验统整到自身的人格结构之中,精神分裂症就是其中极端的代表。

(二)人格的稳定性

这种稳定性一方面表现为人格特征跨时间的持续性,即个体的人格特征在不同年龄阶段趋于稳定;另一方面表现为人格特征跨情境的一致性,即个体的行为虽然随情境变化而有所不同,但是表现整体趋于一致。如一个孩子很不友好,不仅是他在学校表现得很不友好,在家里或其他场合也表现得很不友好。俗话说“江山易改,秉性难移”,就是这个道理。当然,稳定性也是相对的,个体的人格也会受到重要事件的影响出现部分人格特质的改变甚至整个人格结构的改变。因此,个体的人格也具有一定的可塑性与可变性。

(三)人格的独特性

人格的独特性是指每个人的人格都是独特的。这种独特性或者人与人之间的差异性,不仅体现在各人格特质的数量、组合方式上,还体现在每种具体特质的表现方式上,即便都是内向的人,表达方式也会有很大差别。即使是同卵胞胎,其人格也不会完全相同。因为人格是在遗传、环境和教育等多种因素影响下发展起来的,每个人所面对的这些因素及其相互关系都不可能完全相同。因此,从整体上来讲,每个人的人格都是独一无二的。

(四)人格的社会性

人格不是生下来就有的,是在先天生物遗传素质的基础上,通过与后天环境相互作用而形成起来的。人们出生之时只是一个生物学意义上的个体,与其他动物并无本质区别。这时人与人之间的差异性纯粹只是生物学的或遗传学的。但出生的同时就意味着一个人从简单的生理环境进入到了复杂的社会环境之中,要掌握所处社会的行为道德规范、信念体系、价值观念、社会风俗等。这种社会化过程在已有的生理基础上赋予了人格更充分的内涵。离开了后天的社会环境教育，遗传素质不可能自发地演变为人格。

三、人格的重要性

人格由气质、性格等多种因素构成，诸因素的相互作用构成了一个人的整体人格。人格是人的心理行为基础，它在很大程度上决定了人如何面对外界的刺激，对刺激做怎样的反应以及反应的方向、速度、程度和效果。人格会影响到人的身心健康、潜能开发、活动效率以及社会适应状况。因此，重视人格的整合与塑造，培养健全的人格，既是身心健康的需要，又是自我发展、自我实现的需要。

心身医学的研究已表明，很多生理与心理疾病都有相应的人格特征模式，这种人格特征模式在疾病的发生、发展过程中起到了生成、促进、催化的作用。

四、人格的结构

人格的心理结构包括心理倾向性和心理特征两大部分。人格的心理倾向性主要包括需要、动机、兴趣、理想、信念和世界观；人格的心理特征是指人们在各种心理活动过程中，经常地、稳定地表现出来的心理特点，在人格结构中，它是比较稳定的成分。气质和性格是人格心理特征的重要组成部分。气质是人格心理特征中最稳定的部分，常通过人的言谈举止表现出来；性格是人格心理特征中具有核心意义的成分，最能表征人的人格差异，所以，不少心理学家认为人格主要是指性格。因此，要提高人们的心理健康水平，塑造健全的人格，就有必要了解气质和性格。

（一）气质

1.气质与气质类型

气质是人格中表现最明显、最易为人观察到的心理现象，通常被称为脾气或秉性。如有的人做起事来雷厉风行、干脆利落，有的人则慢条斯理、不紧不慢；有的人爱说爱笑、喜欢热闹，有的人则沉默寡言、喜欢独处。这些都是气质的不同表现。从心理学角度讲，气质是个体心理活动的稳定的动力特征，主要指心理过程的强度、速度、稳定性和心理活动的指向性。它不仅包括情绪和动作方面的某些动力特征，而且包括认识和意志过程的动力特征。可见，气质是不以活动的目的和内容为转移的。

气质是一个古老的概念。在古希腊语中，其原意是“比例”“关系”。古希腊医生希波克拉底很早对气质进行了研究。他认为，人体内有四种体液：血液、黏液、黄胆汁和黑胆汁。由于这四种体液在不同的人体内比例不同,因而就产生了不同人的不同行为方式和气质表现。后来古罗马医生盖伦继承了这种体液说,并把人的气质划分为多血质、胆汁质、黏液质和抑郁质四种类型。尽管体液说对气质类型的解释缺乏足够的科学根据,但这四种气质类型的名称仍被许多学者采纳并一直沿用至今。(本书也在此列出,以供参考)

具体来说,四种气质类型的特点主要是:

(1)多血质。活泼,好动,敏感,反应迅速,喜欢交际,易于适应环境,注意力容易转移,兴趣广泛而多变,做事马虎,坚持性差,情感丰富易表露,心理活动具有外倾性。

(2)胆汁质。直率,热情,精力旺盛,动作迅猛,工作顽强有力,遇事反应强烈,易急躁,常感情用事,智力活动具有极大的灵活性。整个心理活动笼罩着迅速而突发的色彩,具有外倾性。

(3)黏液质。安静,稳重,喜欢沉思,善于独处,工作认真踏实,但比较固执刻板,灵活不足,注意力稳定,难以转移,不易适应新环境。善于克制和忍耐,情绪不易外露,具有内倾性。

(4)抑郁质。孤僻,敏感,心细,善于觉察别人不易觉察的细节,情感体验深刻而持久,动作迟缓,行动无力易疲倦,不喜欢出头露面,具有内倾性。

在我国古代文学作品中,曾经塑造了一批具有典型气质特征的人物。如《水浒传》中的李逵属于胆汁质类型,燕青属于多血质类型,林冲属于黏液质类型;《红楼梦》中林黛玉属于抑郁质类型。以上四种气质类型在个体身上的表现,除少数人属于四种类型的典型特征外,大多数人都是混合型的。如胆汁-多血质型、胆汁-黏液质型等,即一种气质类型的某些特征与另一种或多种气质类型的某些特征的混合体。

关于气质的生理机制,古今中外很多学者都进行了研究和解释,其中对其解释最为合理的是苏联生理学家巴甫洛夫所创立的高级神经活动学说。巴甫洛夫通过对动物的实验研究发现,动物的神经活动过程有三种特性:即兴奋和抑制的强度、平衡性及灵活性。巴甫洛夫根据这三种特性的独特结合,把动物的高级神经活动分为四种类型:

第一种,强而不平衡型。这种类型的特点是:兴奋过程强于抑制过程,阳性条件反射比阴性条件反射易于形成。这种类型的人易兴奋,奔放不羁,所以被称为“不可遏止型”。

第二种,强、平衡、灵活型。这种类型的特点是:反应灵敏,活泼好动,能较快地适应外部环境,也被称为“活泼型”。

第三种,强、平衡、不灵活型。特点是:较易形成条件反射,但不易改造,是一种坚毅而行动迟缓的类型,又被称为“安静型”。

第四种,弱型。这种类型的兴奋与抑制都很弱,阳性条件反射和阴性条件反射的形成都很缓慢,遇到难度大的任务高级神经活动易受破坏而患神经症。又被称为“抑制型”。

巴甫洛夫认为,动物所具有的四种神经类型是与人共有的。由于这四种类型的外部表现正好与古希腊学者对气质的分类相吻合,因此认为,高级神经活动类型的原理即气质类型的生理基础,气质是高级神经活动类型及特点在人的行为方式上的表现。高级神经活动类型与气质的关系见表5-1。

表5-1　高级神经活动类型与气质的关系

高级神经活动类型与特性				气质类型
类型	强度	平衡性	灵活性	
兴奋型(不可遏止型)	强	不平衡(兴奋占优势)	—	胆汁质
活泼型	强	平衡	灵活性高	多血质
安静型	强	平衡	灵活性低	黏液质
弱型(抑制型)	强	不平衡(抑制占优势)	—	抑郁质

2.气质对大学生的影响

(1)对身心健康的影响。气质受高级神经活动类型特点的制约,表现为一个人行为的风格和特点。所以,它没有好坏之分。但每一种气质类型都有其优点和缺点,对身心健康也都有有利的一面和不利的一面。一般来说,在不良环境下,较典型的胆汁质和抑郁质,尤其是这两种混合型的人,容易产生心理问题,并引发一系列身心疾病。如心血管疾病、神经衰弱、抑郁症或胃溃疡等。因此,一个人了解了自己的气质类型和特征,就可以有针对性地调整锻炼自己,不断完善自我,保持身心健康。

(2)对性格发展的影响。气质对某些性格特点的形成有较大的影响。如在环境和教育条件相同的情况下,胆汁质的人比抑郁质的人更容易形成勇敢、大胆的性格特点;而抑郁质的人更容易形成细心谨慎的特征。所以,大学生了解自己的气质特征,就可以有针对性地培养自己的性格,长善救失。

(3)对人际交往的影响。不同气质类型的人在人际交往方面有不同的特点。

如胆汁质、多血质型的人是外向型的，人际交往积极主动，而黏液质、抑郁质型的人是内向型的，人际交往比较消极被动；胆汁质型的人热情，但脾气暴躁，易冲动，而抑郁质型的人较冷漠、敏感，等等。了解了这些特点，大学生在人际交往时就可以采取不同的策略，以便加强沟通，增进友谊。

(4)对未来职业的影响。气质类型对大学生未来的职业也会产生影响，某些气质特征往往能为一个人从事某种职业提供有利条件。如胆汁质类型的人往往适合做演员、演讲者、营销员、导游、管理者等，他们适应热闹、人多的工作环境，不易胜任长期安坐、细心检查的工作；多血质类的人较适合从事公关、外交、管理、医生、律师、记者、警察等类的工作，不适宜做机械单调、过于细致的工作；黏液质者较适合做管理人员、法官、外科医生、会计、话务员等，变化频繁、灵活性大的工作容易使他们感到压力；抑郁质者则适合做检查员、化验员、机要秘书、艺术工作者等类的工作。了解自己的气质特点，对大学生确定未来的职业方向具有十分重要的作用。

(二)性格

性格一词来源于古希腊文，原为雕刻的意思，后来转义为印刻、标记、特性。广义指人或事物互相区别的特性。我国心理学界把性格理解为一个人在现实中稳定的态度和习惯化的行为方式所表现出来的心理特征。如诚实与虚伪、勇敢与怯懦、谦虚与骄傲、勤劳与懒惰等，都是人的性格特征。性格就是一个人的各种性格特征所组成的统一体。

1.性格的结构

一般认为性格由四个方面的特征构成：

(1)态度特征。主要指个人对社会、集体、他人和自己以及对待学习、工作、生活态度中表现出来的特征。如诚实与虚伪、谦虚与自负、自尊与自卑、同情与冷漠、勤奋与懒惰等。

(2)理智特征。指在认知过程中表现出来的性格特征。如在学习认识活动中表现出来的主动与被动、敏捷与迟钝、深刻与肤浅、独立与依赖等特征。

(3)情绪特征。指一个人在情绪强度、稳定性、持续性和主导心境方面的特征。如乐观与悲观、愉快与抑郁、热情与冷漠等。

(4)意志特征。是指在意志行动过程中表现出的性格特征。如果断与犹豫、自制与任性、坚忍与柔弱等。

以上四种基本的性格特征通过不同形式的结合，就形成了不同个体的性格面貌。

2.性格类型

人与人的性格都是不同的。但从整个人群来说,我们可以把千差万别的性格归纳为几种类型。性格的分类方法很多,一般有以下几种。

(1)按心理机能来确定性格类型。这种方法以性格中哪种心理机能占优势为依据,把性格分为理智型、情绪型、意志型三种。

理智型:在生活中勤于思考,以理智支配行动,不感情用事。但容易畏首畏尾,缺乏热情。

情绪型:在生活中情绪占优势。对人热情,做事大胆,情绪反应敏感,但易感情用事,爱冲动。

意志型:在生活中意志占优势,行为围绕着目标的实现来进行,意志支配自己的行动。

(2)按心理倾向来分类。按人的心理活动的倾向性把性格分为外向型和内向型。

外向型:心理活动倾向于外部,感情外露,活泼开朗,喜欢交际,不拘小节。

内向型:心理活动倾向于内部,感情深刻细腻,不易外露;注重内省和反思,喜欢独处;做事谨慎小心,自制力较强。

(3)按个体独立性程度划分性格类型。把性格分为顺从型和独立型。

顺从型:社会敏感性强,易受暗示;易与人合作,适应环境快,为人随和、谦恭;缺乏主见,独立性较差。

独立型:独立自主,意志坚强,不易受外界干扰,自信沉着;但易固执己见,独往独来。

3.我国大学生的性格特点

20世纪80年代,我国心理学工作者对国内大学生的性格特点进行了调查,其结果如下:

(1)中国大学生在谦让、克己、忍耐、谨慎、负责等性格特征方面较为突出,说明他们的心理健康程度较高,对现实社会有良好的适应性,也反映出中华民族的传统性格特点。

(2)中国大学生在处理人际关系时通常首先会考虑社会和他人,但绝不是一味地追求社会的赞许。他们并不过分掩饰自己,而是表现出敢于面对现实、尊重事实的特点。

(3)中国大学生在支配和冲动特点方面表现不突出,在社交上倾向于积极进取;他们具有稳健、从众的性格特点,具有良好的社会化程度。虽然在聪慧、敏感等与智力有关的性格特征方面较好，但他们的“独立成就”感较低。

进入20世纪90年代以后，大学生中的独生子女越来越多，独生子女的一些性格弱点也较多地暴露出来。从性格结构的四个方面来分析，一般而言，这一时代的大学生的性格有以下特点：

(1)性格的态度特征。在对社会、他人和自己的态度方面，大学生主要表现出热爱祖国、关心集体、守纪律、乐观、富于同情心、助人为乐、正直诚实、有礼貌、谦虚、自信、自尊、严于律己等良好的性格特征；也有人表现出对祖国缺乏感情，具有自我中心、自由散漫、冷漠、虚伪、粗暴、自负、傲慢、自卑、羞怯等不良的性格特征。

在对学习、工作、劳动的态度方面，有些大学生表现为勤奋、认真、细致和节俭等良好的性格特征；有些人则表现出懒惰、粗心、保守、浮华、奢侈等不良的性格特征。

(2)性格的意志特征。多数大学生表现出自觉、独立、主动、自制、果断、坚强、沉着、勇敢、持之以恒等良好的性格特征；有些人则表现出一定的盲目、依赖、被动、冲动或优柔寡断、软弱、慌张、敷衍等不良的性格特征。

(3)性格的情绪特征。有的大学生一触即发，有的沉着冷静；有的喜怒无常，有的情绪平和稳定；有的情绪体验持久、深厚，有的短暂、肤浅；有的乐观开朗，有的悲观消沉。

(4)性格的理智特征。在学习认识活动中，大多数大学生表现得积极主动、独立自主、深刻敏锐、耐心细致，也有一些表现得消极被动、懒惰浮躁、害怕吃苦、粗心大意等。

4.性格的心理卫生意义

每个人的性格都有一些好的特征和一些不良的特征，它们对人的生活、学习和工作分别起着积极和消极的作用。如患得患失、胆小怕事、过度敏感、爱生闷气的性格，在不良刺激的长期作用下，易患抑郁症、焦虑症等；内向性格的人，长期克制、压抑自己，也不利于身心健康。所以，每个人都应客观地对待自己的性格，加强自我调节，不断优化完善自己的性格。

气质和性格都是构成人格的重要因素，二者既有区别，又有密切的联系。气质是个体心理活动的动力特征，受先天因素影响大，与行为的内容无关；性格是后天形成的，受社会环境因素的影响较大，与行为的内容密切相关。气质对性格的形成起着重要的影响作用。可以说，前者是后者形成的重要物质基础；性格对气质也有一定的影响作用，通过后天的积极努力，人的气质也能在一定程度上得到改变。

大学生常见的人格发展缺陷与人格障碍

一、当今大学生中常见的人格发展缺陷及调整

人格发展缺陷是人格的某些特征相对于正常而言的一种边缘状态或亚健康状态。是介于健康人格与病态人格(即人格障碍)之间的一种人格状态,表现为人格发展的不良倾向。在大学生的心理咨询和调查中发现,大学生中有相当一部分人存在着各种不同程度的人格发展缺陷,常见的人格发展缺陷主要有无聊、自卑、害羞、怯懦、懒惰、狭隘、拖拉、抑郁、焦虑、虚荣、自我中心、猜疑,等等。

(一)无聊

无聊心理的主要特点是幻想、空虚、被动,感觉不到自我存在的意义与人生的价值,其核心在于没有确立合适的人生目标。幻想是由于目标定位不准确或者目标太多而导致的心理负担,实质是对责任的恐惧;空虚的原因是没有目标或目标太低,人一旦失去目标的牵引,生活就没有动力;被动是由于目标不是自己内心的渴望,未获得内心的自觉与认同,只是为学习而学习,为考试而考试,疲于应付,学习生活中缺乏主动性和创造性。缺乏对生命意义的深刻认识,就会出现茫茫然混日子的现象,对生命意义的否定发展到极端是对生命的否定。在学校很多大学生由于一下失去了父母、老师的严格控制,就缺乏了方向与目标。大学生克服无聊心理的根本方法是确立恰当的人生目标,并由人生目标牵引着实现自己的人生价值。

(二)自卑

自卑是对自己不满、鄙视、否定的情感。进入大学之前,由于主要以学书本知识为主,主要比较的是学习成绩,在学习中很多学生能够体验到成功,充满自信。然而进入大学后,有些大学生发现山外有山,人外有人,尤其是当学习、社交、文体方面显露出某些不足时就会陷入怀疑自己、否定自己之中,产生自卑心理。因此,自卑常常是自尊心受挫的结果,没有自尊心也就不会有自卑感,过强的自卑感往往又以过强的自尊心表现出来。有些大学生敏感脆弱,经不起批评,其原因就是因为很强的自尊心。

对于大学生来说,要能够自信地生活,走出自卑。首先要正确认识自己,悦纳自己,明白人有所长也有所短,不要因为自己的不足而自卑。其次要进行自信心的锻炼,将目标定得合适些,更切合实际些,多积累成功的愉悦体验。最后要确立合理的评价参照系与立足点,若以超过自己很多的强者为标准则可能自卑,因而寻找适合自己的评价标准就显得很重要。俗话说:人比人,气死人,其实最理性的比较

方式是多与自己的过去做纵向比较而不是一味地与人做横向比较。当发现自己有了进步，有了成长，就会增强自己的自信心，有了足够的自信心，自卑感就会悄然而退。

(三)害羞

害羞在大学生中也很常见。比如：不敢在上课举手发言，不敢在大众场合行动，害怕与陌生人交往，路上见到异性同学会手足无措，见到老师会难为情，说话感到紧张，等等。

害羞是一个人自我防御心理过强的结果，他们经常过于谨小慎微，过于胆小被动，过于关注自己，自信心不足。他们很是注意自己在别人心目中的形象，总觉得自己时时处在众目睽睽之下，于是敏感拘束，脸红心跳，一句话在舌尖反复多次还是吐不出来，一件事左思右想很久还是不能决定，为此搞得神经紧张，坐立不安。羞怯者对自己的社交能力、表达能力、做事能力乃至自我形象缺乏信心，使本来可以做到且能做好的事很难如愿。虽然羞怯者的人格特征与神经类型有一定的联系，但更多的还是受后天因素的影响。所以通过有意识的调节可以改变。

害羞之心人皆有之，但是如果过于害羞，不该害羞时害羞，特别是当害羞成了一个人的习惯，则是有害的，它会导致压抑、孤独、焦虑等不良心理状态，还会阻碍其人际交往，影响一个人才能的正常发挥。因此必须通过有意识的调节来改变：

(1)要增强自信心，不要妄自菲薄。许多害羞者在知识才能和仪表方面并不比别人差。研究表明，害羞的女大学生自以为长得不美，但不相识的男生凭照片都认为她们与那些社交活跃的女生一样动人。因此要正确评价自己，多看到自己的长处。

(2)放下思想包袱，不要总是计较别人的议论。每个人都会说错话、做错事，这并没什么大不了的，要知道这个世界上没有十全十美的人和事。即使有人议论也是正常的，俗话说“哪个人后无人说”，没必要太看重。相反，“走自己的路，让别人去说吧！”会使自己变得洒脱。

(3)要有意识地经常锻炼自己。胆量和能力都是经过多次锻炼、逐步提高的结果。在生活中要敢于说第一句话，敢于迈第一步。走路时抬头挺胸，把速度提高四分之一；与人说话时，正视对方的眼睛；上课、开会时尽量坐到前排去；高兴时，开怀大笑；主动大胆地和别人讲话；等等。

(四)怯懦

怯懦表现为缺乏足够的勇气和信心，害怕可能面临的困难与挫折，在挫折和困难面前经常知难而退，甚至不战而败。有些大学生过去的经历一帆风顺，因而特别害怕失败。“只能成功，不能失败”的非理性意念是造成一些大学生怯懦的主要因素。

有些大学生由于怯懦，不敢出头露面，不敢与人讲话，也不敢表明自己的态度，甚至不敢向老师提问题。有些大学生由于软弱不敢冒风险，不敢与坏人坏事、不正之风做斗争，不敢担重任，不敢坚持自己相信正确的观点。但越是这样躲避失败、回避矛盾，越是容易体验到强烈的挫折感。

在现代社会，挑战与机遇并存，怯懦者会失去很多成功的机会，并可能成为落伍者。积极迎接挑战，争做生活的强者才是最明智的选择。改变怯懦的最好办法是敢于抓住机遇，积极锻炼，不怕丢面子，不怕失败，不怕担子重，多给自己鼓励和加压，在生活的词典中去掉“怕”这个字。

（五）懒惰

青年大学生本应是充满朝气和活力、勤奋刻苦、开拓进取的群体，但不是人人都如此。懒惰是不少大学生为之感到苦恼并难以克服的一种人格发展缺陷，是意志活动无力的表现，懒惰是影响大学生积极进取、张扬青春活力、走向成功的天敌。

处于懒惰状态的大学生自己也常为此感到内疚、自责、后悔，但又觉得无力自拔，心有余而力不足。这主要是因为他们往往想得多而做得少，计划多行动少，缺乏毅力。要克服懒惰，应充分认识到懒惰的危害性，自己对自己负责，振作精神，起而行之，不要总是在思考，而应转化为具体的行动，从日常小事做起，并努力做到不给自己找借口，不轻易原谅自己的偷懒，力争今日的事今日完成，多与他人交往，多关心外部世界，多参加有益于身心的各种活动，而要做到这一切，有一个坚定而有价值的理想是非常重要的。

（六）狭隘

由于受功利主义影响，大学生中的狭隘心理有增无减。凡事斤斤计较、耿耿于怀，好嫉妒，好挑剔，心里容不得人等，都是心胸狭隘的表现，即日常说的“气量小”。心胸狭隘常常影响人际关系，伤害他人感情，也常给自己带来烦闷、苦恼，既影响自己的情绪也带来自己在他人心目中的负面形象，因此，于人于己都是百害而无一利。狭隘人格多见于性格内向者。

要想克服狭隘，一要胸怀宽广坦荡，一切向前看，正如歌德所言，“比海洋更广阔的是天空，比天空更广阔的是心灵”。二要学会宽容，宽以待人。三要丰富自己。一个人的视野越开阔，就越不会陷入狭隘之中，这就是所谓的站得高，看得远。

（七）拖拉

拖拉是很多大学生的通病。拖拉是指可以完成的事而不及时完成，事情本来可以在一天之内完成，结果十天都没开始，今天推明天，明天推后天，“春天不是读书天，夏日炎炎正好眠，秋多蚊虫冬又冷，一心收拾待明年”。在大学生活中常常是踏着铃声进教室，要交的作业非要临到老师要检查时才匆匆完成，要参加考试多是“平时不烧香，临时抱佛脚”，常为自己的懒散寻求合适的解释，做事一误再误，无休止地拖下去，虽下决心改正，但不能自拔，不接受教训，对任何事没有信心，没有欲望。导致拖拉的原因，一是目标不明确，二是试图躲避困难的事，三是惰性作怪。拖拉一方面耽误学习、工作，另一方面并没有使人因此而轻松些，相反总是会导致心理压力，引起焦虑，总觉得有事情没完成，干别的事也难以安心，还会贻误时机。

改变拖拉的习惯，要从小事做起，自我监控。首先要充分认识其危害性，找到自己拖拉的原因，下决心改变。其次要科学安排时间，凡事有轻重缓急，要一件一件完成，还要讲究科学的学习和工作方法。最后要敢于做不合心意或者需要花大力气的工作，必须完成的事，与其拖着、欠着，还不如及早动手干，完成后会有一种如释重负的感觉，会有一种欣喜感、满足感、成就感。相反，拖拖拉拉只会带来疲倦、松垮及焦虑。总之，要相信，这是一种不好的习惯，需要我们逐步去改变。

（八）抑郁

抑郁是大学生常见的情绪困扰，是一种自身感到无力应对外界压力而产生的消极情绪，常伴有厌恶、痛苦、羞愧、自卑等消极情绪体验。抑郁人皆有之，对于大多数人来说，抑郁只是偶尔出现，时过境迁，很快会消失；但那些性格内向，不爱交际，多疑多虑，生活中遭遇意外挫折的人更容易长期处于抑郁状态，甚至最终导致抑郁症。

大学生抑郁的主要表现是：郁郁寡欢，闷闷不乐，情绪低落，兴趣丧失，思维迟缓，反应迟钝，缺乏活力，干什么都打不起精神，体验不到快乐。抑郁在低年级大学生中更为普遍。

要避免抑郁或者要从抑郁中解脱出来，就需要调整认知方式，建立理性认知，不把事物看成非黑即白的；正确地评价自己，看清自己的长处，建立自尊，增强自信；扩大人际交往，多与人沟通交流，多交朋友。如果抑郁情绪较严重，影响到了正常的生活和学习，应寻求心理咨询帮助。

（九）焦虑

焦虑是个体主观上预料将会有某种不良后果产生或模糊的威胁出现时的一种不安感，并伴有忧虑、烦恼、害怕、紧张等情绪体验。在如今这个压力不断增多、竞争不断增强的社会里，每个人都可能处于一定的焦虑状态。适度的焦虑对于保持生命活力是必要的。但如果长期过度焦虑，会影响大学生的身心健康和学习。

被焦虑困扰的大学生常表现出烦躁不安，行动不灵活，思维受阻，身体不舒服，失眠多梦等症状。大学生焦虑主要集中在就业、考试、人际关系等方面，与交往技能差等密切相关。

不适当的高度焦虑对大学生的身心健康是有害的。因此，应增强自信，相信车到山前必有路，总会有办法的；应不怕困难、磨炼意志，知道无所谓的担忧正是焦虑之本源，应当机立断，积极行动。总之，凡事应尽最大的努力，把注意力从担心失败转移到积极行动、争取成功上来。

（十）虚荣

虚荣心在当今大学生身上普遍存在，适度的虚荣是可以理解的、正常的，但一旦过分，则会有害无益。虚荣心是与自尊心、自卑感联系在一起的，没有自尊心，就没有虚荣心。没有自卑感，也就不必用虚荣心来表现自尊心，虚荣心是自尊心和自卑感的混合物。

虚荣心强的大学生大多性格内向、多愁善感、情感脆弱，虽然自惭形秽，却又害怕别人伤害自己的尊严，过分介意别人的评论与批评，与人交往时总有一种防御心理，不允许有稍微侵犯，且常会千方百计地抬高自己的形象，他们捍卫的往往是脆弱的、虚假的、不健康的自我，以致无暇来壮大、丰富真实的自我。

要防止或改变过强的虚荣心，我们应该：第一，要对其危害性有清醒的认识，有勇气有决心改变自己。第二，树立自信和健康的荣誉心，正确地表现自己，不卑不亢。第三，应当努力认识自己，了解自己的长处与短处，扬长避短。第四，不为外界的议论所左右，正确对待个人得失。

（十一）自我中心

随着人的自我意识发展，大学生越来越感到自己内心世界的千变万化、独一无二，他们越来越多地把关注的重心从外部转移到自我，尤其是那些有较强自信心、优越感、独立感、自尊心的学生，就比较容易出现自我中心倾向。当这种倾向与一些不健康的思想意识和心理特征（如过强的自尊心、唯我独尊等）相结合时，就会表现出过分的、扭曲的自我中心思想。过度自我中心的人往往以自我为核心，想问题、做事情，从私欲出发，不能设身处地进行客观思考，颐指气使，盛气凌人，不允许别人对自己的批评，一副不可一世的样子。这种人常常见好就上，见困难就让，有错误就推，总认为错的是别人、对的是自己，因而他们常不能赢得他人的好感和信任，人际关系大多不很和谐。

克服过分自我中心的途径包括:第一,树立健康的人生观,自觉地将自己和他人、集体结合起来,走出自己的小天地;第二,尊重他人,只有尊重和信任才能获得友谊;第三,恰当地评价自己,既不低估也不高估,既不妄自菲薄,也不自高自大;第四,设身处地地从他人的角度思考问题,真诚地关爱他人,将心比心,从而做到"我爱人人,人人爱我"。别害怕爱,没有爱就不会得到快乐。爱人,爱美,爱一切可爱与美好的东西。但是,要想得到爱,一定要使自己可爱。

(十二)猜疑

猜疑,疑是建立在猜的基础上,因而往往缺乏事实根据,有时也缺乏合理的思维逻辑。好猜疑的人常常对人对事敏感多疑,看到同学背着自己说话,便疑心是在说自己的坏话;某人没和自己打招呼,便想他(她)对自己肯定有意见;等等。

猜疑是一种人格缺陷,它会导致人际关系紧张、伤害他人感情、无事生非等;自己则会陷入庸人自扰、苦恼、惶惑的不良心境中。培根在《论猜疑》一文中指出:疑心是"迷陷人的惘,混淆敌友,破坏人和事业"。

克服猜疑的办法:

第一,当产生猜疑时,先不要外露,可留心体察所疑的人和事。若猜疑被证实,不会因此感到震惊;当猜疑不成立,应打消疑心。由于不曾外露也不会伤害他人。

第二,加强沟通。猜疑常常是由于误会或他人搬弄口舌引起的,因此碰到这种情况应主动地和被猜疑者沟通交流,给人以解释的机会,因为生活中很多猜疑是由于误会产生的。沟通有助于消除误会,改善、增进彼此的信任感。

第三,抛弃成见和克服消极的自我暗示,学会全面、发展地看待问题,改变封闭的思维方式。

第四,无私就无畏,坦坦荡荡地做人。"心底无私天地宽",和同学朋友坦诚相处,别人如何看自己,不必过分在意,相信"日久天长见人心"。

总之,要克服摆脱猜疑的心理主要是自己做人要正,"人正不怕影子斜";对他人宽厚为怀,即使被别人误会也不必去计较;出现了误会或彼此不信任、猜疑时,沟通思想、说明情况、彼此谅解。只有这样,你才会在大学里生活得愉快。

二、常见的人格障碍

人格障碍又称为病态人格或异常人格,是指人格的畸形发展,形成了一种特有的、明显的、偏离所处的社会文化背景及多数人认可的认知行为模式。人格特征的偏离将导致对环境适应不良,导致此学生不能保持和谐的人际关系和难以适应社会生活。不但给别人带来伤害,而且其本人也深受其害或痛苦。

人格障碍可主要分为偏执型、分裂型、反社会型、冲动型、表演型、强迫型等。

(一)偏执型

这是一种以猜疑和偏执为主要特点的人格障碍,特点为:过分自负,若有挫折或失败则归咎于他人,总认为自己正确;好嫉恨别人,对他人过错不能宽容;广泛猜疑,常将他人无意的、非恶意的,甚至友好的行为误解为敌意或歧视;易产生病态嫉妒;或无足够根据,怀疑会被人利用或伤害,因此过分警惕与防卫;忽视或不相信与自己想法不相符合的客观证据,因而很难以说理或事实来改变自己的想法;将周围事物解释为不符合实际情况的阴谋;脱离实际地好争辩与敌对,固执地追求个人不够合理的权利或利益。

(二)分裂型

分裂型人格障碍是一种以观念、外貌和行为奇特,以及人际关系有明显缺陷,且情感冷淡为主要特点的人格障碍。

其具体特点为:奇怪的、反常的或特殊的行为或外貌;不寻常的知觉体验,如暂时性错觉、幻觉;有特异的信念或与文化背景不相称的行为;言语怪异,并非文化程度或智能障碍所引起;对人冷淡,即使对亲戚也不例外,缺少温暖体贴;缺乏深刻或生动的情感体验,表情淡漠;社交被动、单独活动、缺乏挚友。

(三)反社会型

反社会型人格障碍是一种以行为不符合社会规范为主要特点的人格障碍。

具体特点为:18岁前有品行障碍的证据,如经常逃学、被学校开除、因行为不轨不止一次停学、被拘留、反复说谎(不是为了躲避体罚)、反复挑起或参与斗殴、反复违反家规或校规、反复偷窃、多次参与破坏公共财物活动、虐待动物或弱小同伴等;有不符合社会规范的行为;经常不承担经济义务,如拖欠债务、不抚养小孩或不赡养父母;易激惹,并有攻击行为,如反复斗殴或攻击别人;不尊重事实,如经常撒谎,使用化名,欺骗他人以获得个人的利益或快乐;对自己或他人的安全漠不关心,缺乏同情心;危害别人时无内疚感;等等。

(四)冲动型

冲动型人格障碍是一种以行为和情绪具有明显冲动性为主要特点的人格障碍,又称为爆发型或攻击型人格障碍。

特点有:行为爆发难以自控;有不可预测和不考虑后果的行为倾向;不能控制不适当的发怒,易与他人争吵和冲突,尤其是行为受阻或受批评指责时;情绪反复无常,不可预测,易爆发愤怒和暴力行为;做事无计划,缺乏预见性和坚持性;强烈而不稳定的人际关系,几乎没有持久的友人;可有自伤行为;等等。

(五)表演型

表演型人格障碍是一种以过分感情用事或夸张言行以吸引他人注意为特点的人格障碍。

特点为:表情夸张像演戏一样,情感体验肤浅;自我中心,强求别人符合他的需要和意志,不如意就给别人难堪或强烈不满;寻求刺激,过多地参加各种社交活动;暗示性强,很容易受他人的影响;经常渴望表扬和同情,感情易波动;十分关心自己是否引人注目,言行方面竭力表现自己以吸引他人;说话夸大其词,掺杂幻想情节;情感易变,完全按个人情感判断好坏;等等。

(六)强迫型

强迫型人格障碍是一种以要求严格和完美为主要特点的人格障碍。

特点为:做任何事情都要求完美无缺、按部就班;犹豫不决,常推迟或避免做出决定;不合理地坚持别人也要严格地按照他的方式做事,否则心里很不痛快,对别人做事很不放心;常有不安全感,反复考虑计划是否得当,反复核对检查,唯恐疏忽和出错;拘泥细节,甚至生活小节也要"程序化",不遵照一定的规矩就感到不安或要重做(如牙膏牙刷怎么放,洗脸巾怎么叠放,鞋子怎么穿等都要有固定的程序和位置);对自己要求严格,过分沉溺于职责义务与道德规范,无业余爱好,拘谨吝啬,缺少友谊;完成一件工作之后常缺乏愉快和满足的体验,相反容易悔恨和内疚;等等。

塑造与发展健全人格

一、健全人格的标准

健全人格是指各种良好人格特质在个体身上的集中体现。健全人格的理想标准就是人格的生理、心理、道德、社会各要素完美地统一、平衡、协调,使人的才能得以充分发挥。

大学生健全人格的标准主要应包括以下几个方面:

(一)拥有积极的自我意识

自我意识是个体对自己和自己与他人、与周围世界关系的认识。具有健全人格的大学生对自己有恰如其分的、客观全面的评价,充满自信、扬长避短,愉悦地接纳自己,并在日常生活中能有效地调节自己的行为与环境保持平衡。缺乏正确自我意识的人常常表现出自我冲突、自我矛盾,或者自视清高、盲目自信,做力所不能及的事情,或者自卑、自我否定、妄自菲薄,轻易放弃机遇。

(二)拥有良好的情绪调控能力

情绪调控能力标志着人格的成熟程度。人格健全的大学生其情绪反应适度,具有调节和控制情绪的能力。经常保持愉快、满意、开朗的心境,善于自得其乐,对生活充满热情,并很富有幽默感。当消极情绪(如愤怒、悲伤情绪)出现时能合情合理地宣泄、排解、转移和升华。

(三)拥有和谐的人际关系

人际关系是否和谐最能体现一个人人格健全的程度。人格健康的大学生乐于与他人交往,并能与他人建立良好的关系;与人相处时,尊重、信任、接纳、真诚等积极态度多于嫉妒、怀疑、冷漠、拒绝等消极态度。人格健全的大学生常常以真诚、平等、谦虚、理解、包容、关爱的态度对待他人,同时也受到他人的尊重与接纳,他人愿意与其接近。

(四)拥有乐观的生活态度

积极乐观的生活态度是人类在社会实践中获得的本质力量的表现。人格健全的大学生常常能看到生活的阳光,对前途充满信心和希望,对自己所从事的事情抱有浓厚的兴趣,并能为其努力发挥自身的智慧和能力。即使在遇到困难和挫折时,也能不畏艰险,勇于拼搏,继续坚持。

(五)拥有良好的社会适应能力

社会适应能力的强弱反映了人与社会的协调程度。人格健全的大学生能够和社会保持良好密切的接触,以一种开放的态度,主动关心社会、了解社会。在认识社会的同时,使自己的思想和行为紧跟时代发展的节奏与步伐,与社会的要求相符合,表现出能很快适应新的环境,包括学习环境、生活环境和人际环境等。

二、健全人格的培养

健全人格的培养需要多方面努力,对于大学生来说,已经有了明确的自我意识能力,已经基本成人,是一个区别于中小学生的特殊的群体。因此,除了家庭、学校和社会的培养之外,本身的意识和塑造也是非常重要的。

人格发展、塑造的过程是个体实现社会化的过程,个体的主观能动性在其中起着重要的作用。必须调动大学生的自主能动性,提高大学生自我调节的能力,鼓励他们进行自我教育与自我约束。

（一）学会认识自我，优化人格结构

为了有效地进行人格塑造，应该充分了解自己的人格状况，明确人格塑造的内容、途径、目标、方法。认识自我是改变自我的开始。

人格塑造也就是为了实现人格的整合，达到人格的健全。人格整合的基本含义是：随着个体心理的成熟，人格的各个因素逐渐由最初的互不相关，发展到和谐一致状态的过程。

人格整合要经过择优汰劣的过程。择优即选择某些优良的人格特征作为自己努力的目标，如自信、勤奋、坚毅、勇敢、善良、正直等可作为人格塑造的依据。汰劣即针对自己人格上的缺点、弱点予以纠正，比如自卑、任性、抑郁、冷漠、胆怯、懒惰、自我中心等。

（二）重视自我意识的引领作用，提高独立自主能力

自我是人格生成的基础和前提，是个体对自身进行审视和反省时所产生的观念系统。自我意识是一个完整的多维度、多层次的心理系统，对个体自己以及自己与周围事物关系都会产生深刻的影响。大学时期是自我意识的不断分化和整合时期，突出表现在理想自我与现实自我、成就感与失败感、独立自主与强烈依赖等矛盾冲突中。如果重视自我意识的引领作用，提高独立自主能力，就能提高大学生对情境的适应，并能合理解决这些冲突与矛盾。

（三）重视日常行为管理，养成良好的行为习惯

根据大学的培养目标和教育理念，通过思想政治教育、学风建设榜样示范、纪律约束等方式规范学生自己的日常行为，养成良好的行为习惯，具有积极向上的精神风貌。儒家道德有“己所不欲，勿施于人”（《论语·颜渊》），“己欲立而立人，己欲达而达人”（《论语·雍也》）的仁恕之道。学生要注重控制自己的行为，注重利他、注重伦理、注重和谐的人文精神，形成大学生做人的准则。

（四）大学生应该广泛涉猎知识，特别应重视传统文化知识的学习

荣格有句名言：“文化的最后成果是人格。”很多人格发展的缺陷源于无知，因此，学习科学文化知识、增长智慧的过程也是优化人格的过程。同时，各学科的全面发展是人格健全发展的智力基础，正如培根所说：“读史使人明智，读诗使人灵秀，数学使人周密，科学使人深刻，伦理学使人庄重，逻辑修辞之学使人善辩，凡有所学，皆成性格。”所以，在日常教育中鼓励和引导学生各种知识全面发展显得尤为重要。

（五）积极参加实践活动，从小事做起

实践是人格发展的必由之路。无论是知识的获取与能力的形成，还是意志的磨炼都离不开实践。诸如一个人的坚韧、乐观、勤奋、细致等人格特征都是长期实践锻炼、长期养成的结果。大学生应积极参加各种有益身心健康的实践活动，如近年来校园内兴起的青年志愿者活动对于大学生人格的发展与塑造就具有重要的意义。

一个人的一言一行往往是其人格的外化，反过来一个人日常言行的积淀成为习惯就是人格，例如个人有梳头、洗手、刷牙、勤换衣服、常剪指甲等习惯，就反映了他具有“讲清洁”这一人格特质。因此，人格整合要从眼前的小事做起，无数良好的小事可“积沙成塔”，最终构建成优良的人格大厦。

（六）发展良好的人际关系，融入集体

人格发展、塑造的过程是个体实现社会化的过程，是个体与他人、集体、社会相互作用的过程。人格是在行为中表现出来的，健全的人格也只有在人际交往中才能体现出来。塑造健全人格，必须发展其良好的人际关系：尊重社会习俗，关心他人的需要，真诚地赞美，不做无建设性的批评，多与他人沟通意见，保持自尊和独立，等等。

专题一
人格面面观

四色性格的基本特点

专题介绍

俗话说:“人心不同,各如其面。”每个人的人格都是不相同的,你自己的人格特征如何呢?我们应该清楚自己。

感…

【气质测验量表】

下面60题可大致确定人的气质类型。在回答下列问题时,若与自己的情况“很符合”计2分,“较符合”计1分,“一般”计0分,“较不符合”计-1分,很不符合”计-2分,并填入“气质测验答卷”中。

1.做事力求稳妥,一般不做无把握的事。

2.遇到可气的事就怒不可遏,想把心里话全说出来才痛快。

3.宁可一个人干事,不愿很多人在一起。

4.到一个新环境很快就能适应。

5.厌恶那些强烈的刺激,如尖叫、噪声、危险镜头等。
6.和人争吵时,总是先发制人,喜欢挑衅别人。
7.喜欢安静的环境。
8.善于和人交往。
9.羡慕那种善于克制自己情感的人。
10.生活有规律,很少违反作息制度。
11.在多数情况下情绪是乐观的。
12.碰到陌生人觉得很拘束。
13.遇到令人气愤的事,能很好地自我克制。
14.做事总有旺盛的精力。
15.遇到问题总是举棋不定、优柔寡断。
16.在人群中从不觉得过分拘束。
17.情绪高昂时,觉得干什么都有趣;情绪低落时,又觉得什么都没有意思。
18.当注意力集中于一事物时,别的事很难使我分心。
19.理解问题总比别人快。
20.碰到危险情景,常有一种极度恐怖感。
21.对学习、工作怀有很高的热情。
22.能够长时间做枯燥、单调的工作。
23.符合兴趣的事情,干起来劲头十足,否则不想干。
24.一点小事就能引起情绪波动。
25.讨厌做那种需要耐心、细致的工作。
26.与人交往不卑不亢。
27.喜欢参加热烈的活动。
28.爱看感情细腻、描写人物内心活动的文艺作品。
29.工作学习时间长了,常感到厌倦。
30.不喜欢长时间谈论一个问题,愿意实际动手干。
31.宁愿侃侃而谈,不愿窃窃私语。
32.别人总是说我闷闷不乐。
33.理解问题常比别人慢些。
34.疲倦时只要进行短暂的休息就能精神抖擞,重新投入工作。
35.心里有话宁愿自己想,不愿说出来。

36. 认准一个目标就希望尽快实现，不达目的，誓不罢休。
37. 学习、工作同样一段时间后，常比别人更疲倦。
38. 做事有些莽撞，常常不考虑后果。
39. 老师或他人讲授新知识、技术时，总希望他讲得慢些，多重复几遍。
40. 能够很快地忘记那些不愉快的事情。
41. 做作业或完成一件工作总比别人花时间多。
42. 喜欢运动量大的剧烈体育活动，或者参加各种文艺活动。
43. 不能很快地把注意力从一件事转移到另一件上去。
44. 接受一个任务后，就希望把它迅速解决。
45. 认为墨守成规比冒风险更稳妥。
46. 能够同时注意几件事物。
47. 当我烦闷的时候，别人很难使我高兴起来。
48. 爱看情节起伏跌宕、激动人心的小说。
49. 对工作抱认真严谨、始终如一的态度。
50. 和周围人的关系总是相处不好。
51. 喜欢复习学过的知识，重复做能熟练做的工作。
52. 希望做变化大、花样多的工作。
53. 小时候会背的诗歌，我似乎比别人记得清楚。
54. 别人说我“出语伤人”，可我并不觉得这样。
55. 在体育活动中，常因反应慢而落后。
56. 反应敏捷，头脑机智。
57. 喜欢有条理而不甚麻烦的工作。
58. 兴奋的事情常使我失眠。
59. 老师讲新概念，常常听不懂，但是弄懂了以后很难忘记。
60. 假如工作枯燥乏味，马上就会情绪低落。

气质测验答卷评分方法如下：

A. 如果某一项或两项的得分超过20，则为典型的该气质。如，胆汁质项超过20，则为典型胆汁质；黏液质和抑郁质项得分都超过20，则为典型黏液-抑郁质混合型。

B. 如果某一项或两项以上得分在20分以下、10分以上，其他各项得分较低，则为该项一般气质。如，一般多血质；一般胆汁-多血质混合型。

C.若各项得分均在10分以下,但某项或某几项得分较其余项为高(相差5分以上),则为略倾向于该项气质(或几项的混合)。如,略偏黏液质型;多血—胆汁质混合型。其余类推。一般说来,正分值越高,表明该项气质特征越明显,反之,分值越低或越负,表明越不具备该项气质特征。气质测验答卷见表5-2。

表5-2 气质测验答卷

胆汁质	题号	02	06	09	14	17	21	27	31	36	38	42	48	50	54	58	得分
	得分																
多血质	题号	04	08	11	16	19	23	25	29	34	40	44	46	52	56	60	得分
	得分																
黏液质	题号	01	07	10	13	18	22	26	30	33	39	43	45	49	55	57	得分
	得分																
抑郁质	题号	03	05	12	15	20	24	28	32	35	37	41	47	51	53	59	得分
	得分																

议…

自己属于什么气质类型?分析这种气质有什么优点,有什么缺点,应该怎样去发扬优点、克服缺点。

导…

活动一:辩论

目的:

让学生明确每种气质类型各有优劣。

操作:

1.按照组别分为正方和反方;

2.正方辩题:气质有好坏之分;

反方辩题:气质没有好坏之分。

活动二：你眼中的我

目的：

从大家的反馈中认识自我。

操作：

1. 以小组为单位，请一位成员站在团体中央，其他人轮流说出他的优点及令人欣赏之处（如性格、相貌、处事等）。
2. 每个成员都要站到中间一次。
3. 要求大家只能说优点，态度要真诚，不能毫无根据地吹捧，说话时不能嬉笑。
4. 同学自己分析哪些优点是自己以前察觉到或者听别人说过的，哪些是不知道的。听到大家的赞赏，自己的感受是什么？

践…

请同学分析自己的性格特点，并记录下来。

____

____

____

悟…

1. 这次活动你的感受是：

____

____

2. 现在的感觉和你参加活动前的想法有什么不同？

____

____

3. 在今天的活动中你有什么收获？

____

____

专题二
大学生健康人格塑造

人格结构理论

专题介绍

大学生作为社会中的一个相对特殊和优秀的群体，讲求人格健全是一种起码要求，理应成为大学生们的一种自觉追求。这一自觉，来源于大学生对人格属性和价值的理性认知、评价和取向，而这种理性认知、评价和取向并不是自发产生的，须经过一定的人格教育与引导训练才能确立。同学们自己的人格特征如何呢？是否有缺陷？是什么原因引起的呢？如何塑造健全的人格？对这些问题进行思考与交流，并进行自我分析，思考如何拥有健全的人格。

感…

案例：

一个大一男生这样描述自己：我从小内向，害羞，不敢大声说话，特别怕别人的眼睛与我对视。如果我偶尔说句什么，成为大家目光聚焦点的时候，我就害羞得要命，不仅面红耳赤，连手心都汗淋淋的，说话也语无伦次，想马上躲开，否则双腿就抖个不停，连迈步都艰难。高中阶段，我过得很安稳，大家忙着学习，谁也不会和我主动搭讪，老师上课也不会抽问。而现在我发现我的情况越发严重了，每次上课不幸被老师抽中回答问题时，我就无异于小死一回。我躲避所有眼神，开始只是对女性，现在对男的也是如此，可是又情不自禁地用眼睛的余光扫视对方，给对方以很不体面的感觉，说我这人很“不正经”。我自己也特别恨我这双眼睛，有时甚至都想把它挖掉。

议…

讨论：这位男生为什么会害羞？你觉得应该怎么克服害羞？

导…

活动一：我的故事

目的：

促进对自己独特性的认识，同时反思自己。

操作：

以传记的方式写出“我的故事”：自己的成长经历或者你眼中的自己。

活动二：列举崇拜偶像，学习偶像人格特征

目的：

让学生对理想人格有一个具体的形象，然后去模仿学习，进而塑造人格。

操作：

（1）列举你认为很喜欢、很崇拜的偶像。（注意：这个偶像不一定是名人，可以是你身边的同学、你的父母、你的老师或者是某个文学作品中的人物等）

（2）分析这些人物有哪些优良的人格特征。

（3）思考自己要怎么努力才能具有某些人格特征。

践…

1.请同学思考怎样塑造健全的人格。

2.找出自己的五条优点、五条不足，并思考如何调整自己，可以让自己更加优秀。

悟…

1.这次活动你的感受是：

2.现在的感觉和你参加活动前的想法有什么不同？

3. 在今天的活动中你有什么收获？

书海导航

1.《人格心理学(第八版)》

(美)伯格(Jerry M.Burger)著,陈会昌译,中国轻工业出版社

该书围绕精神分析理论、特质理论、生物学流派、行为主义、人本主义和认知理论六种人格理论流派,对有关人格的理论进行了全面而系统的介绍。这本书行文流畅、通俗易懂,融入了丰富的生活案例,并穿插了一些新闻报道和相关自测题,帮助读者测验自己或他人的人格特征。

2.《人性的弱点》

(美)卡耐基著,陶曚译,天津人民出版社

这是一本励志的经典图书,曾经是风靡全球的自我教育与成人训练的范本。该书汇集了卡耐基的思想精华和最激动人心的内容,是作者最成功的励志经典,出版后立即获得了广大读者的欢迎,成为西方世界最持久的人文畅销书。无数读者通过阅读和实践书中介绍的各种方法,不仅走出困境,有的还成为世人仰慕的杰出人士。只要不断研读本书,相信你也可以发掘自己的无穷潜力,创造辉煌的人生。

IN语

1. 人格所具备的一切物质是人的幸福与快乐最根本和最直接的影响因素。其他因素都是间接的，媒介性的，所以它们的影响力也可以消除破灭，但人格因素的影响却是不可消除的。

——叔本华

2. 一个人的人格可以从他的眼神、笑容、言语、热忱、态度显示出来。

——乔·吉拉德

3. 被朋友伤害了的时候，别怀疑友情，但提防背叛你的人。原谅，但并不遗忘。做人存几分天真童心，对朋友保持一些侠义之情。要快乐，要开朗，要坚韧，要温暖，这和性格无关。

4. 播种生活，收获习惯；播种习惯，收获性格；播种性格，收获命运。

单元六

走过那片沼泽地
——正视挫折，增强心理弹性

测一测

国际标准AQ测试

AQ(逆境商数)是我们在面对逆境时的处理能力，明确地描绘出一个人的挫折忍受力。根据AQ专家保罗·史托兹博士的研究，一个人AQ愈高，愈能以弹性面对逆境，积极乐观，接受困难的挑战，发挥创意找出解决方案，因此能不屈不挠，愈挫愈勇，而最终表现卓越。

【说明】测验结果仅供参考，每个人的情况都是独特的，重要的是通过学习和实践不断提升自己的挫折应对能力。

学习导读

挫折与心理成长

在人生的长河中，大学阶段无疑是一个充满探索、挑战与成长的时期。随着学业压力、人际关系、职业规划等多重因素的交织，大学生不可避免地会遇到各种挫折。然而，正是这些挫折，如同磨砺石一般，塑造了我们的心理韧性，促进了我们的心理成长。挫折与心理成长之间存在着密切的辩证关系。一方面，挫折是心理成长的催化剂和磨砺石。没有经历过挫折的人生是不完整的；同样，没有经历过挫折的心理也无法真正成熟和强大。另一方面，心理成长又为我们提供了更好地应对挫折的能力和智慧。随着心理的不断成长和成熟，我们能够更加理性地看待挫折，更加积极地应对挑战，更加坚定地追求目标。

心理学上的挫折是指个体在通往目标的过程中遇到难以克服的障碍或干扰，使需要无法满足、目标不能实现时所产生的不愉快的情绪反应。诸如紧张、焦虑、沮丧、困惑、愤懑，甚至迁移、攻击等都是心理受挫时常见的情绪反应。挫折的产生有两个基本要素：挫折情境和挫折感受，两者密切关联。挫折情境是引发挫折感受的条件，挫折感受是受挫折者心理需求不能满足的一种内心体验。但两者之间并不是必然的关系，同样的挫折情境，由于不同的人的需求不同、心理承受力不同，所产生的心理感受也不同。如同样考上一所普通大学的甲、乙两个学生，甲的抱负远大，立志考重点大学，而现在只考上了普通大学，甲学生就会产生挫折感。而乙学生，他的抱负本来就不大，现在考上了大学已经很满足，甚至还有些喜出望外，对他来说不但没有挫折感，反而还有较强的成就感。所以，挫折也叫心理挫折，心理挫折的产生，不取决于挫折情境，而是取决于个体的内在心理感受。

大学生的年龄一般在18~23岁之间，处在青年中期，这时期的大学生生理已经成熟。生理的成熟，使大学生产生了强烈的成人感，但涉世不深、经验不足，使得大学生的心理显得幼稚，行为容易冲动。羽毛初丰，使大学生踌躇满志，对未来充满憧憬与期待；不谙人世，使大学生对前进路上的曲折坎坷估计不足。需求的多样性与心理的脆弱性使大学生成为一个心理容易受伤的群体。

一、大学生常遇到的挫折

大学生活虽然如诗歌般浪漫美好，但是挫折也常常不期而遇。当代大学生主要会遭遇如下挫折。

（一）学习挫折

学业压力是大学生普遍面临的挑战。大学课程的深度和广度相较于高中都有了显著的提升，课程内容的复杂性和学习要求的严格性使得许多学生感到力不从心。面对繁重的课业负担、紧张的考试安排以及严格的评分标准，学生们常常会感到焦虑不安，甚至产生挫败感。

专业选择的迷茫和困惑也是许多大学生会遇到的问题。在入学时，由于对各个专业的了解有限，以及对自己兴趣和优势的认识不足，一些学生在选择专业时感到迷茫和困惑。这种迷茫和困惑可能导致他们对所学专业缺乏热情，甚至难以适应专业课程的学习要求，从而引发一系列的学习挫折。

此外，学习方法的不当也是导致大学生学习挫折的一个重要原因。与高中时期的学习不同，大学学习更加强调学生的自主学习和独立思考能力。然而，一些学生可能仍然习惯于高中的被动学习方式，缺乏主动探索和解决问题的意识。这种学习方法的不当可能导致他们学习效率低下，难以适应大学的学习节奏，进而产生挫败感。

综上所述，当代大学生在学习方面遭遇的挫折是多方面的，包括学业压力、专业选择的迷茫和困惑以及学习方法的不当等。这些挫折构成了他们学习生涯中不可或缺的一部分，对他们的成长和发展产生着深远的影响。

（二）人际交往挫折

人际交往对大学生而言是仅次于学业发展的一项重要的社会需要。大学生都希望获得更广泛的良好人际关系，从而维系个人发展与社会需要之间的纽带。但是，由于性格或者成长经验的影响，他们在人际交往中，往往难以收获理想效果。要么难以抛开自尊、自傲和矜持的面具，要么以错误的方式伸出橄榄枝，反而引起别人的误解，导致人际挫折，这些挫折主要体现在以下几个方面：

首先，社交焦虑。面对新的环境和陌生的人群，许多学生可能会感到不自在和紧张，担心自己的言行举止是否得体，是否能够被新同学接纳。这种焦虑情绪可能导致他们在社交场合中表现得拘谨、不自然，进而影响他们的人际交往效果。

其次，沟通障碍。由于成长背景、性格、语言习惯等存在差异，大学生在与人沟通时可能会遇到障碍。他们可能发现自己在某些话题上无法与他人产生共鸣，或者因为表达方式不当而产生误解和冲突。这种沟通障碍可能导致他们在人际交往中感到挫败和孤独。

此外，人际关系处理不当。在大学里，学生们需要学会处理各种复杂的人际关系，包括同学关系、师生关系、室友关系等。然而，由于缺乏经验和技巧，一些学生在处理这些关系时可能会遇到困难。他们可能发现自己无法平衡不同人际关系之间的需求，或者因为处理不当而引发矛盾和冲突。

综上所述，当代大学生在人际交往方面也常遭遇挫折，这些挫折可能对他们的心理健康和社交能力产生负面影响。

（三）恋爱挫折

对爱情的渴望也常常折磨大学生。应该说，爱情对大学生而言是非常正常的需求，但是，由于现实因素的限制，很多大学生往往难以得到月老的垂青。当代大学生在恋爱方面的挫折主要体现在以下几个方面：

首先，情感表达的不畅。许多大学生在恋爱初期，可能因为缺乏经验或者性格内向，难以向心仪的对象表达自己的情感。这种表达不畅可能导致他们错过建立恋爱关系的机会，从而产生挫败感。

其次，恋爱关系中的冲突与误解。在恋爱过程中，双方可能因为性格差异、价值观不同或者沟通方式不当而产生冲突和误解。这些冲突和误解可能导致恋爱关系紧张甚至破裂，给大学生带来情感上的挫折。

再次，恋爱与学业、生活的平衡问题。大学生在追求恋爱的同时，还需要面对学业和生活的压力。如果无法妥善平衡恋爱与学业、生活的关系，可能会导致一方面或多方面的挫败感。例如，可能因为过于投入恋爱而忽略了学业，或者因为学业繁忙而无法给予恋人足够的关注和陪伴。

最后，恋爱关系的结束导致的失落感。当一段恋爱关系结束时，大学生可能会经历失落、痛苦和孤独等负面情绪。这种失落感可能对他们的心理健康产生长期影响，需要时间和支持来逐渐走出阴影。

综上所述，当代大学生在恋爱方面也常遭遇挫折，这些挫折可能对他们的情感发展、心理健康和学习生活产生负面影响。

（四）择业挫折

大学生的择业之路常伴挫折。随着毕业生增多，就业市场竞争激烈，许多学生面临挑战。当代大学生在择业方面的挫折主要体现在以下几个方面：

首先，职业定位的困惑。许多大学生在毕业前夕，对自己的职业兴趣和优势并不清晰，导致在择业时感到迷茫和无所适从。他们可能对各种职业岗位的了解有限，难以确定自己适合从事哪一行业或职位。

其次，就业市场的竞争压力。随着高等教育的普及，大学生面临着越来越激烈的就业竞争。他们可能发现，即使自己拥有优秀的学业成绩和丰富的实践经验，也难以在众多的求职者中脱颖而出，获得心仪的工作机会。

再次，职业规划的不切实际。一些大学生在择业时，可能过于理想化或对自己的能力评估过高，导致职业规划不切实际。他们可能追求高薪、高地位的职业，却忽视了自身的实际条件和市场需求，从而屡屡碰壁。

最后，适应职场环境的挑战。大学生从校园走向职场，需要适应全新的工作环境和企业文化。他们可能发现,职场中的人际关系、工作压力和责任感都与校园生活截然不同,难以迅速适应并融入其中。

综上所述,当代大学生在择业方面遭遇挫折是正常现象,这些挫折可能对他们的自信心、职业发展和心理健康产生负面影响。

二、大学生常遇到的挫折反应

影响挫折反应的因素,大体上可以分为主体因素和客体因素或者内部因素与外部因素两大类。人们在日常的学习生活中,由于主客观条件各不一样,因此挫折反应也各不相同。

人们的挫折反应有生理、心理和行为三方面。需要强调的是,下面的心理与行为反应,有积极的也有消极的,是人们在生活经验中习得的结果,无所谓对错。

(一)生理反应

个体遭受挫折以后,机体内部的自我调节机制将会最大限度地调动机体的潜在能量,以有效地应对外界环境的变化。比如,受挫后交感神经系统的兴奋性会增强,消耗大量的能量,于是神经末梢释放生物信息,刺激心肌收缩力增强,以促进血液循环加快,血压升高;刺激呼吸加快,以保证氧气供应;刺激各种激素分泌增加,促进蛋白质、脂肪、糖原分解。

大学生在面对挫折时,常会出现一系列生理反应,这些反应往往与他们的情绪状态密切相关。以下是大学生遇到挫折时的生理反应的主要表现。

1. 焦虑与紧张引发的生理反应

当大学生面临挫折时,焦虑与紧张情绪往往首先出现。这些情绪不仅影响心理状态,还会引发一系列生理反应,具体表现如下:

(1)心悸与呼吸急促。由于紧张和焦虑,心脏跳动加速,感觉心跳明显,同时呼吸变得急促,甚至可能出现气短现象。这种生理反应是身体在应对压力时的自然反应,但长期持续可能对健康产生不良影响。

(2)冒冷汗与头昏。焦虑情绪还可能导致皮肤出汗增多,尤其是手心、额头等部位,同时可能伴随头昏症状。这是因为焦虑引起的自主神经功能紊乱,导致汗腺分泌增加和脑部供血不足。

(3)身体紧张与肌肉僵硬。长期处于焦虑状态会使身体肌肉保持紧张状态,尤其是颈部、肩部和背部的肌肉。这不仅会导致肌肉僵硬和疼痛,还可能影响身体的整体舒适度和健康状况。

2.情绪影响下的生理变化

挫折不仅会引起焦虑与紧张,还可能引发一系列复杂的情绪反应,这些情绪反应会进一步影响大学生的生理状态:

(1)消化系统问题。情绪压力可能导致消化系统功能紊乱,表现为胃痛、胃酸过多、食欲不振或暴饮暴食等症状。长期如此,可能引发胃炎、胃溃疡等消化系统疾病。

(2)睡眠质量下降。挫折导致的情绪波动可能影响大学生的睡眠质量,表现为难以入睡、多梦、早醒或睡眠不深等现象。睡眠不足又会进一步加剧情绪问题,形成恶性循环。

(3)免疫力下降。长期承受挫折和压力可能导致大学生的免疫力下降,使身体更容易受到病毒和细菌的攻击,从而引发感冒、发烧等疾病。

3.其他常见的生理应激表现

除了上述反应外,大学生在遭遇挫折时还可能出现其他生理应激表现:

(1)乏力酸软。由于身心疲惫和情绪低落,大学生可能感到全身无力、肌肉酸软等症状。这会影响他们的日常生活和学习效率。

(2)恶心与呕吐。强烈的情绪波动有时可能引发恶心感甚至呕吐现象。这通常是身体在应对极端情绪压力时的一种自我保护机制。

综上所述,大学生在遭遇挫折时常常会出现一系列生理反应,这些反应不仅影响他们的身体健康,还可能进一步加剧情绪问题。因此,大学生需要学会积极应对挫折和压力,保持良好的心态和生理状态。

(二)心理反应

挫折情境中的心理反应包括情绪反应,以及较为复杂的防御性心理反应。

1.愤怒和敌意

如果受挫者意识到挫折情境来自人而不是自然因素,会产生愤怒和敌意的情绪体验。在大学这一充满竞争与合作的环境中,当大学生遭遇不公正评价、人际冲突或学术挫败时,愤怒和敌意如同被点燃的火焰,迅速蔓延。他们可能感到自尊心受损,信任感破裂,进而产生强烈的反抗情绪。这种情绪不仅体现在直接的言语冲突和身体对抗上,还可能转化为冷漠的孤立行为,通过疏远对方来表达不满。所谓"怒从心头起,恶向胆边生",愤怒之后他们可能还会有进一步的极端行为反应。

2.焦虑与担忧

通常情况下我们不知道挫折产生的原因是什么,或者就是知道挫折来源于什么，但是我们却无法解决，这时我们往往会产生焦虑与担忧的情绪反应。焦虑是遇到挫折后常见的一种心理反应。适度焦虑，如考试前适度紧张，对提高活动效率、发挥潜能有一定的积极作用。而过度的焦虑是有害的，严重的会导致心理疾病，发展成焦虑症。焦虑之外，往往还有对事情进展能否顺利、目标能否达到的担忧。随着学业的深入和未来的逼近，大学生也会普遍感受到前所未有的焦虑与担忧。他们不仅要应对复杂的课程知识、繁重的作业任务和激烈的学术竞争，还要开始思考自己的职业规划和人生方向。这种双重压力使得他们常常陷入对未来的不确定性和对自我能力的质疑中。焦虑情绪可能表现为持续的紧张感，无法集中注意力，以及对失败的恐惧。

3.冷漠

当人遇到挫折以后，表现出无动于衷、漠不关心的态度，好像没有什么情绪反应，这是受挫后的冷漠反应。冷漠并非没有情绪反应，相反，是一种极压抑的痛苦情绪反应。当个人面对亲人、朋友带给自己的伤害，或者面对无法摆脱的挫折情境时，通常会表现出冷漠的反应。当面对难以承受的挫折时，一些大学生会选择以冷漠和社交退缩作为自我保护的方式。他们可能关闭心门，减少与他人的交流和互动，以避免进一步的伤害和失望。

4.压抑

当我们无法对挫折情境表达我们的愤怒与不满的时候，需要暂时将消极情绪压抑起来。许多大学生在面对挫折时选择将情绪压抑在心底，不愿让他人看到自己的脆弱。他们可能担心自己的情绪反应会被视为软弱或无能，从而损害自己的形象和地位。压抑并不意味着问题的解决，按照精神分析理论，被压抑的情绪进入潜意识，会通过其他途径变相表露出来。

5.升华

以积极的心态看待挫折，将挫折转化为一种激励的力量。所谓“屡战屡败，屡败屡战”“遇挫越勇”，就是这种在挫折面前自我激励的情绪状态。尽管挫折往往带来痛苦和困难，但也有一些大学生能够从中汲取力量，将挫折转化为成长的契机。他们能够以积极的心态看待挫折，从中得到经验教训，并努力提升自己的能力和素质。这些学生能够保持坚韧不拔的毅力、勇于探索的精神以及不断追求卓越的态度。他们的经历告诉我们：挫折并不可怕，关键在于我们如何面对它、处理它，并从中汲取力量。

6.向下比较

当我们遇到挫折的时候，有时候有必要和那些命运比我们更差的人去比较，以消除心里的愤怒不平的消极情绪，让自己在心理上获得一种平衡感。向下比较，作为一种心理调节策略，在一定程度上能够缓解大学生的挫败感和不平衡感。然而，这种策略也存在着潜在的负面影响。过度依赖向下比较可能导致自我满足感的降低、对他人成就的忽视以及对自身潜力的低估。因此，大学生在运用这种策略时需要保持适度和警觉，避免陷入消极的心理循环中。同时，我们也应该学会以积极的心态看待他人的成功和自己的失败，从中寻找自己的不足之处并努力改进。

（三）行为反应

人在挫折情境下除了有情绪反应之外，可能还伴随着某种行为反应。这些行为反应既可能是消极的，也可能是积极的，它们反映了个人在面对挫折时的应对策略和心理状态。

1.报复与攻击

对于人为造成的挫折，尤其是当感受到他人的恶意阻挠时，个体可能会激发出强烈的报复和攻击行为。这种反应在网络暴力文化的影响下尤为显著，很多青少年在面对挫折时容易表现出暴力倾向，甚至导致犯罪行为的发生，如一些大学生因一时冲动而犯罪。报复和攻击行为虽然能暂时缓解个体的挫败感，但往往会导致更严重的后果，如人际关系的破裂、法律责任的承担等。

2.退行

退行是指个体在遇到挫折时，心理活动和反应会退回到早期的发展水平，以幼稚、不成熟的方式来应对当前情境。例如，当大学生的活动计划受到家长或老师的反对时，他们可能会采取赌气、咒骂、暴食、疯狂购物、砸物甚至出走等非积极、非成熟的方式来应对。退行行为表明个体在面对挫折时无法有效地运用成熟的应对策略，而是回到了早期的、较为原始的方式来应对。

3.习得性无助

习得性无助是指个体在多次尝试面对挫折情境却无法避免失败后，最终在挫折面前完全失去任何意志努力的现象。这是心理学家在动物实验中观察到的一种现象。在现实生活中，人们如果多次遭受挫折和打击而无法克服，久而久之就会陷入沮丧，倾向于放弃意志努力，听从命运的摆布。习得性无助是一种消极的心理状态，它会使个体在面对挫折时感到无能为力，从而放弃尝试和努力。

4.补偿

补偿是指个体在某方面存在缺陷而无法达到期望目标时，会努力在其他方面取得成功来弥补先前的遗憾与自卑。例如，大学生如果因为家庭经济条件或相貌条件在恋爱问题上受挫，他们可能会发奋学习，通过学业上的成功来增强自信心。补偿行为是一种积极的应对策略，它能使个体在面对挫折时找到新的目标和动力，从而克服挫败感。

5. 幽默

幽默是一种艺术，它利用看似轻松发笑的语言对挫折的原因或后果进行解说，从而使人的心理紧张或愤怒感暂时消失。幽默反映了个人看待挫折成败的一种超然心态和智慧。如今，幽默搞笑日渐成为大学生释放学习挫折和压力的一种方式，这也反映了他们对当前教育体制环境的无奈和不满。通过幽默的方式，个体能够以一种轻松的心态来面对挫折，从而减轻心理压力。

6. 宣泄

宣泄是指采用道德法律许可的方式发泄心中的不满、愤怒等极端情绪，以避免发生直接的人际冲突和心理郁积。常见的宣泄方式包括在空旷空间大吼大叫、摔打物品、打出气袋、跳舞、唱歌等。大学生在遇到挫折时很容易产生强烈的情绪反应，而宣泄是一种很好的挫折应对方式，可以帮助他们释放压力，恢复心理平衡。然而，需要注意的是，宣泄行为应当在合适的场合和以适当的方式进行，以避免对他人或自己造成不必要的伤害。

心理弹性的重要性

在快速变化且充满挑战的现代社会中，大学生作为社会未来的栋梁，面临着学业压力、人际关系、职业规划、自我认同等多方面的压力与挑战，这些压力和挑战往往会对大学生的心理健康造成一定的影响。面对这些压力与不确定性，一些学生能够迅速适应并恢复，展现出强大的心理韧性，即心理弹性(Resilience)。心理弹性不仅是个人应对逆境的重要能力，也是促进心理健康、实现个人成长与成功的关键因素。

心理弹性测试

一、心理弹性的定义

心理弹性，又称复原力或抗逆力，是一个在心理学领域受到广泛关注的概念。

它最早由美国心理学家Anthony于20世纪70年代提出，并随着研究的深入逐渐成为国际心理学界研究的热点问题。心理弹性指的是个体在面对逆境、压力、挫折或创伤等不利情境时，能够保持积极态度，有效应对并恢复的能力。

心理弹性的定义并非单一固定，而是根据研究视角和目的的不同有多种表述方式。从结果性定义来看，心理弹性被强调为经历压力、挫折、创伤后机能的维持或提升。这种定义方式通常基于个体的心理健康、机能和社会能力，认为心理弹性是个体在逆境中仍能保持胜任行为和有效机能的能力。而从品质性定义来看，心理弹性被视为个人的一种能力和品质，是个体所具有的内在特征。它体现了个体在面对挑战时的坚韧性和适应力，使个体能够从消极经历中恢复过来，并灵活适应外界多变的环境。另外，过程性定义则强调心理弹性是一个动态过程，即个体在压力事件中适应良好的过程。这种定义方式关注个体如何动态地调整自己的认知、情绪和行为，以应对外界的变化和挑战，从而实现良好的适应和恢复。

心理弹性具有动态性、意识性和多维度性等特征。它是一个动态的形式，会随着环境的变化而变化，并在变化中达到对环境的动态调控和适应。同时，心理弹性也表明个体是有意识地接受并反映外界客观刺激，以积极和主动的态度面对挑战的。此外，心理弹性涉及多个方面，如个人能力、社交能力、情绪调节能力等，是一个综合性的概念。

二、心理弹性的构成要素

心理弹性的形成并非一蹴而就，而是由多个内在因素与外在环境相互作用的结果。主要构成要素包括：

（一）个人特质

如乐观态度、自信心、自我效能感、积极情绪等，这些特质有助于个体在逆境中保持积极心态，勇于面对挑战。乐观态度是其中的核心特质之一，它使个体能够积极看待生活中的挑战和困难，相信未来会有更好的可能性。自信心则是个体对自己能力的坚定信念，它使个体在面对逆境时能够保持冷静和理智，相信自己有能力克服困难。自我效能感是个体对自己能够成功完成某项任务的信念，它激励着个体在逆境中不断努力、追求成功。积极情绪则是个体在面对逆境时能够保持愉悦、平静等积极情绪状态的能力，它有助于个体缓解压力、恢复精力。

（二）认知策略

包括灵活的思维模式，有效的情绪调节、问题解决能力等。个体通过积极的认知重构，将逆境视为成长的机会，而非无法逾越的障碍。灵活的思维模式使个体能够从多个角度看待问题，避免陷入消极的思维定式。有效的情绪调节策略则帮助个体在面对逆境时保持情绪稳定，避免情绪失控对行为和决策产生负面影响。问题解决能力是个体在面对困境时能够迅速找到问题根源并提出有效解决方案的能力，它使个体能够在逆境中迅速恢复并继续前进。通过积极的认知重构，个体能够将逆境视为成长的机会，从中学习并提升自己的能力和智慧。

（三）社会关系网络

包括家庭支持、朋友关系、师生关系等。良好的社会支持系统能为个体提供情感慰藉、实际帮助和信息交流，增强其应对逆境的力量。家庭支持是个体在成长过程中获得的重要情感支持和物质保障，它使个体在面对逆境时能够感受到家庭的温暖和力量。朋友关系则是个体在社交环境中建立的重要情感纽带，它能够为个体提供情感慰藉、分享经验和共同成长的机会。师生关系则是个体在学习环境中建立的重要指导关系，它能够为个体提供学术上的指导和支持，帮助个体在面对学习挑战时保持积极态度。这些社会关系网络共同构成了个体的社会支持系统，为其在逆境中提供了重要的情感慰藉和实际帮助。

（四）资源利用

包括物质资源、信息资源、教育资源等。个体能否有效利用这些资源，对于其应对逆境的效果具有重要影响。物质资源是个体在应对逆境时所需的基本生活资料和工具，如金钱、住房、交通等。个体能否有效管理和利用这些物质资源，对于其应对逆境的效果具有重要影响。信息资源则是个体在应对逆境时所需的各种知识和信息，如健康知识、就业信息等。个体能否及时获取和利用这些信息资源，对于其能否做出正确决策和采取有效行动具有重要意义。教育资源则是个体在应对逆境时所需的学习和发展机会，如培训课程、学习资料等。个体能否充分利用这些教育资源提升自己的能力和技能，对于其长期应对逆境的能力具有决定性影响。

（五）环境适应

环境适应是个体对外部环境的适应性和灵活性。它要求个体能够根据不同情境调整自己的行为和策略，以适应变化的环境。这种适应性不仅体现在个体对物理环境的适应上，如气候变化、地理位置等，还体现在个体对社会环境的适应上，如文化习俗、社交规则等。具有强环境适应能力的个体能够在面对逆境时迅速调整自己的心态和行为方式，以适应新的挑战和机遇。他们能够更好地融入新的环境，与不同的人建立有效的沟通和合作关系，从而更好地应对生活中的各种挑战和变化。

三、心理弹性的重要性

（一）促进心理健康

心理弹性如同大学生心灵深处的一道坚固防线，当生活的风雨来袭时，它能有效抵御负面情绪的侵袭。具体而言，心理弹性强的大学生在遭遇学业挫折、人际关系紧张或自我认同危机时，能够迅速调整心态，避免陷入长时间的自责、沮丧之中。他们擅长运用积极的应对策略，如自我安慰、情绪转移或寻求支持，从而保持心境的平和与稳定，有效预防焦虑、抑郁等心理问题的滋生。

（二）增强抗压能力

大学阶段，学生面临着来自学业、就业、人际关系等多方面的压力。心理弹性强的学生，不仅能够承受这些压力，还能将其视为成长的机会，将压力转化为激励自己不断前行的动力。他们擅长设定合理的目标，制订可行的计划，并通过积极行动来逐步实现这些目标。这种能力不仅有助于提升学业成绩，更为他们未来的职业生涯奠定了坚实的基础，使他们在面对挑战时能够保持坚韧不拔的精神状态。

（三）促进个人成长

心理弹性是大学生在逆境中成长的催化剂。当遭遇挫折时，心理弹性强的学生不会选择逃避或放弃，而是勇敢地面对挑战，从中汲取教训，总结经验。他们善于反思自己的行为和决策，不断调整自己的策略和方法，以适应不断变化的环境。这种成长过程不仅提升了他们的专业技能和知识储备，更重要的是锻炼了他们的意志力、耐力和自我管理能力，使他们在面对未来的挑战时更加从容不迫。

（四）提高社会适应能力

大学是大学生从校园走向社会的过渡阶段。心理弹性强的学生，在适应新环境、新角色和新挑战方面表现出色。他们擅长观察、学习和模仿，能够迅速融入新的社交圈子，建立良好的人际关系。同时，他们还能够根据社会的需求和变化，不断调整自己的职业规划和发展方向，以实现个人价值与社会价值的和谐统一。这种社会适应能力是他们未来在职业生涯中取得成功的关键因素之一。

（五）促进创新与创造力

在快速变化的时代背景下，创新与创造力成为推动社会进步的重要力量。心理弹性强的学生，在面对未知和不确定性时，能够保持开放的心态和好奇心，勇于尝试新事物、新方法。他们擅长从不同角度思考问题，寻找解决问题的新思路和新途径。同时，他们还能够将所学知识与实际问题相结合，创造出具有实际应用价值的创新成果。这种创新与创造力不仅有助于他们在学业上取得优异成绩，更为他们未来的职业发展和社会贡献奠定了坚实的基础。

四、培养心理弹性的策略

（一）增强自我意识

大学生应定期进行自我反思，如通过写日记、冥想或心理咨询等方式，深入挖掘自己的内心世界。这包括审视自己的情感反应、思维模式和行为习惯，以更全面地了解自己的性格特点。同时，利用心理测评工具，如MBTI性格测试、情绪智力问卷等，科学地评估自己的优势与不足，为自我提升提供数据支持。在自我认知的基础上，大学生应明确自己的核心价值观和长远目标。这有助于大学生在面临选择时，能够基于内心的真实需求做出决策，减少迷茫和焦虑。同时，设定具体、可达成的小目标，并为之努力，以增强自我效能感，提升心理韧性。

（二）培养积极心态

学会用乐观的态度看待生活中的挑战和困难，将逆境视为成长的机会。学会从积极的角度看待问题，将挑战视为成长和学习的机会。当遇到困难和挫折时，尝试用"至少我学到了……""这对我未来有好处……"等积极语言替代消极想法，从而调整心态，保持乐观。通过积极的心理暗示、情绪调节等方法，保持内心的平和与宁静。掌握有效的情绪调节方法，如深呼吸、正念冥想、情绪日记等，帮助自己在负面情绪来临时迅速平复心情，恢复内心的平和与宁静。同时，培养感恩心态，每天记录让自己感激的事情，有助于提升幸福感，增强心理韧性。

（三）提升问题解决能力

通过参加实践活动、阅读相关书籍等方式，学习有效的问题解决策略和方法。在面对困难时，能够迅速分析问题、制订计划并付诸实施。积极参与各类实践活动，如科研项目、志愿服务、社团活动等，通过实际操作锻炼自己的问题解决能力。在这些过程中，学会观察、分析、判断和决策，培养解决问题的能力。阅读心理学、自我提升、时间管理等方面的书籍，学习有效的问题解决策略和方法。同时，关注行业动态和前沿技术，拓宽视野，为解决问题提供更多思路和工具。在面对具体问题时，制订详细的行动计划，包括问题定义、目标设定、资源调配、步骤分解和风险评估等。通过计划的执行,逐步解决问题,提升自信心和成就感。

(四)建立良好的人际关系

积极参加各类社交活动,如校园活动、社团聚会、志愿服务等,扩大自己的社交圈子。在与人交往中,展现真诚、友善和尊重的态度,建立良好的第一印象。与家人、朋友、同学等保持良好的沟通和互动,学会倾听和理解对方的观点与需求。在沟通中表达自己的想法和感受,寻求共识和支持。当遇到冲突时,采用合作的方式解决问题,维护良好的人际关系。在遇到困难时,不要害怕寻求他人的帮助和支持。与信任的人分享自己的困扰和挑战,听取他们的建议和意见。同时,也可以利用学校的心理咨询资源,获得专业的心理支持和指导。

(五)培养兴趣爱好

尝试不同的活动和领域,如音乐、绘画、运动、阅读等,探索自己的兴趣爱好。通过参与这些活动,发现自己的潜力和才能,享受其中的乐趣和成就感。为兴趣爱好分配一定的时间和精力,进行深入的学习和实践。通过不断努力和投入,提升自己的技能水平,增强自信心和满足感。在逆境中,兴趣爱好可以成为情感上的慰藉和寄托。通过参与这些活动,转移注意力,缓解压力和焦虑情绪,保持积极的心态和情绪状态。

(六)学会自我激励

为自己设定明确、可达成的目标,并制订相应的计划和步骤。这些目标可以是学习上的、职业上的或个人成长方面的。通过不断追求目标并实现它们,增强自我驱动力和成就感。在遇到困难和挫折时,给自己以积极的暗示和鼓励。告诉自己"我能够克服这个困难""我正在朝着目标前进"等正面信息,增强自信心和动力。当达到某个目标或取得一定成就时,及时庆祝并奖励自己。可以是一个小礼物、一顿美食或一次旅行等。通过庆祝成就来肯定自己的努力和付出,激励自己继续前行。

心理弹性是大学生应对逆境、促进心理健康、实现个人成长与成功的重要能力。通过增强自我意识、培养积极心态、提升问题解决能力、建立良好的人际关系、培养兴趣爱好以及学会自我激励等策略,大学生可以有效地提升自己的心理弹性水平。这不仅有助于他们在大学生活中更好地应对各种挑战和困难,更为他们未来的职业发展和人生道路奠定了坚实的基础。因此,加强大学生心理弹性的培养和教育具有重要的现实意义和长远价值。

大学生应对挫折的策略

挫折的发生不可避免,但是,这并不意味着我们面对挫折无能为力。相反,能否正确看待挫折,并有意识地培养和锻炼自己的挫折容忍力,关系着大学生今后的人生幸福和事业成败。因此,采取积极态度应对挫折,是必要的。所谓挫折容忍力,也称挫折忍受力,是指个体遭受挫折情境而免于精神与行为失常的一种能力。

对于人生的挫折,人们自古就有充分的体验和认识,并总结了许多修炼挫折容忍力的方法。我们不仅要从心理学,也要从前人行之有效的经验中,学习应对挫折的方法。

一、端正认识,直面人生挫折

(一)挫折不会仰人鼻息

不管你曾经多么优秀,进入大学,你就进入了一个“准社会”。当代大学生独生子女居多,按照中国传统的家庭教养方法,除非家庭条件有限,一般都会得到父母的格外照顾和宠爱。但也由此容易让大学生滋生一种盲目的优越感,形成一种“自己永远是生活的宠儿、世界应该围绕我而转”的错觉。这种态度在大学生的人际交往中表现得尤其明显。但是,挫折不会因人而异,更不会仰人鼻息。社会的真实含义是别人不会迁就你、以你为中心,人生道路不可能永远由自己的父母去铺平。对从小生活条件优越且较少经历过挫折的大学生,我们的建议是:正确地面对并深刻地体会社会的复杂和人生的曲折,也许是首先需要解决的问题。

(二)挫折是人生的宝贵财富

任何事物都具有两面性。挫折虽然让我们难受,使我们的学习和发展受阻,但是它同时又是人生的宝贵财富,是促使成长的必要条件。认识到这一点,我们才有勇气和信心去勇敢地面对挫折。古人云:宝剑锋从磨砺出,梅花香自苦寒来。不经一番寒彻骨,哪得梅花扑鼻香。没有挫折的人生是苍白虚幻的人生,不经过挫折的磨炼,也就没有成功的喜悦和人生的幸福。快乐不是平坦笔直的康庄大道,或者无忧无虑的锦衣玉食,而是经过奋力攀登后踏在脚下的高峰,用自己的坚韧和勤劳换来的硕果。任何人都不可能避免挫折,挫折是促进大学生成长的积极因素,它可以磨砺我们的意志、丰富我们的经验、增长我们的能力。

（三）挫折是可以克服和战胜的

挫折是不可预知的，也是必然的。但是，挫折却不是不可战胜的。古今中外，无数杰出的人先后以他们自身的人生经验，诠释着人类意志的力量。我国古代统治者为了维护剥削和压迫，鼓吹天命观，但荀子提出“人定胜天”的思想。人类祖先敢于和大自然抗争，人类才能逐渐成为地球上的主宰；劳动人民敢于抗争，才能掀起一次又一次的革命战争，争取社会进步和人民的解放；科学家、艺术家勇于探索科学和艺术的真谛，才使得人类创造出灿烂的文化……历史长河中，无数人以他们坚强不屈的精神改变着自己的命运，也改变着人类的命运。

二、修身养性，提高心理素质

除了对挫折要有正确的认识之外，我们还必须具备良好的心理素质，面对挫折能够泰然处之。这种心理素质只能靠修炼而得。

（一）适应与调整

外界环境和条件的变化，不以个人的主观意愿而转移。我们原来设想好的目标，往往因为客观条件而出乎意料地改变，变成了镜中月、水中花。面对意外情况的出现，我们必须及时调整自己的心态和目标，以适应这种改变。这种适应和调整，主要通过降低自我期望和改变行为目标而实现。研究表明，挫折感的强度，与自我期望相关。高自我预期会导致较强的挫折感，较低的自我期望形成较弱的挫折感。

（二）忍耐和控制

遇到挫折即有情绪和行为反应，这本是人之常情。但是并不是任何反应都有利于事情的发展，尤其是当我们所面对的挫折情境自己不能马上控制和解决的时候，忍耐就成为必要的一种策略。所谓“小不忍则乱大谋”说的就是这个道理。凡人生事业取得成功的人，无不在逆境和挫折情境中善于忍耐。以下两种情况，需要大学生学会忍耐：一是当我们还不清楚事情的前因后果，没有充分掌握相关信息的时候，冲动很可能造成误会和不可弥补的伤害；二是挫折源力量强大，我们尚不能控制的时候，不满和愤怒的反应不利于事情的解决。

（三）放松训练

忍耐和控制并没有消除内在的紧张，因此还需要对消极情绪进行疏导和宣泄，如采取心理学的放松训练法等。面对繁重的学业和复杂的人际关系，大学生常感压力重重，内心紧张。此时，放松训练成为一种不可或缺的情绪管理手段。它不仅能帮助我们暂时逃离现实的纷扰，还能有效缓解紧张情绪，恢复内心的平静。

深呼吸是放松训练的基石。通过缓慢而深长的呼吸，我们可以减缓心跳，降低血压，让身体逐渐放松。每次只需几分钟，便能感受到明显的舒缓效果。此外，渐进性肌肉松弛法也是一种有效的放松方式。通过逐一紧张和松弛身体各部位的肌肉，我们可以更加深入地体验放松的感觉，从而达到身心的全面放松。

冥想与正念练习则提供了一种更为深层次的放松途径。它们鼓励我们将注意力集中在当下的感受上，不加评判地观察自己的思绪和情绪。通过这种方式，我们可以更好地认识自己，理解内心的需求，从而更加从容地应对生活中的挑战。

为了充分发挥放松训练的作用，大学生应将其纳入日常生活。无论是在学习间隙，还是在睡前，都可以抽出几分钟时间进行练习。同时，选择适合自己的放松方法也很重要。无论是深呼吸、渐进性肌肉松弛法，还是冥想与正念练习，只要适合自己，都能达到良好的放松效果。

三、平心静气，改善社会关系

如果说前几个方面是从内部着手应对挫折，后面几个方面则强调从外部着手，以应对挫折。人总是生活在现实的社会关系网络之中的。当我们遇到挫折的时候，既要充分利用社会关系，寻求社会支持，也要主动改变不利的社会关系，以克服困难，战胜挫折。

（一）处理好理想、期望与现实的关系

目标挫折来源于理想、期望与现实之间的某种差距。大学生所遇到的很多挫折，比如学习、爱情、就业等方面的，很大程度上存在目标和预期过高的现象。当现实条件不能满足的时候，挫折就不可避免了。为此，我们在制定行为目标的时候，要尽可能地遵循现实的原则，不可好高骛远。当挫折出现的时候，我们也不要怨天尤人，宜及时调整目标，降低期望，从而避免强烈的心理失衡。

（二）处理好自我与他人的关系

很多挫折，比如阻碍性挫折，都源于自我和他人的关系问题。原因可能是自己的目标直接或间接损害了他人的利益，或者在实施过程中与他人的利益发生冲突。这时候阻碍性挫折便不可避免。为了顺利达成自己的行为目标，大学生在制定自己的目标的时候，首先需要考虑的是必须兼顾他人的权益，至少以不损害他人利益

为前提；其次，围绕着行为目标，要尽可能考虑涉及的所有关系，事前处理好各种关系，尤其是不友好的关系，以保证目标过程的顺利进行。

（三）处理好友情与爱情的关系

友情与爱情，是大学学习生活中极为重要的社会需要。很多大学生朋友感到孤独、寂寞，与他们不善于经营有很大的关系。当代大学生的独立性增强，但往往混淆了独立性与自我性之间的关系。他们需要友情却不知道如何获得，于是干脆独来独往，或者过早涉足二人世界，结果友情没有得到，爱情也相当脆弱。处理不好友情与爱情的关系，大学生很容易遭遇匮乏性情感挫折。

（四）处理好兴趣、爱好和专业学习的关系

大学生的学习兴趣、爱好随着求知欲的增强而具有易变性和广泛的特点，这往往和专业课程的学习发生冲突。简单说就是，自己喜欢的学科，课程设置里面没有。而作为必修课的专业课程，常常是自己不喜欢的。而学习评价往往是围绕着课程设置而展开的，如果不能学好专业课，势必形成学习挫折。因此，大学生应谨慎处理好个人爱好和专业学习的关系。

四、积极奋斗，改变客观条件

环境对我们心理和行为的影响作用是相当大的。对挫折情境的理解，既不能否认人们认知上的差异，更不能否认和无视外部环境的作用。大学生朋友除了要正确地看待挫折，学会自我调适之外，更重要的是要充分发挥自己的创造力和能动性，主动创造条件，为意志行为目标的顺利实现而营造良好的外部环境。

在大学生活的广阔舞台上，外部环境如同舞台布景，既可能成就辉煌，也可能成为前行的绊脚石。因此，深刻理解并有效应对挫折，不仅要求内在的自我调适与正确认知，更需大学生们展现出非凡的创造力与行动力，积极改变并优化客观条件，为梦想的实现铺就坚实之路。

（一）系统分析，科学决策

在确定行动目标的时候，全面考虑各方面的条件，是保证行动目标顺利实现的必要条件。如果不系统分析目标达成所经过的阶段，以及各阶段所需要的条件，以便事先予以安排和开展必要的工作，则可能会遇到障碍，遭受挫折。大学生行动之前往往缺乏系统的考虑，所以也往往容易遇到预想不到的困难。这就需要大学生朋友学会系统思维，尽可能详尽地考虑各方面的因素，并做出周密安排。

(二)善于争取,敢于抗争

挫折往往伴随着意志的不自由,它可能是外界环境的限制,也可能是自我设置的枷锁。作为新时代的青年,大学生应当具备勇于争取自身合理权益、敢于挑战不合理束缚的魄力。面对不公,不应选择沉默或逃避,而应积极发声,通过合法途径争取应有的权利与机会。同时,当外部环境成为实现目标的阻碍时,更要敢于抗争,不畏艰难,用实际行动去改变那些不利于自身发展的条件。这种抗争精神,不仅是对个人价值的捍卫,更是对社会进步的推动。

在具体操作上,大学生可以积极参与校园活动,提升自我表达能力与组织能力;利用网络平台发声,引起社会关注与支持;甚至在某些情况下,可以通过法律途径维护自身权益。这些努力不仅能够为自己创造更加有利的成长环境,还能够激励周围人共同为改善社会环境而努力。

总之,面对挫折与挑战,大学生应当秉持积极奋斗的精神,既注重内在的调整与提升,又勇于改变外部环境。通过系统分析、科学决策以及勇于争取、敢于抗争的实际行动,不断突破自我限制与外部环境束缚,最终实现个人价值与社会价值的双重飞跃。

专题一
理解挫折：从困境中汲取力量

专题介绍

人的一生不可能总是一帆风顺，事事顺心。在这条漫长的旅途中，我们总难免会经历失败，经历挫折，经历困难。只有经历失败、经历挫折的人，才能学会坚持、学会坚强、学会努力，才能经受得起生活的考验。

面对挫折，我们不应过分地沉迷于痛苦失意的阴影中不能自拔；面对挫折，我们不应整日浸泡在悲伤痛苦的泥淖中越陷越深；面对挫折，我们不应长期颓废不振而迷失眼前的方向。遭遇挫折，缩小痛苦，才是明智的选择。

在面对挫折时，应该勇敢地、微笑着迎接它。如果你鼓起勇气，尽自己的最大努力去战胜挫折，那么你就会发现，挫折的阴云被驱散后，头上是一片多么美的天空。反之，如果你面对挫折只会叹息，失掉了前行的勇气，那么你必将被困顿束缚，被天空中逐渐浓密的黑云所吞没。

感…

案例：某年高考，徐××以598分的成绩被南京某大学录取。19日下午4点30分左右，她接到了一通陌生电话，对方声称有一笔2600元助学金要发放给她。在这通陌生电话之前，徐××曾接到过教育部门发放助学金的通知。“18日，女儿接到了教育部门的电话，让她办理了助学金的相关手续，说钱过几天就能发下来。”徐××的母亲李自云告诉记者，由于前一天接到的教育部门电话是真的，所以当时他们并没有怀疑这个电话的真伪。

按照对方要求，徐××将准备交学费的9900元打入了骗子提供的账号……发现被骗后，徐××万分难过，当晚就和家人去派出所报了案。在回家的路上，徐××突然晕厥，不省人事，虽经医院全力抢救，但仍没能挽回她18岁的生命。

议···

讨论：什么原因夺去了徐××年轻的生命？

导···

活动一：挫折故事

目的：

认识挫折的积极意义，激励学生面对挑战时保持坚韧，学习从失败中汲取力量，不困在已经发生的失败里面，最终实现个人成长与成功。

两个和尚的故事

操作：

(1)请每个成员画一条生命线，起点标示你出生、用0表示，终点是你预测的死亡年龄。在生命线上标出你现在的位置。闭上眼睛，静静思考一下你过去曾经遇到挫折的三件事，明确将来可能将遇到挫折的三件事（分别让成员写在纸上，时间8~10分钟）。

×××的生命线

(2)团体成员填写好之后，大家一起分享交流。每个人都拿出自己的生命线给其他人看，边展示边说明，注意自己与他人内心的反应。

活动二：逆境模拟

目的：

设计模拟挫折情境，让学生分角色扮演，体验不同应对策略的效果。整个活动旨在让学生在实践中学习,提升面对挫折的能力。

操作:

(1)设计贴近学生生活的挫折情境,如考试失利、人际冲突等。

(2)学生分组扮演不同角色,在情境中尝试应对挫折。

(3)角色扮演后,各组分享体验,讨论哪些策略更有效及其原因。

(4)引导学生总结有效策略,如积极沟通、寻求支持等,并反思个人在逆境中的表现。教师总结活动,鼓励学生将所学应用于日常生活。

践…

制作个人“挫折应对计划”,明确在面对未来挑战时的行动策略。

《生活需要挫折》

悟…

1.“挫折故事”活动前你是怎么想的?

2.“挫折故事”活动后的感觉和你参加活动前有什么不同?

3.“角色扮演”活动前你是怎么想的?

4.“角色扮演”活动后的感觉和你参加活动前有什么不同?

专题二
心理弹性：逆境中的生存之道

专题介绍

很多时候，面对选择，人总是会不知所措。人恐惧选择的背后是什么？是害怕承担结果吗？为什么总是后悔自己所做的选择呢？人们恐惧选择其中原因之一是害怕选择带来的责任和负面影响。我们都期望选择带来的是好的结果和自己期望的结果，但往往很多时候事与愿违。这在心理学上有一个解释叫“双趋冲突”，当两个目标都是自己想实现的，但一个目标的实现会使另一个目标无法实现，就会产生双趋式的心理冲突。当两件事的利弊相当的情况下，人就变得越来越难以做出选择。

感…

纳尔逊·曼德拉是南非反种族隔离斗争的象征性人物，他的一生都在为争取黑人和其他少数民族的平等权利而斗争。曼德拉曾被南非政府监禁长达27年之久，其间他遭受了非人的折磨和待遇。然而，即使在监狱中，曼德拉也从未放弃对自由和正义的追求。1990年，曼德拉获释后立即投身于推动种族和解与民主转型的事业中，最终在1994年成为南非第一位黑人总统，实现了南非的种族和解与和平转型。曼德拉的故事是勇气、坚韧和宽恕的典范，证明了即使在最黑暗的时刻，希望之光也永远不会熄灭。史蒂芬·霍金是20世纪最伟大的物理学家之一，但他的成就背后是巨大的身体挑战。21岁时，他被诊断出患有肌萎缩侧索硬化症（ALS），医生预测他只能再活两年。然而，霍金不仅打破了这一预言，还以惊人的毅力继续他的科学研究，提出了关于宇宙起源和黑洞的革命性理论。他通过高科技的辅助设备进行沟通，成了全球知名的科学家和励志人物，展现了人类在极端逆境中的无限可能。

议 · · ·

讨论：上述案例中主人翁能够逆风翻盘，是什么原因成就的？

导 · · ·

活动一：我的五样

目的：

学会选择与放弃；认清自己心中最重要的；学会对自己的选择负责，增强心理弹性。

操作：

同学们你们做过选择吗？我们每天都面临选择，小到选择早餐吃什么，大到选择自己的理想、自己的未来。

那如何做出更好的选择呢？做出正确选择的前提是什么呢？那就是——了解自己，知道你到底要什么。知道了你到底要什么，你就能做出决定。

今天，我们也来做道选择题。这道选择题，题型与以往做过的不一样：首先它的选项不计其数，其次这道题的正确答案不固定。这样一道因人而异的选择题，许多人做了一辈子也没有得出他想要的答案，这道选择题的题干叫我的五样。

现在请拿出纸和笔。

准备好后，在白纸顶端，一笔一画，写下"××的五样"。这个"××"就是你的名字。

现在，请回忆自己生命中重视的、重要的，以及不可或缺的一些人、事、物，然后认真地写下其中最重要的五样。

这五样东西，可以是实在的物体，比如食物、水或钱；也可以是人或动物，可以是精神的追求，比如理想和信念；也可以是爱好和习惯，比如旅游、音乐；可以是抽象的事物，比如祖国；也可以是具体的事物，比如一个玩具或一本书。

总之，你尽可以天马行空地想象，只要把你内心最珍贵的五样东西写出来就可以了。

不必考虑顺序,排名不分先后。写的时候不要和其他人讨论,也不要给别人看,因为这是你的选择,是属于你的小秘密。

请大家看着纸上的五样,想一想选择它们五样的理由是什么。

(1)第一次

突然有一天,你的生活中出了意外。怎么办?生命中最宝贵的五样东西,保不住了。你要舍弃一样。请你拿起笔,把五样之中的某一样抹去。强调一点:抹去意味着永远失去,意味着永远不能再拥有,那就不能轻轻一笔,你要用笔将这样东西缓缓地,但是毫不留情地涂掉,或者用小刀子将它刻掉。总之你再也看不到它,同时,它在你的生命中,也将不复存在。

(2)第二次

现在你的五样只剩下了四样。此刻,你的生活中又发生了重大变故,来得更凶猛急迫,你保不住你的四样了,必须再放弃一样,请选择。

(3)第三次

也许你已经猜到了,不错,在生命进程中,你又遇到了险恶挑战。这一次,你必须又要放弃一样宝贵的东西了。不管你有多少怨言和不情愿,请你遵照游戏规则,用你的笔把三样当中的某一样涂黑。

再次提醒,不是轻轻勾去,而是将它义无反顾地从你的视野中全部除掉。现在白纸上,还有两个选项和三个黑斑或黑洞。只有你知道,黑斑或黑洞里曾经有什么。

也许你不想继续了,也许你要怪我太残忍。但我想对大家说,请坚持下去。游戏的核心价值就在这里——你要学会放弃。不管你多不愿意,请你坚持下去。

纸上已经发生了根本的变化——划掉了三样,保留下了两样。请听好,事情还没有完,咱们还要继续……

(4)第四次

是的,你的生活滑到了前所未有的低谷。我们来做最后的、最艰难的选择。你只能留下一样,其余全部放弃。

现在你的纸上只剩下了一样东西,这是你最宝贵的东西。

结束语:(引导学生学会为自己的选择负责,搞清楚目前自己心中在乎的东西的顺序)好了,同学们,我们的游戏暂时告一段落了。我相信在座的同学们早已思绪万千。想一想:当你依次抹去时,你的心情是怎样的?最终的那一样对你为什么这么重要?

总结:认清心中最重要的,才能不会在将来的选择中迷失方向和后悔。

活动二：心理弹性工作坊

目的：

通过引导学生自我反思逆境经历，教授实用的心理调适技能，如正念冥想、情绪调节与积极思维，并促进学生制订个性化的心理弹性提升计划，从而增强学生的心理韧性，使他们在面对未来挑战时能够更加坚韧不拔，积极应对。

操作：

引导学生回顾自己过去的逆境经历，分析当时的心理状态、应对策略及结果；教授正念冥想、情绪调节、积极思维等技巧，帮助学生增强心理弹性；鼓励学生根据个人情况，制订提升心理弹性的行动计划。

践···

看电影《遗愿清单》，写观后感。

《遗愿清单》(The Bucket List)是罗伯·莱纳执导的美国文艺喜剧电影。由杰克·尼科尔森和摩根·弗里曼领衔主演，影片于2007年在美国上映。

老富翁爱德华·科尔（杰克·尼科尔森饰）近年来在公立医院的私有化改造事业中获利颇丰，他为节省成本，规定病房"一房两床"的做法颇受非议，但性格强势的科尔不以为意，岂料他不久被检查出罹患癌症，本欲入住单人病房的科尔在舆论压力下只得与另一位病人——老卡特（摩根·弗里曼饰）同处一室。汽车修理技师老卡特博闻强记，将三个子女培养成才，但代价是牺牲了年轻时要做历史教授的梦想。曾经结婚多次如今却孤身一人的科尔逐渐对卡特产生了兴趣，两位老人在病房中结下了友谊。科尔偶然发现了卡特的"遗愿清单"，他决定运用自己的力量，让那些纸面上的疯狂构想一一实现，探索如何在逆境中发现人生的真正意义。

悟···

1."我的五样"活动前你是怎么想的？

____

____

____

2.“我的五样”活动后的感觉和你参加活动前有什么不同？

____

____

____

3.“心理弹性工作坊”活动后的感觉和你参加活动前有什么不同？

____

____

____

书海导航

1.《逆商：我们该如何应对坏事件》

（美）保罗·史托兹著，石盼盼译，中国人民大学出版社

本书提出了逆商（Adversity Quotient）的概念，即应对挫折时的反应能力。逆商是衡量一个人在逆境中能否成功的关键因素。史托兹博士借鉴了认知心理学、心理神经免疫学和神经生理学等学科知识，结合大量研究报告，构建了逆商的理论框架。书中详细讲解了逆商的四大支柱和衡量逆商的CORE四维度（掌控感、担当力、影响度、持续性）。同时，提供了LEAD工具，帮助读者在逆境中思考和行动。

2.《活出生命的意义》

（美）维克多·E.弗兰克尔著，吕娜译，华夏出版社

弗兰克尔以自己在纳粹集中营的亲身经历为基础，探讨了人类追求生命意义的重要性。提出了“意志力疗法”理论，强调通过找到生活的意义和目标来应对困难和苦难。书中鼓励读者在逆境中发现意义，通过爱的奉献、创造性工作或面对挑战来展现个人的坚韧和勇气。

IN语

1. 只有把挫折当作失败加以接受时，挫折才会成为一股破坏性的力量。如果把它当作生活和事业的老师，那么，它将成为一个祝福。

2. 在遇到挫折的时候，与其停步不前，不如换一种方式前进，有时候绕道而行也并不是一件坏事。

3. 遭遇挫折，就当它是一阵清风，让它从你耳边轻轻吹过；遭遇挫折，就当它是一阵微不足道的小浪，不要让它在你的心中激起惊涛骇浪；遭遇挫折，就当痛苦是你眼中的一颗尘粒，眨一眨眼，流一滴泪，就足以将它淹没。

单元七

我的情绪我做主
——找到适合自己的情绪管理策略

测一测

情绪智力测验

该量表是一份自陈问卷，主要用于评估人们对自己以及他人情绪的感知、理解、表达、控制和管理利用的能力。

学习导读

情绪简述

情绪管理通过各种方法和技巧，有效地调节和控制自己的情绪反应，保持心理平衡和健康。通常包括接纳情绪、表达情绪和调节情绪等方面。有效的情绪管理可以提高我们的生活质量，减少情绪波动带来的负面影响，有助于提升学习工作效率和人际关系的质量，还有利于开发身心潜能，塑造健全人格。大学生正处在情绪发展的两极性与矛盾性并存的阶段，特别需要情绪管理。

一、情绪概念

情绪是客观事物是否符合人的需要与愿望、观点而产生的态度体验。情绪反映的是客观事物与人的主观需要之间的关系，是一种主观的体验。情绪本身无好坏之分，对客观事物产生什么样的情绪，取决于主体与客体事物之间是一种什么样的关系，取决于主体的态度。不同的人对同样的事物，或者同一个人在不同的时间、地点和条件下对同一件事的主观感受可能很不相同。

情绪的特点

情绪总是由某种刺激引起的。自然环境、社会环境以及人自身都有可能成为情绪刺激源。当刺激被认知时，由于认知内容与人的需要具有各种不同的关系，就产生了人对认知内容的不同态度。凡是能满足人的需要或符合人的愿望、观点的客观事物，就使人产生愉快、喜爱等肯定的情绪体验；凡是不符合人的需要或违背人的愿望、观点的客观事物，就使人产生烦闷、厌恶等否定的情绪体验。

(二)情绪的种类

人的一切心理活动都带有情绪色彩，而且情绪的表现形式多种多样。一般认为，快乐、愤怒、恐惧和悲哀是四种最基本的情绪，依情绪发生的强度、持续性和紧张度可以把情绪状态分为心境、激情和应激；而情感则与人的社会观念及评价体系分不开，按其内容、性质和表现的不同，又可分为道德感、理智感和美感。

情绪的种类

二、情绪管理

情绪管理是对个体的情绪进行控制和调节的过程。情绪管理取决于个体对人生价值观总体把握的水平，取决于处理人与人、人与团体之间的人际交往的艺术。情绪管理中情绪控制贯穿管理的全过程。控制指在情绪发生偏离或出现不良情绪时予以调整和纠正，建立良好的情绪状态。情绪管理从尊重人、依靠人、发展人、完善人出发，提高人们对情绪的自觉意识，控制情绪低潮，保持乐观心态，不断自我激励、自我完善。

情绪管理的作用

情绪管理包括情绪觉察、情绪表达、情绪调控等方面的内容。

第一,情绪觉察,即了解自己和他人的情绪,培养情绪认知能力。情绪智商的核心是情绪认知能力,即当自己的某种情绪刚一出现就能觉察的能力。完整的情绪认知能力不仅仅指情绪的自我认知,还包括对他人情绪的识别,理解他人情绪的能力。

第二,情绪表达,即合理地表达情绪。人们在交往过程中会因为交往内容和方式的改变而体验到各种情绪,情绪也深深地影响着交际的内容和方式。正确的情绪认知和表达可以抒发自己内心的感受,让别人更了解你,增进彼此的关系;错误的情绪表达方式往往会出现许多防御性的不良互动,会让彼此关系变得紧张。情绪管理要求我们在学会识别自己和他人情绪的基础上恰当地表达情绪,发展良好的人际关系。

第三,情绪调控,即培养情绪自我控制和自我激励能力。情绪调控主要是指对负性情绪的控制、疏导和消除,并培养乐观的积极情绪。它是在准确识别自己情绪的基础上,分析这种情绪产生的原因,并通过适当的方法予以缓解。自我激励,即通过自我调动,建立和维护良好的情绪状态。这就要求人们为实现一定的目标进行自我调动,包括能始终保持高度热情,不断明确目标,使情绪专注于目标等。通过自我激励,培养良好的情绪,控制情绪低潮,保持乐观心态,不断自我完善。

大学生的情绪特征

大学生正处在青年时期,他们的情绪与其整个心理过程一样正处于蓬勃发展的时期,即由不成熟迅速走向成熟的重要时期,并且情绪的成熟比之认知的成熟较晚一些。大学生情绪最基本的特征是它的两极性和矛盾性。

大学生情绪的两极性指情绪容易从一个极端跳到另一个极端,大起大落,摇摆不定,跌宕起伏。表现在苦恼时受到激励则为之振奋;热情洋溢时受到挫折则易灰心丧气。有时常常对事物做出要么“好”、要么“坏”的绝对评价。在求知情绪上,表现为如果他们在追求知识方面取得效果,则越学越有兴趣,越学越有劲,如考上研究生、知识竞赛获大奖、出国留学等;反之,则悲伤、沮丧、压抑。在求友、求爱的情绪上,表现为如果找到心爱的对象,恋爱顺利并成功,就会快乐、高兴;若遭遇失恋,就会产生悲伤的情绪,甚至失望、绝望。

大学生情绪的矛盾性是大学生的生理与心理的矛盾、个人需要与社会满足间的矛盾、理想与现实差距的矛盾等种种矛盾冲突,带来的情绪上的反应。因此,情绪的两极性是情绪矛盾性的外化和表现形态。而这种情绪矛盾性的极端形式就是情绪的两极性。

情绪的两极性、矛盾性，往往使大学生的情绪呈现出如下特点：

一是情绪体验丰富多彩。一方面，大学生处在心理未成熟向成熟发展的过渡期，他们的情绪表现出既有儿童少年时期残留下来的天真幼稚，又有成年期的深思熟虑，而两性情感的介入更使大学生的情绪表现多姿多彩。一般认为，随着年龄增长，社会性情感越趋丰富，更多地表现出关心他人和社会，积极思索人生的情感倾向。另一方面，不同的个体在情感发展、情绪表现上呈现出一定的差异性，男女的情绪各有自己的特点。这就使大学生这一群体的情绪体验表现出丰富多彩的特征。

二是情绪波动较大。随着认知水平的提高，知识经验的积累，大学生对自己的情绪已有了一定的控制能力，情绪趋于稳定。但同成年人相比，大学生情绪仍带有明显的波动性，时而激动时而平静，时而积极时而消极。学习成绩的优劣、同学关系的好坏、恋爱的成败等，都会引起大学生情绪的波动。

三是情绪体验强烈并易冲动。大学生在外界刺激下表现出强烈的情绪体验，很容易产生冲动性情绪行为，表现得感情用事，也表现出情绪易心境化。例如：在心境平静时，对别人的玩笑会无所谓；而在心情烦躁时，就会因开玩笑、小事情发起猛烈攻击。大学生中发生打架斗殴的事件大多属于此。

四是情绪的不稳定性和可控性并存。大学生的情绪由于带有两极性和矛盾性的基本特征，所以其情绪就表现出稳定性和波动性并存，即有一定的控制力，但同成年人相比仍带有明显的波动性。外显性与内隐性并存，即他们的喜怒哀乐常形于色，但又有意识地控制自己的情绪，学会了一些曲折的文饰的表达方式。冲动性与理智性并存，即大学生虽有强烈的情绪体验，易冲动，但他们的理智、自控能力已有了较高程度的发展，多数情况下是能理智地思考问题的。由于大学生具有较高的文化修养，具备反省自身弱点的能力和控制自己情绪变化的能力，因此大学生情绪又表现出可控性的特征。

大学生常见的情绪困扰及调适

处在心理发展由未成熟走向成熟的大学生，常见的情绪困扰有自卑、焦虑、抑郁、愤怒、恐惧、嫉妒和冷漠等。

一、自卑

自卑是个体由于某种生理或心理上的缺陷或其他原因所产生的对自我认识的态度体验,表现为自我评价过低,轻视自己或看不起自己,担心失去他人尊重的心理状态。大学生的自卑主要表现在:悲观失望、敏感和掩饰、自暴自弃、逃避现实、自傲、封闭以及逆反心理。

产生自卑感的原因是多方面的,既有主观因素,又有客观因素。主观因素主要体现在理想自我与现实自我存在较大的差异,不能正确地面对现实,觉得自己平平庸庸和默默无闻而产生自卑感;因失恋或单相思产生较为严重的自卑心理;因性格、智力等方面的缺陷导致交际能力较差、难以适应新的环境而产生厌恶自己的自卑感。而大学生产生自卑的客观因素主要体现在大学生的成长环境和经济条件存在的差异,家庭环境的影响等。

调适建议:

首先要学会看到自己的优势,其次要建立起正确对待自卑的态度,分析产生自卑的原因,正确地认识它,继而通过建立合理、积极的自我评价来消除和克服自卑。

二、焦虑

焦虑本身是一种正常的情绪状态,适度的焦虑可以成为推动个体行动的动力,但大学生容易出现过度焦虑,这是一种伴随着某种不祥预感而产生的令人不愉快的情绪,是一种复杂的情绪状态,包含紧张、不安、惧怕、愤怒、烦躁、压抑等情绪体验。

引起大学生过度焦虑的原因是多方面的,生活环境适应困难、学习不适应、人际困扰、考试压力都可能产生过度焦虑。过度焦虑会使人心情过度紧张,不能集中精力,不能正确地推理判断,记忆力减退,以致影响考试成绩和人际关系。

调适建议:

克服焦虑主要是要科学地认知引起焦虑的原因并进行正确评价,学会通过放松来对抗过度焦虑。主要可采用放松训练法、理性情绪疗法、角色训练法等。对于那些自己感到无法控制的、比较严重和持久的焦虑表现,或有焦虑性神经症表现的大学生则应及时寻求心理咨询师的帮助和治疗。

三、抑郁

抑郁是一种感到无力应对外界压力而产生的消极情绪，常常伴有焦虑、厌恶、羞愧、自卑等情绪体验。对大多数人来说，抑郁只是偶尔出现，会随着时间的推移而消失。但如果长期处于抑郁状态，就容易导致抑郁症。情绪抑郁的大学生的主要表现是：情绪低落、无精打采、对学习生活的兴趣丧失；思维迟缓、不能集中注意力，记忆力变差，容易走神；丧失人际交往的信心，回避社交；行为被动，做事缺乏主动性，并伴有身体反应如食欲减退、失眠等。

在大多数情况下，大学生的抑郁情绪都可找到较为明显的精神因素的影响，主要表现为学习成绩落后、失恋、人际关系不和谐以及其他有关的负面生活事件的影响。一些大学生产生抑郁是由于对一些负面事件的不正确认识，他们过分追求完美，因而对自我价值做出了不合理评价。

调适建议：

改变不合理观念，对出现的负面生活事件和自我价值建立正确认识、评价和态度是克服和消除抑郁的关键。此外，培养乐观的人生态度，注意锻炼自己的意志，学会合理表达自己的感情对克服抑郁情绪都是有益的。

四、愤怒

愤怒是大学生中常见的消极情绪，通常源于自尊心受挫、人格受辱、目的不能达成并一再受挫，紧张状态逐渐积累而产生的敌意情绪。发怒对一个人的身心健康有明显的不良影响。通常当人发怒时，出现心跳加速心律失常，严重时可导致心脏停搏甚至猝死。由于发怒而导致心悸、失眠、高血压、胃溃疡以致心脏病的也不在少数。此外，发怒会使人丧失理智、阻塞思维、导致损物伤人，甚至犯罪等许多失去理智的行为。大学生中很多危机事件是在发怒的情绪下发生的。

调适建议：

对于愤怒的情绪，可以首先自己觉察，承认自己的情绪并克制自己的冲动，找出引起愤怒的核心问题，注意疏导愤怒的情绪，恰当地表达情绪，并进行选择性分析尝试解决问题，最后用建设性的方式调控情绪。

五、恐惧

恐惧是对某一类特定的物体、活动或情境产生持续紧张的、难以克服的害怕情绪，并伴随着各种焦虑反应，如担忧、紧张和不安，以及逃避行为。恐惧常常有明显的强迫性，即自知这种恐惧是过分的、不必要的，但却难以抑制和克服。它表现为个体对某一特定事物或情境产生异乎寻常的强烈恐惧或紧张不安的内心体验并出现回避反应。恐惧是一种常见的情绪性病症，它包括社交恐惧、学习恐惧、高空恐惧等多种类型。常见的大学生恐惧主要表现为社交恐惧。有些大学生在与人交往时，会不自觉地感到紧张、害怕以致手足无措、语无伦次，有些甚至发展到害怕见人的地步。患有社交恐惧的大学生往往表现出明显的焦虑和回避行为。

恐惧的原因比较复杂，一般认为与以前生活中的不良经历有关，或者是通过条件反射作用而建立的一种不适应的行为。此外，恐惧的大学生也常常表现出一定的性格特点，如胆小、孤僻、敏感、退缩和依赖性等。

调适建议：

逐步建立良好的人际关系网络；培养积极的心态和应对能力；在生活中积极参与各种活动，扩大交友范围，学习倾听和尊重他人，建立信任关系，学会自我调节，增强自信心，相信自己有能力应对挑战，学会求助，向老师、同学、朋友、专业人士寻求帮助。

六、嫉妒

嫉妒是一种因他人在某些方面优于自己而产生的带有忧虑、愤怒和怨恨体验的复杂情绪。表现在不能容忍别人的进步与优点，通过贬低他人、诋毁对方、对他人表现敌意来达到心理上的暂时平衡。嫉妒的实质是自信心或能力缺乏的表现，不健康的嫉妒会导致人际关系恶化，既不利己又伤害别人。嫉妒发生的原因是通过与他人比较来确定自身的价值，这种情绪很容易转化成为对所比较对象的不满和怨恨，进而产生种种嫉妒行为。轻微的嫉妒会使人意识到压力的存在，促使人去拼搏奋进，成为赶上被嫉妒者的动力。但严重的嫉妒所导致的更多是焦虑和敌意。

调适建议：

在学习生活中客观地认识和评价自我，通过增强自信，提高能力，调整自我价值的确认方式，保持良好的心态来克服嫉妒情绪。

七、冷漠

冷漠是一种对人对事漠不关心的消极情绪体验，是一种情绪反应强度不足的表现。处于冷漠情绪的大学生，在行为上常表现为对生活缺乏热情，对集体活动漠不关心，对周围的同学态度冷漠，对学习应付了事、缺乏兴趣，大多独来独往，十分孤僻。

产生冷漠的主要原因往往与个人经历与性格特点有关，如从小缺乏父母关爱、与家人关系冷漠、自己的努力得不到承认、好心得不到理解等。冷漠是一种对环境和现实自我逃避的退缩性反应，有一定的心理防御性，但表现冷漠的人往往内心很痛苦、孤寂，具有强烈的压抑感，会导致退缩躲避、自我封闭。

调适建议：

建立自己的学习、生活目标，培养良好的个性品质，开展人际交往，积极参加各种有益的活动都可以改变冷漠情绪。

大学生的情绪管理

一、提高大学生情绪觉察能力，接纳情绪

情绪属于一种自发性的反应，要用理智去控制它的发生很难，因此我们进行情绪管理的第一步，就是在情绪来临时，去觉察自己的情绪状态，并进一步分化辨识它，了解情绪发生的原因，采取措施避免或应对这些情况，减少情绪的负面影响，恰当地表达出自己的感受，从而避免情绪积压和爆发。

第一，及时觉察自己所处的情绪状态。也就是应时时提醒自己注意：我现在的情绪是什么？不管你处在何种负面情绪中，先暂停、中断目前的情绪，跳出来，让自己先察觉自己的情绪，是高兴还是生气，是舒服还是不舒服。如当你因为朋友约会迟到而对他冷言冷语时，就应问问自己：我现在有什么感觉？应自我确认冷言冷语背后的情绪是生气。只有当我们认清自己的情绪，知道自己现在的感受时，才有机会掌控情绪，而不会被情绪所左右。

第二，辨识表面情绪背后的真实情绪感受。由于情绪本身的复杂多变，我们所直接感受或表现出来的可能是已经包装或伪装的情绪，例如以生气的方式来掩藏内心受伤的感觉等，所以我们要学习辨识我们真正感受到的情绪，而不被表面情绪所局限，忽略自己真正的需求或感受。当我们对情绪不够熟悉，或是不够了解的时候，常常无法明确地辨识我们所感受到的情绪。如有时候我们只能粗略地感受到不舒服、不愉快，至于那个“不舒服”是什么，却说不上来，这时候我们就需要进一步探索情绪，试着问自己：是什么让我感到不舒服？这不舒服是愤怒、悲伤、挫折、害怕、羞耻还是罪恶感受？如果是接近愤怒的感觉，是不平、不满、有敌意、生气，还是愤慨呢？如果是羞耻那类的情绪，是觉得愧疚、尴尬、懊悔还是耻辱？这样一步一

步引导自己，就可以将原本模糊、笼统的情绪，分化成比较具体、明确的情绪，也才能进一步利用情绪所带来的线索，加以应对。

第三，进一步澄清复杂情绪，以便清晰了解我们所处的情绪状态。通常我们是处在一种复杂的情绪状态中，如有时我们会心中意念纷扰、情绪五味杂陈，整个人有心烦意乱之感，此时，我们就必须暂停并中断目前情绪，冷静地进行澄清。只要情绪中夹杂着两种以上的复杂情绪，就需要进一步加以澄清，应将那些纠葛、混合的情绪抽丝剥茧，辨识出隐藏的真实情绪。理清一层层的情绪，就能比较清楚自己的情绪状态，对症下药，有效解决真正问题。澄清情绪还能帮助我们将注意力集中于内省，有安定情绪的作用。

第四，深入分析引起我们情绪的主观原因。通常情况下，我们认为自己的愤怒、生气、忧郁，是外在境况引发的。ABC理论认为，情绪并非直接源自外在诱发事件，而应该归因于个体对于这件事的观念和想法，所以探讨原因、了解情绪背后的想法和信念，可以帮助我们弄清楚是哪些想法或思考方式让我们产生了负向的情绪。其实，如果想法是理性的，那么我们的挫折容忍力会比较高，即使事情不尽如人意，令人受挫、失望，但还是可以忍受的。反之，如果想法是非理性的，就容易让我们产生比较强烈的负向情绪，增加不必要的困扰，对挫折容忍力也比较低，而这些想法对于如何达成我们想要的目标，也毫无帮助。因此我们应该了解哪些想法是属于非理性的，避免非理性和扭曲的思考方式。

第五，接纳自己的情绪。情绪的能力是整体的，只有自由地体验各种情绪，才能感受更多流畅的情绪。适度的负向情绪也有一定的正向价值，如保持适度的焦虑可以提高人的活动效率。一个心理健康的人并不否定自己负向情绪的存在，而且会给它一个适当的空间，绝不压抑或控制，而是能够去了解、接纳自己的情绪，并学习如何与它相处，这远比压抑、否认有益多了，接纳自己内心感受的存在，才能谈及有效管理情绪。

识别他人情绪的能力

二、恰当表达自己的情绪

我们常常无法向他人表达我们的真实情绪，是因为我们通常持这样一些误解：认为这样的表露会让自己难堪，认为只要不说出自己的感觉就可与对方维持和谐关系，等等。然而无论是高兴、伤心还是难过，当我们有机会将那些感受说出来的时候，本身就是一种纾解。但人们在表达情绪时容易犯这样一些错误：弄不清楚自己的感受，所以乱发脾气；不敢直接表达情绪，所以冷漠相对，一言不发；一味指责对方，夸大过错；拒人于千里之外；讨好；等等。

如何有效地表达自己的情绪呢？在觉察自己真正的感受后掌握良好的时机表达自己的情绪。表达情绪时的有效方式应是以平静、非批判的方式叙述情绪的本质，描述而不是直接发泄，且情绪的言语表达要清楚、具体。恰当的表达是为了让我们内心的感受找到出口，也是为了让对方可以多了解我们。我们可以使用非暴力沟通的方法，通过"我"信息表达情绪，而不是指责和攻击他人。如，"我感到生气，因为……"这种表达方式可以减少冲突，促进理解。

同时还要注意选择适当的时间和场合表达情绪，避免在情绪激动时出现冲动的言行。例如，当我们感到愤怒时，可以先冷静下来，再选择合适的时机与对方沟通，从而避免情绪失控导致冲突。

三、学会调控情绪

调控情绪是指通过有意识的努力，改变或控制自己的情感反应，以适应环境和应对挑战。这意味着我们不仅要识别和接受情绪，还需要采取措施，调节情绪的强度和表达方式。例如，当我们感到焦虑时，可以通过深呼吸或正念练习来平复情绪，而不是让焦虑情绪失控。调节情绪有助于我们更好地应对生活中的压力和挑战，提升心理健康和生活质量。

学会培养良好情绪

常见的情绪调控方法有放松训练、宣泄法、理性情绪疗法、认知重构等。

（一）放松训练

放松训练有呼吸放松训练、渐进性肌肉放松训练、想象放松训练等。

1.呼吸放松训练

通过呼吸放松身体，减少情感压力和焦虑情绪。例如，当我们感到紧张和焦虑时，可以通过腹式呼吸放松身体，提高自主神经系统的调节功能，进而达到缓解精神压力和紧张、焦虑等情绪。

呼吸放松的方法：在椅子上寻找一个舒适的身体姿势，全身放松，闭嘴用鼻深吸气至不能再吸气，稍屏气4秒后用嘴缓慢呼气。吸气时，膈肌收缩下降，腹部外凸，保证最大吸气量；呼气时，腹肌回缩帮助膈肌松弛，随腹腔内压增加而上抬，腹部内凹，增加呼气量。继续这样呼吸几分钟。现在让我们吸气（数四下）一次，然后再呼气。此后慢慢吸气（数八下）一次。缓慢、深沉而平静地呼吸。这样练习几分钟。

2.渐进性肌肉放松训练

情绪紧张往往伴随着肌肉紧张,通过渐进性肌肉放松,放松全身肌肉,提升情感的调节和控制能力,减少情感压力和紧张情绪。

渐进性肌肉放松训练的方法:①闭上眼睛,集中精神,感受身体各方面的放松。②吸气时,紧绷肌肉,约5秒。③吐气时,缓缓地放松,约15秒。④体会紧绷与松弛的差异,感觉各部位均已放松后,可以静坐一段时间。⑤依序放松身体下列各部位优势的手、前臂和肱二头肌→非优势的手、前臂和肱二头肌→前额→眼→颈和咽喉部→肩背部→胸部→腹部→臀部→大腿→小腿→脚。到最后还要关注一下自己的全身,如果觉得哪里还紧张,再次放松。⑥放松好了以后,留一点时间感受放松状态,这个时候可以给自己一些暗示,比如说,我从五数到一,数到一的时候我睁开眼睛,感到很宁静。

3.想象放松训练

想象放松的方法:①找一张舒适的沙发或床,坐在或躺在上面,松开紧身的衣服、首饰,置身于安静的环境中。②轻轻地闭上眼睛,想象自己曾经经历过的一些轻松愉快的场面或有美好回忆的特定场景,如初夏的小溪、蔚蓝的大海、广阔的草原等。展开想象的翅膀,幻想你来到一个海滩(或草原),你躺在海滩上,周围风平浪静,波光熠熠,一望无际,使你心旷神怡,内心充满宁静、祥和。随着景象越来越清晰,幻想自己越来越轻柔,飘飘忽忽离开躺着的地方,融进环境之中。阳光、微风轻拂着你。你已成为景象的一部分,没有事要做,没有压力,只有宁静和轻松。③在这种状态下停留一会儿,然后想象景象渐渐离你而去。再躺一会儿,周围是蓝天白云,碧涛沙滩。并以积极的自我暗示结束练习。例如,"当我睁开眼睛时,我将会感觉消除疲劳后的清醒,将会感到神经松弛、舒适"。然后做好准备,睁开眼睛,回到现实。此时,头脑平静,全身轻松,非常舒服。

(二)宣泄法

情绪得不到适当的宣泄,就会日积月累,造成身心紧张状态直到致病。可以采用自我宣泄和他助宣泄的方法来疏导过量的激情和调节情绪。宣泄的方式有多种多样,若方式选择不当,不但不能促进心理健康,反而会带来新的情绪困扰。因此,要注意正确选择宣泄方式,应以不妨碍他人和社会利益为原则,同时,宣泄时也要注意不损害自己。

常见的合理宣泄的方法有如下几种:

哭泣:哭泣是人的一种本能,可宣泄部分郁积的心理能量,缓解心理压力,放松身心。在悲痛欲绝或内心懋闷、无人倾诉时,可以找一个放松、安全的环境大哭一场。

运动:在盛怒愤慨时猛干一阵活或进行剧烈的体育运动,有助于释放激动情绪带来的能量。

转移注意:情绪不佳时,转移自己的注意力,是一种控制情绪的好办法。如外出散步,唱歌,看电影,读读书,找朋友玩,换换环境等。

“合理化”:“合理化”是一种援引合理的理由和事实来解释所遭受的挫折,以减轻或消除心理困扰的方式。它的表现形式可概括为“找借口”“酸葡萄效应”“甜柠檬效应”,等等。情绪不佳时,适度地采取“合理化”的方法自我宣泄得以安慰,也是一种情绪自我调控的方法。

他助宣泄的方式可通过与朋友和家人交流,表达自己的情感和感受,获得情感支持和理解。例如,在感到困扰和压力时,可以与信任的朋友或家人倾诉,获得他们的理解和支持,减少情感压力和孤独感。还可以在情感挑战和困扰较大时,寻求专业心理咨询师的帮助,获得情感支持和指导。减少情感压力和心理负担。

(三)理性情绪疗法

理性情绪疗法(Rational-Emotive Therapy,简称RET)是帮助求助者解决因不合理信念产生的情绪困扰的一种心理治疗方法,是20世纪50年代由阿尔伯特·艾利斯(A.Ellis)在美国创立的。它的基本理论主要是ABC理论,在ABC理论模式中,A是指诱发性事件;B是指个体在遇到诱发事件之后相应而生的信念,即他对这一事件的看法、解释和评价;C是指特定情景下,个体的情绪及行为结果。通常人们认为,人的情绪的行为反应是直接由诱发性事件A引起的,即A引起了C。

ABC理论指出,诱发性事件A只是引起情绪及行为反应的间接原因,而人们对诱发性事件所持的信念、看法、理解B才是引起人的情绪及行为反应的更直接的原因。人们的情绪及行为反应与人们对事物的想法、看法有关。合理的信念会引起人们对事物的适当的、适度的情绪反应;而不合理的信念则相反,会导致不适当的情绪和行为反应。当人们坚持某些不合理的信念,长期处于不良的情绪状态之中时,最终将会导致情绪障碍的产生。

因为情绪是由人的思维、人的信念所引起的,所以艾利斯认为每个人都要对自己的情绪负责。他认为当人们陷入情绪障碍之中时,是他们自己使自己感到不快,是他们自己选择了这样的情绪取向。不过有一点要强调的是,合理情绪治疗并非一般性地反对人们具有负性的情绪。比如一件事失败了,感到懊恼,有受挫感是适当的情绪反应。而抑郁不堪，一蹶不振就是不适当的情绪反应了。

（四）认知重构

认知重构是指通过改变对事件和情感的认知方式，调节情绪反应。这意味着我们可以通过改变对事件的看法和解释，影响情绪的强度和性质。例如，当我们感到失败时，可以通过认知重构，将失败看作是学习和成长的机会，而不是自我价值的否定。认知重构的策略包括以下几种：

认知重构

1. 识别负性思维

识别和挑战负性思维和认知偏见，如全或无的思维、灾难化思维等。例如，当我们感到失败时，可以识别和挑战“我总是失败”的全或无思维，改为“这次失败是一个学习和成长的机会”。

2. 替代性思维

用更积极和现实的思维替代负性思维，提升情绪调节能力。例如，当我们感到焦虑时，可以用“我已经为这次考试做了充分准备”替代“我一定会失败”的负性思维，减少焦虑情绪。

3. 反思和总结

通过反思和总结，提升对事件和情感的理解和接纳，减少情感压力和情绪波动。例如，在面对挑战和挫折时，通过反思和总结，找出事件的积极意义和经验教训，提升情感的调节和控制能力。

专题一 觉察情绪

专题介绍

情绪觉察是情绪管理的第一步，也是接纳情绪的第一步。我们的想法和行为大多根据过往经历习得，并逐渐固化为“自动化”的思维模式和行为模式，往往被人们所忽略。通过情绪觉察，我们能够及时地了解自己的思维模式和行为模式，识别情绪发生的真实原因，更好地接纳和理解自己的情绪，从而采取措施避免或应对这些情况，减少情绪的负面影响。

感…

情绪图片观察

议

1. 上面的图片让你感受到什么情绪?

2. 你们有什么发现?

抑郁自评量表(SDS)　　焦虑自评量表(SAS)　　情绪稳定性自我测验

导

活动一:命名情绪

目的:

通过探究自己的情绪,提高自我情绪的觉察能力。

操作:

1. 请选择一个让你觉得安全的环境,找一个舒适的姿势坐好,闭上眼睛,放空你的大脑,关注你的内心。

2. 问自己:“现在我有什么感觉?”

3. 试着辨识你的感觉,并用文字描述它,可能不止一个词。

4. 尝试问自己:“我现在为什么会感到……?”

注:

请仔细关注你的内心体验,注意那些跳入你大脑里的杂念,不管它们,集中于“现在我有什么感觉?”。

如果你很难辨识出任何感觉,可以查阅情绪词汇表,看看是否有一个或更多的词跃入你的眼帘,当情绪可以被命名时,我们就更容易觉察到自己情绪的来源,选择恰当的方法调控情绪。

情绪词汇表

情绪觉察的四张图

如果你很容易地觉察到自己的感觉,请进入第4步;如果不能或不易觉察,请给自己多一点时间觉察现在的感觉。

活动二:情绪日记

目的:

写情绪日记是一个自我探索成长的过程,能帮助学生更好地洞察、理解自己的情绪,增强对情绪的觉察和接纳。

操作:

1.记录下一天中让你觉得焦虑/沮丧的事件或情境。

今天发生的主要事情:________________________

哪件事情让我感觉到不舒服:________________________

2.给情绪命名并给强度评分。

这种情绪感受是:________________________

我对这种情绪评分为:________________________

情绪评分之情绪温度计

1 2 3 4 5 6 7 8 9 10

3.尝试寻找与这些情绪相关的消极想法

我对这些事情的解释是:________________________

我的真实感觉是:________________________

4.试着用积极的想法来理解事件。

如果是现在,我将(如何处理情绪/事件):________________________

____

完成以上步骤我的新感受是:________________________

____

活动三:正念冥想觉察想法

目的:

通过正念练习,培养对当下情绪的觉察,不加评判地觉察自己的情绪。帮助大学生更清晰地认识和接纳自己的情绪,减少情绪的负面影响。

操作：

1. 关注呼吸。坐在椅子上，闭上眼睛，注意与呼吸有关的感觉，如气息通过鼻孔的感觉，吸气与呼气间的停顿，觉察吸气时身体随之膨胀的感觉，呼出时身体自然下沉的感觉。一旦发现自己浮现杂念，就将注意力重新放到呼吸上。

对情绪的误解、情绪的正向作用

2. 欢迎所有的想法。慢慢地转移注意力到头脑中浮现的任何想法上，注意观察想法变化的过程：升起、停留、消失或转换成下一个想法；如果发现自己已经越想越远了，好像不是在观察想法而是在演绎想法，就先暂停一下，尝试重新关注呼吸，稳定后再重新开始。

3. 观察想法就是想法。想法就只是想法，不一定等于事实，也不一定跟真实有关；学习不对这些想法或念头产生惯性反应，只是观察它们的升起、停留和消失；尝试将想法看作瞬息万变的云彩，觉察是广阔无垠的天空，有时云彩笼罩着整个天空，有时万里无云，碧空如洗；也可设想自己正在电影院看电影，将想法投射到银幕上，以这种方式关注想法在觉察之中的存在情况。

4. 观察想法产生的影响。如果任何想法伴随着强烈的情绪和身体感觉，愉快的和不愉快的，尽量注意它们的"情感特征"和强度，不加干预，顺其自然。

践…

1. 尝试撰写一周情绪日记。
2. 每天试着做正念冥想，不加评判地觉察自己的想法。

悟…

1. 如何去面对自己最真实的情绪感觉？

____

____

2. 当误解他人的情绪时，该如何去处理？

____

____

专题二 表达情绪

专题介绍

日常生活中一旦出现负面情绪，我们通常倾向于用情绪化的方式来表达，或者采取压抑的方式不敢表现出来。经常性地情绪化表达、压抑情绪或不加以表达会导致人际冲突、情绪内化，而积极、恰当地表达情绪可以有效地减少冲突和误解，缓解情绪压力，减轻情绪困扰，促进身心健康。

学会表达情绪

感…

故事：男孩和钉子的故事

有一个脾气很坏的男孩。他的爸爸给了他一袋钉子，告诉他，每次发脾气或者跟人吵架的时候，就在院子的篱笆上钉一根。第一天，男孩钉了37根钉子。后面的几天他学会了控制自己的脾气，每天钉的钉子也逐渐减少了。他发现，控制自己的脾气，实际上比钉钉子要容易得多。终于有一天，他一根钉子都没有钉，他高兴地把这件事告诉了爸爸。

爸爸说:“从今以后,如果你一天都没有发脾气,就可以在这天拔掉一根钉子。”日子一天一天过去,最后,钉子全被拔光了。爸爸带他来到篱笆边上,对他说:“儿子,你做得很好,可是看看篱笆上的钉子洞,这些洞永远也不可能恢复了。就像你和一个人吵架,说了些难听的话,你就在他心里留下了一个伤口,像这个钉子洞一样。”插一把刀子在一个人的身体里,再拔出来,伤口就难以愈合了。无论你怎么道歉,伤口总是在那儿。要知道,身体上的伤口和心灵上的伤口一样都难以恢复。

议…

讨论:

1. 上面的故事说明了什么?

2. 我们应该怎样表达自己的情绪?

导…

活动一:我的情绪表达模式

目的:

觉察自己习惯性的情绪表达模式,接纳自己的情绪,突破情绪表达障碍。

操作:

1. 回想一件曾经与他人冲突时给你带来强烈情绪冲击的事件:______________________

____

2. 请尝试回忆自己在这个冲突事件发生时的反应:______________________

____

3. 请根据上面的反应来分析自己习惯性的情绪表达模式:______________________

____

(一个人在成长过程中,会逐渐形成一套最令自己感到安全的、习惯性的情绪表达模式。如在面对情绪冲击时,有的人选择压抑,有的人选择逃避,有的人选择讨好,有的人选择率先发起攻击。)

4. 现在回想上面的冲突事件，我会选择的另一种更好的表达模式是：________
____
____

（当你开始有意识地觉察自己的习惯性情绪表达模式后，一旦下一次再面对冲突，你可能就会有意识地检视：这一次，我是否可以选择另一种表达模式？如果在强烈的情绪冲击下较难做出改变，但在冲突后，可以尝试表达出你当时的情绪、感受、需求。）

活动二：语言表达情绪

目的：

帮助大学生学习通过清晰、具体的语言来表达自己的情绪，化解人际冲突。

操作：

假设你和一个朋友约好去看电影，电影开演前半小时，他（她）发来一条消息说：自己要加班，去不了了。

1. 你会怎么说：________________________________
2. 这样说自己会：________________________________
3. 这样说对方的反应：________________________________
____

4. 如何更好地表达？
____
____
____

情绪化的表达

5. 运用非暴力沟通四要素来表达：

观察：________________________________

感受：________________________________

需要：________________________________

请求：________________________________

非暴力沟通方式的情绪表达

特别注意：

第一步：观察

观察是说出你的观察，一定是客观看到的事实，而非带有偏见的评价和观点。

非暴力沟通表达的生活化句式

如：

表达观察	表达观点
你今天外出没有锁门	你这个人有点不靠谱
你三天没有洗衣服了	你怎么这么不讲卫生
你今天没写完作业	你怎么这么不听话

第二步：感受

客观地、不带情绪地表达你的真实感受，如果带有强烈的情绪去表达情绪，会使对方先感受到情绪所带来的攻击，使沟通变得困难，也使问题升级。

如：

客观的表达	情绪化的表达
表情平和，态度冷静	激烈的表情和动作
声音适中，语速平缓	声音提高，语速加快
这让我觉得伤心和难过	歇斯底里地哭泣
我对这件事很生气，失望	摔东西，拍桌子

第三步：需要

清楚直接地告诉对方你的需要是什么，你有什么需要没有被满足，而非用指责对方的方式来表达不满。

如：

表达需求	情绪化的指责
我希望你提前一天告诉我	你怎么总是临时变卦？
我需要你下楼倒垃圾	你怎么眼里一点活儿都没有？
我希望你能帮忙	你怎么都不知道帮忙？
我希望你能对帮助你的人表达感谢	你怎么那么没有礼貌？

第四步：请求

根据你的需求，表达出你对对方的请求，请求有礼貌和尊重，也有对得到任何结果的接纳，如果获得的回复是你期待的，那是一种被尊重后的自愿承诺，而不是命令和指责。

如：

请求	不满的指责
今晚可以把作业完成吗	今晚必须完成作业给我
下次可以准时到吗	下次不许迟到
可以把换洗的衣服放进洗衣机里吗	不许乱扔脏衣服
睡前可以把书归位吗	东西怎么到处乱丢

活动三：艺术表达情绪

目的：

引导大学生通过音乐、绘画、舞蹈等艺术形式来表达情绪，帮助他们学习选择适合自己的非语言表达情绪的方式放松自我、抒发情绪，获得更多自我成长的途径。

小篆欣赏、禅绕画

操作：

1. 情绪火山。情绪火山可以帮助识别、表达和管理我们的情绪和感受，这是一种非威胁性的、创造性的方法，能帮助我们外化一些难以表达的情绪。

第一步：制作一座火山

在纸上画一座火山，请记住这座火山象征你。

第二步：给你自己确定的每种情绪指定一种颜色，反思你目前的情绪状态，用这些颜色填满你的火山。

第三步：了解你的触发因素

接下来思考什么会导致这些情绪的“爆发”，是否有特定的事件、情况或个人加剧了这些感觉？记下这些触发因素。

第四步：思考

回顾自己制作的火山，什么颜色居多？这个颜色代表了什么样的情绪？

在制作火山的过程中，你的感觉是怎么样的？为不同的情绪分配颜色过程是否影响了你对感受的理解和意识？有没有发现一些没有考虑过的情绪？

在什么样的情况下，你的情绪火山会爆发？你可以做些什么来缓和你的情绪？

2. 曼陀罗绘画。准备阶段：选择一个安静的、不受打扰的空间，绘画之前，放一段自己喜欢的音乐，来放松自己的情绪。可以是一些冥想音乐或音频，也可以是纯音乐。闭上眼睛，平复心情。

曼陀罗绘画

绘画阶段：保持专注，体验当下，用喜欢的颜色绘制或涂色，不用纠结色彩搭配或涂色是否均匀，把自己的情绪放进图案和色彩里用心感受整个过程。

完成阶段：在绘画完后记录下绘制时的一些感受，感想，“自己有什么样的感受，比如颜色，哪个最舒服与哪个最不舒服？主色和辅色的分别是什么？再比如图形，它的意义是什么？对你有什么启发？”

践…

1. 在情绪冲突发生时利用语言表达情绪的方式表达自己的情绪。

2. 尝试绘制自己的情绪火山。

悟…

当自己有烦恼时如何进行情绪表达？

专题三
调控情绪

专题介绍

调控情绪是在准确觉察自己情绪的基础上，分析情绪产生的原因，通过有意识的努力，改变或控制自己的情感反应，以适应环境和应对挑战，培养乐观的积极情绪。

感……

故事1：爱地巴跑圈

在古老的西藏，有一个叫爱地巴的人，每次生气和人起争执的时候，就以很快的速度跑回家去，绕着自己的房子和土地跑3圈，然后坐在田地边喘气。爱地巴工作非常努力，他的房子越来越大，土地也越来越广，但不管房地有多大，只要与人争论生气，他还是会绕着房子和土地跑3圈，爱地巴为何每次生气都绕着房子和土地绕3圈？所有认识他的人，心里都起疑惑，但是不管怎么问他，爱地巴都不愿意说明。

直到有一天，爱地巴很老，他的房地已经很广大了，他生气，拄着拐杖艰难地绕着土地跟房子，等他好不容易走3圈，太阳都下山了，爱地巴独自坐在田边喘气。他的孙子在身边恳求他："阿公，您已经年纪大了，这附近地区的人也没有人的土地比你更大，您不能再像从前，一生气就绕着土地跑啊！您可不可以告诉我这个秘密，为什么您一生气就要绕着土地跑上3圈？"

爱地巴禁不起孙子恳求，终于说出隐藏在心中多年的秘密，他说："年轻时，我若和人吵架、争论、生气，就绕着房地跑3圈，边跑边想，我的房子这么小，土地这么少，我哪有时间，哪有资格去跟人家生气，一想到这里，气就消，于是就把所有时间用来努力工作。"孙子又问："阿公，你年纪大了，又变成最富有的人，为什么还要绕着房地跑？"爱地巴笑着说："我现在还是会生气，生气时绕着房地走3圈，边走边想，我的房子这么大，土地这么多，我又何必跟人计较？一想到这儿，气就消了。"

故事2：狐狸吃葡萄

有一个古老的故事：在一位农夫的果园里，紫红色的葡萄挂满了枝头，令人垂涎欲滴，当然，这种美味也逃不过安营扎寨在附近的狐狸们，它们早就想享受一下了。

第一只狐狸来到了葡萄架下，它发现葡萄架要远远高出它的身高。它站在下面想了想，不愿就此放弃，机会难得啊！想了一会儿，它发现了葡萄架旁边的梯子，回想农夫曾经用过它。因此，它也学着农夫的样子爬上去，顺利地摘到了葡萄。

第二只狐狸来到了葡萄架下，它也发现以它的个头这一辈子是无法吃到葡萄了。因此，它心里想，这个葡萄肯定是酸的，吃到了也很难受，还不如不吃。于是，它心情愉快地离开了。

第三只狐狸来到了葡萄架下，它刚刚读过《钢铁是怎样炼成的》，深深地被主人公的精神打动。它看到高高的葡萄架并没有气馁，它想：我可以向上跳，只要我努力，我就一定能够得到。"有志者事竟成"的信念支撑着它，可是事与愿违，它跳得越来越低，最后累死在了葡萄架下，献身做了肥料。

第四只狐狸来到了葡萄架下，一看到葡萄架比自己高，愿望落空了，便破口大骂，撕咬自己能够得到的藤，正巧被农夫发现，一铁锹把它拍死了。

第五只狐狸来到了葡萄架下，它一看自己的身高在葡萄架下显得如此的渺小，便伤心地哭起来了。它伤心为什么自己如此矮小，如果像大象那样，不是想吃什么就吃什么吗？它伤心为什么葡萄架如此高，自己辛辛苦苦等了一年，本以为能吃到，没想到是这种结果。

第六只狐狸来到了葡萄架下，它仰望着葡萄架，心想，既然我吃不到葡萄，别的狐狸肯定也吃不到，如果这样的话，我也没什么好遗憾的了，反正大家都一样。

第七只狐狸来到了葡萄架下，它站在高高的葡萄架下，心情非常不好，它在想为什么我吃不到呢，我的命运怎么这么悲惨啊，想吃个葡萄的愿望都实现不了，我的运气怎么这么差啊？越想它越郁闷，最后郁郁而终。

第八只狐狸来到了葡萄架下，它尝试着跳起来去够葡萄没有成功，它试图让自己不再去想葡萄，可是它抵抗不了，它还试了一些其他的办法也没有见效。它听说有别的狐狸吃到了葡萄,心情更加不好,最后它一头撞死在葡萄架下。

第九只狐狸来到了葡萄架下,同样够不到葡萄。它心想,听别的狐狸说,柠檬的味道似乎和葡萄差不多,既然我吃不到葡萄,何不尝一尝柠檬呢,总不能在一棵树上吊死吧!因此,它心满意足地离开去寻找柠檬了。

第十只狐狸来到了葡萄架下,它看到自己的能力与高高的葡萄架之间的差距,认识到以现在的水平和能力想吃到葡萄是不可能的了,因此它决定利用时间给自己充下电,报了一个研究生课程进修班,学习采摘葡萄的技术,最后当然是如愿以偿了。

第十一只狐狸来到了葡萄架下,它同样也面临着相同的问题。它转了一下眼睛,把几个同伴骗了来,然后趁它们不注意,用铁锹将它们拍昏,将同伴摞起来,踩着同伴的身体,如愿以偿地吃到了葡萄。

第十二只狐狸来到了葡萄架下,这是一只漂亮的狐狸小姐。它想我一个弱女子无论如何也够不到葡萄了,我何不利用别人的力量呢?因此,它找了一个男朋友,这只狐狸先生借助梯子给了狐狸小姐最好的礼物。

第十三只狐狸来到了葡萄架下,它对葡萄架的高度非常不满,这导致了它不能尝到甜美的葡萄,于是它就怪罪起葡萄藤来。说因为葡萄藤太好高骛远,爬那么高,说葡萄的内心其实并没有表面看上去那么漂亮。发泄完后,它平静地离开了。

第十四只狐狸来到了葡萄架下,发现自己无法吃到自己向往已久的葡萄,看到地上落下来已经腐烂的葡萄和其他狐狸吃剩下的葡萄皮,它轻蔑地看着这些,作呕吐状,嘴上说:“真让人恶心,谁能吃这些东西啊!”

第十五只狐狸来到了葡萄架下,它既没有破口大骂,也没有坚持不懈地往上跳,而是发出了感叹,美好的事物有时候总是离我们那么远,这样有一段距离,让自己留有一点幻想又有什么不好的呢?于是它诗兴大发,一本诗集从此诞生了!

第十六只狐狸来到了葡萄架下,它发现想吃葡萄的愿望不能实现后,不久便产生了胃痛、消化不良的情况。这只狐狸一直不明白一向很注意饮食的它,消化系统怎么会出现问题。

第十七只狐狸来到了葡萄架下。也发现了同样的问题,它嘴一撇,说:“这有什么了不起的,我们狐狸中已经有人吃过了。谁说只有猴子能吃到果子,狐狸一样行!”

第十八只狐狸来到了葡萄架下,它心想,我自己吃不到葡萄,别的狐狸来了也吃不到葡萄,为什么我们不学习猴子捞月的合作精神呢?它们有猴子捞月,我们有狐狸摘葡萄,说不定也会成为千古佳话呢!于是它动员所有想吃葡萄的狐狸合作,搭成狐狸梯,这样大家都吃到了甜甜的葡萄。

议…

讨论：

1.上面的这个故事说明了什么？

2.为什么狐狸的结果各不相同？

3.当你情绪状态不佳时，你会用什么方式来调控呢？

导…

活动一：情绪着陆技术

目的：

帮助大学生运用54321情绪着陆技术迅速从正在经历的情绪困扰状态中抽离出来回到当下，远离胡思乱想，找回内在的安全感，恢复平静，打破负向情绪的循环。

操作：

在你感到心烦意乱时，试着对自己的情绪强度评分并做下面的练习。

1.我现在很________________（给情绪命名），我的情绪评分为______________。

2.观察一下你周围的环境。

3.看：挑选5件你看到的东西，说出它们的名称、形状、颜色和感觉。

4.感受（触摸）：关注自己的身体，找到4件你可以触摸或感受的东西，说出它们的质地和感觉。

5.听：专注地倾听环境，说出3种不同的声音。

6.闻：说出2种你能闻到的气味。如果此时此刻你闻不到任何气味，可以换个地方，或者说出2种你最喜欢的味道。

7.尝：尝试品尝1种味道，如一块巧克力、一口茶、想象中的味道或者你最喜欢的一种味道。

当我们全神贯注地寻找这些东西时，可以通过5种感官的指引，从高度焦虑或情绪化的风暴世界慢慢降落回到当下的现实，意识到自己是安全的，从而逐渐恢复平静与力量。

现在我的情绪________________，我的情绪评分为________________。

活动二：自我情绪检视

目的：

通过自我情绪检视帮助大学生觉察自己的想法如何引起情绪，认识到自己情绪产生的真正原因是自己对事件的想法和观点，学习辨别合理想法与不合理想法。

操作：

1. 发现自己的情绪。回想最近的学习生活中引起自己强烈情绪冲突的某一事件，写下这一事件发生时的情绪体验。

2. 用“我感到……是因为我认为……”句式完成想法引起情绪表，请写下大脑里闪过的所有想法。

想法引起情绪表

情绪：我感到……	想法：我认为……

3. 对照“认知歪曲列表”对自己的想法进行分类。

认知歪曲列表

不合理信念的特征

认知歪曲分类表

情绪：我感到……	想法：我认为……	认知歪曲

4. 看一看自己的情绪和想法是怎样的。

活动三:三栏目技术

目的:

根据合理情绪疗法理论,采用三栏目技术活动来克服一些顽固的消极情绪影响。

操作:

1.把一张空白纸一分为三,左边“随想栏(自责)”,中间为“认知歪曲栏”,右边为“合理反应栏”。

2.在左边栏里写下随想(自责),即自己认识到的内心的消极自责思想。这些思想可能会有:我什么事都做不好;我总是迟到;每个人都会看不起我;我是个笨蛋;我会愚弄自己,我真傻;等等。完成这一栏时,关键是想到什么就写什么,写下所有的想法,因为这些想法很可能就是造成你紧张不安的真正原因。它们潜藏在你的内心深处,不时地出来挥舞一下利刃,让你心里时不时有说不出的不痛快。

3.在中间栏里写出认知歪曲,即判断左边栏中的随想有哪些本质性的错误,可以分别做以下归类:以偏概全,瞎猜疑,非此即彼的思想,预见的错误,等等。

4.在右边栏里写出合理反应。这一栏我们要着手做情绪转换中最关键的一步。在此栏里找一种更合理、更坦然的观点取而代之。把你认为客观上无效的东西合理化或是为之做辩护。如果你在合理反应栏里写下的东西既不令人信服,又不符合事实,那么它对你不会有丝毫的帮助。你要相信自己有能力去除自责,这个合理反应能够揭示出你的自责(随想)的不合理性和荒谬性。

例如,在反驳“我什么事都做不好”时,你可以写:“忘掉它,同别人一样,我也是有的事情做得好,有的事情做不好。我把这次约会搞糟了,但也还没有坏到不可收拾的地步呀。”如果你对某个特殊的消极思想不能做出合理反应,那么即使你暂时把它忘记了,过几天它还会死灰复燃,重新笼罩住你的心灵。所以,你要善于盯住目标,穷追不舍。对于上文提到的其他想法可以相应地一一作出辩论。“不对。我有很多事干得很出色。”“那个想法多么荒谬!因为我以前总是准时的。如果我迟到次数太多的话,我将着手解决这个问题,并发展出一套更准时的方法。”等等。

5.注意事项:

在随想栏里,不用描写你的情绪反应,只需要写下产生这种情绪的思想就行。例如,假定你看到车子的轮胎坏了,不要写“我感到泄气”,因为从合理反应来看,你对此并无异议。事实是，你真的对自己感到泄气。你应记下的是看到轮胎漏气之后从你脑海里自然而然地闪过的那些念头。例如："我真傻——我本该在这个月换胎的。""呀！我的运气真不好！"接着，你用一些合理反应取而代之："换了新胎固然更好，但这说明不了我傻，因为天有不测风云，谁也料不到将来会发生的事情。"这个过程尽管鼓不起那只瘪了的轮胎，但你至少不必因瘪的轮胎而产生瘪的自我。

在你使用三栏目技术之前和之后，一定要对自己的情绪强度评分，以确定你心情的改善程度是非常有益的。以前面事件为例，当看到轮胎漏气时，你可能有8分的失望和愤怒。当你完成这个练习时，你体验到厌烦程度减低到4分上下。如果厌烦程度下降了，那么这个方法对你是有效的。

三栏目技术表

随想栏(自责)	认知歪曲栏	合理反应栏

践…

请利用"三栏目技术"，改变自己的观念和情绪。

悟…

我存在的不合理信念有：____

____

____

书海导航

1.《伯恩斯新情绪疗法(最新完整版)》

(美)戴维·伯恩斯著,李亚萍译,科学技术文献出版社

一本可用以自检抑郁程度并自救的指南型心理治疗书,介绍了许多神奇有效的方法,了解导致情绪波动的根源;避免消极情绪,防患于未然;克服内疚感;应对敌意和批评;摆脱对爱和赞同的依赖性;战胜“无为主义”;预防痛苦的抑郁症复发;建立自尊帮助人迅速提振情绪,建立积极的生活态度。

2.《改善情绪的正念疗法》

(美)马克·威廉姆斯、约翰·蒂斯代尔、津戴尔·塞戈著,谭洁清译,中国人民大学出版社

本书中所介绍的冥想训练可以帮助你以一种全新的方式去打破负性思维的循环锁链,本书所介绍的方法有很多不同层面的益处。我们鼓励你带着耐心、坚持和开放的心态去练习本书所教导的冥想训练。在你完成整个训练的过程中,尽自己最大的努力去相信自己基本的学习、成长和自愈的能力——让这种训练成为你生活的根基。

IN语

1.任何时候,一个人都不应该做自己情绪的奴隶,不应该使一切行动都受制于自己的情绪,而应该是反过来控制情绪,无论境况多么糟糕,你应该努力去支配你的环境,把自己从黑暗中拯救出来。

2.总会发生些情愿与不情愿、知道与不知道、清醒与迷茫的那种痛苦与幸福的事儿。但如果心里存在虔诚情感,那么在痛苦中也会得到安宁。否则,便只能在愤怒争吵、妒忌仇恨、唠唠叨叨中过活。

单元八

我的大学爱情花开
——培养和发展爱的能力

测一测

爱情态度量表（LAS）

西班牙学者Yela在总结前人研究的基础上，以斯腾伯格的爱情三元理论为基础，提出了爱情四因素模型，认为个体的爱情包含：性爱激情、浪漫激情、亲密和承诺。美国心理学家Hendrick和Hendrick依据李约翰的爱情类型理论编制了爱情态度量表（LAS），提出爱情可以分为6个类型：浪漫型、游戏型、伴侣型、现实型、实用型和奉献型。

【说明】这个量表主要是想了解你对爱情所持的态度，测验结果仅供参考。

学习导读

爱情是人类永恒的话题，也是大学校园内一道亮丽的风景线。正值青春期的大学生，生理趋于成熟，卸下了高中学业的重压，免除了老师和家长的约束，由于情感的需要及周围环境的影响，大学生们渴望爱情，想谈恋爱已成为一种较普遍的心理。对于文化水平较高，情感体验较为丰富的大学生们来说，校园爱情是他们大学生活中重要的一课。

如今，社会各界对大学生恋爱现象已经普遍地持一种默许的态度。大学生自身的态度亦随之转变。因此,尽管官方一直没有提倡大学生在校期间谈恋爱,但在上述大气候下,校园爱情越来越普遍。据调查,目前大学生恋爱呈现“恋爱比例大,公开且主动性强”的特点。一些新生在入学之初,便得到老生的面授技艺:“恋爱是大学的必修课,在大学里没谈过恋爱就不算是一个合格的大学生。”在这种思想的影响下,很多大学生义无反顾地投身于恋爱的洪流中。在恋爱中,一些同学也抛开了矜持与含蓄,表现得越发投入与大胆,有人称之为:爱就爱得轰轰烈烈。与此同时,也有不少同学仍徘徊在爱情的伊甸园边,寻觅他们的恋人……他们崇尚爱情,渴望爱情降临……

德国著名诗人歌德在《少年维特的烦恼》一书中写到:青年男子哪个不善钟情?妙龄女子哪个不善怀春?这是人性中的至洁至纯。然而,中国台湾著名女作家三毛在谈到爱情时,曾说过这样一句耐人寻味的话:“爱情犹如佛家的禅,不可说,不可说,一说便是错。”的确,对爱情进行解剖,把活生生、充满浪漫遐想的爱情搞得干巴巴,也许会大煞风景,但当我们看到有些大学生因为爱情而任岁月在花前月下蹉跎时,大学生的爱情就不能不成为我们审视和研究的对象了。

爱情三角理论

人类自古以来就在不断探索爱情,但从心理学角度对爱情进行专门研究,是近代才开始的。从古代爱情心理学相关书籍开始,爱情心理思想就已在许多文学、哲学作品中出现,如《诗经》中有关爱情文字描绘,柏拉图的《文艺对话集》中有关爱情的论述,及至19世纪司汤达的《论爱情》,都孕育了一定的爱情心理观点。后来影响比较大的有三角理论。

美国耶鲁大学社会心理学家Robert J.Sternberg(罗伯特·J.斯腾伯格)提出的爱情理论,认为爱情由三个基本成分组成:亲密(Intimacy)、激情(Passion)、承诺(Commitment)。激情是爱情中的性欲成分,是情绪上的着迷;亲密是指在爱情关系中能够引起的温暖体验;承诺指维持关系的决定期许或担保。这三种成分构成了喜欢式爱情、迷恋式爱情、空洞式爱情、浪漫式爱情、伴侣式爱情、愚蠢式爱情、完美爱情七种类型。

喜欢式爱情(Liking)

只有亲密,在一起感觉很舒服,但是觉得缺少激情,也不一定愿意厮守终生。没有激情和承诺,如友谊。显然,友谊并不是爱情,喜欢并不等于爱情。不过友谊还是有可能发展成爱情的,尽管有人因为恋爱不成连友谊都丢了。

迷恋式爱情(Infatuatedlove)

只有激情体验。认为对方有强烈吸引力,除此之外,对对方了解不多,也没有想过将来。只有激情,没有亲密和承诺,如初恋。第一次的恋爱总是充满了激情,却少了成熟与稳重,是一种受到本能牵引和导向的青涩爱情。

空洞式爱情(Emptylove)

只有承诺。缺乏亲密和激情,如纯粹为了结婚的爱情。此类"爱情"看上去丰满,却缺少必要的内容,金玉其外,败絮其中。

浪漫式爱情(Romanticlove)

有亲密关系和激情体验,没有承诺。这种"爱情"崇尚过程,不在乎结果。

伴侣式爱情(Companionatelove)

有亲密关系和承诺,缺乏激情。跟"空洞式爱情"差不多,没有激情的爱情还能叫爱情吗?这里指的是四平八稳的婚姻,只有权利、义务,却没有感觉。

愚蠢式爱情(Fatuouslove)

只有激情和承诺,没有亲密关系。没有亲密的激情,顶多是生理上的冲动,而没有亲密的承诺,不过是空头支票。

完美爱情(Consummatelove)

同时具备三要素,包含激情、承诺和亲密。只有在这一类型中我们才能看到爱情的庐山真面目。

斯腾伯格很聪明,在这些爱情前面都加了一个"式"字,因为在他看来,前面列举的六种都只是类爱情或非爱情,在本质上并不是爱情,只有第七种才是爱情,而我们在现实生活中碰到的类爱情和非爱情的情形实在太多,以致把具备三要素的爱情基本当作是一种超现实的理想状态。

另外一种类型叫作无爱(Nonlove):三个因素都不具备。

爱情三角形理论虽然非常形象地揭示了复杂的爱情关系,但现实中的爱情往往牵涉到不止一个三角形,于是他又提出了多重三角形原理,包括现实中的三角形和理想中的三角形;自己的三角形和对方的三角形;自己知觉到的三角形与对方知觉到的三角形。

就中国文化背景下运用爱情三角理论也需要考虑不同文化背景下可能暗含的

维度的差异和同一要素的不同维度归属。当然,这并不妨碍借用爱情三角理论进行生活中的一般思考。

激情、亲密和承诺共同构成了爱情,缺少其中任何一个要素都不能称其为爱情,正如三点确立一个平面,缺少任何一个点,这个唯一的平面就不存在。斯腾伯格之所以把具备三个基本要素的爱情称为完美爱情,是因为建立一段稳定、持续的爱情需要恋爱双方耗尽毕生的精力去培育、呵护,那是一项贯穿人生的浩大工程。

然而,具备三个要素并不意味着爱情就成为现实,爱情需要更多的努力来调节这三者的关系。爱情不是一件容易的事情,难怪有人认为爱是一种能力,并非天生就有,需要不断地锻炼和实践才能培养出来。爱是一种能力,被爱也是一种能力,而且还需要成为一种艺术。在这个连爱情都需要能力才能支撑的时代,艺术地谈一场真正的恋爱谈何容易!

从这三个构成要素来看,要找到并享受真正的恋爱不是一朝一夕的事。许多人以为他们正在谈恋爱,但他们不知道那并不是爱情,充其量只是还没成熟的类爱情或者非爱情。

由于那么多大龄青年面临找对象的困难,单身的人越来越多,这些人很大程度上是对理想爱情有着近乎顽固的执着。他们是爱情最后的信徒和守候者,为真爱不惜赔上自己的黄金年代。或许,在某些人看来,这是执迷不悟,但对他们而言,爱情绝对是苛刻的,而不是凑合的,更不是随便的。

爱需要勇气,更需要能力,没有能力的勇气,有心无力。虽然如此,芸芸众生并不是等具备了这三要素以后才开始谈恋爱。理想是一回事,现实又是另一回事。因为在这三个要素里面,除了激情之外,亲密和承诺的实现需要一段时间才能转化为现实,不是一蹴而就的事情。即使是激情,要维护也不是一件容易的事,但人们常常忽视了这一点。

或许,我们与爱情还有一段永远无法克服的距离,爱情对我们来说就是一个不断迫近的目标和不断改变的体验。这可能有点残酷,但如果事实如此,我们是否还有勇气去爱和被爱?

大学生恋爱心理特点

绝大多数大学生是初次较长时间离开父母,离开自己习惯了的生活圈子,在经历了开始的激动与兴奋后,会逐渐地发现周围不再有父母的呵护,不再有好友的关心,取而代之是陌生的环境和陌生的人。于是,他们的情感世界出现了“饥荒”,孤独、空虚随之产生，于是很自然地在大学生活中寻找感情的交流和满足，寻找感情寄托的对象。

大学生的爱情生活多姿多彩，他们或者通过老乡会、各种社团相识，或者通过网络、电话传情，但总体而言，大学生恋爱心理有以下几个特征：

一、恋爱心态健康，选择标准个性当先

最近的一项调查表明，在现代大学生的择偶标准中，他们最看重的既不是经济能力，也不是社会地位，而是个性和能力，经济在他(她)们心目中排名落后。大学生心目中的“白马王子”和“白雪公主”是什么样子？在他(她)们的眼中，学历、外貌、金钱、能力哪一点最重要？针对“选择男(女)朋友时的条件地位”的调查结果显示，在外表、个性、学历、经济、能力等多项条件中，不论男生女生，绝大部分都认为“个性”是择偶的最重要标准，其次则是“能力”。“经济”和“学历”因素，反而并没有受到大学生的青睐，尤其是经济排名最后。在个性要求中，女生对男生的性格要求，首选“专一”；而男生则最喜欢“温柔体贴”和“乐观”的女孩子。对大学生的调查也显示“两情相悦”仍然是80%以上学生对爱情的选择。这表明金钱并非恋爱中的重要因素，大学生恋爱的心态基本是健康的。

二、恋爱动机简单

更多的大学生在恋爱中没有过多考虑将来能否走到一起的事情，他们看重恋爱的过程轻视恋爱的结果，他们恋爱，是因为需要爱和被爱，多是出于本能的喜欢和吸引。现在大学生流传着一首顺口溜“不求天长地久，只求曾经拥有”。一些大学生把恋爱当作一种感情体验，及时行乐，借此寻求刺激，满足精神享受，“爱恋只是获得经验”，这种观点或许在校园中还并非主导，但已开始被越来越多学生提及。为获得经验而爱，这份代价是不是太大了？是不是使纯洁的爱情变味了？“好聚好散”可以成为一段爱情的开场白，但分手时真的可以做到从容地说一声“谢谢你给予我的成长”吗？

大学生注重恋爱过程，这种心理有利于恋爱双方互相了解、加深认识，也有利于恋人之间培养感情、增加心理相容度。这种恋爱思想同时也反映出大学生恋爱没有太强的功利色彩，目的单纯，着意追求爱的真谛。但从另一方面来说，只注重恋爱过程，强调爱的“现在进行时”，不考虑爱的“将来完成时”，缺乏爱情的责任意识。大学生恋爱的这种浪漫色彩，掩盖了理想和实际之间存在的矛盾，因此，爱情缺乏挫折的磨炼和必要的现实基础，比较脆弱，一旦遇到问题，容易破裂，这是大学生恋爱成功率较低的原因之一。还有一部分大学生恋爱出于从众或虚荣心理，把

恋爱当作一种充实课余生活，解除寂寞，填补空虚的手段。由这些可以看出大学生恋爱心理还不太成熟，对感情缺乏深刻的认识。

三、自控力与耐挫力较弱

曾经有一项关于爱情和学业的调查，在对待学业与爱情的关系上，43.6%的大学生认为“学业高于爱情”，49.6%的认为“同等重要”，只有6.8%的认为“爱情高于学业”。调查结果说明绝大多数大学生能够正确看待学业与爱情的关系，希望学业和爱情双丰收，具有理智的爱情观。但很多事实表明，很多大学生缺乏理智处理感情事件的经验和心态，一旦陷入热恋中，往往不善于控制自己的情感，缺乏理智的驾驭能力，对恋爱对象过于依赖，稍有波折就痛苦万分。一旦恋爱受挫，经常会情绪失控，无法自拔，对学习造成严重影响。由于缺乏成熟的相处经验，很多大学生不能互相迁就对方，不能够从容理智地处理爱情进程中遇到的各种问题。可见，摆正学业与爱情的关系，正确处理感情中遇到的问题，是恋爱中的大学生迫切需要学习和理智面对的问题。

四、爱情呈现出不成熟与不稳定性

大学生把在校期间谈恋爱作为一种取得生活经验的实践活动，或想作为一种消遣，千方百计想跟异性交往，但他们在与对方恋爱中究竟爱是什么、为什么爱都没有弄清楚。当前大学生的恋爱，呈低龄化趋势。很多大学生一进大学就开始谈恋爱。这些低年级学生，由于社会阅历浅，思想单纯，对于自己的人生目标和需要，还没有一个很清楚的概念，对待恋爱问题简单、幼稚、不成熟。在择偶标准上，往往重外表，轻内在；在恋爱方式上，往往重形式，轻内容；在恋爱行为中，往往重过程、轻结果，重享乐、轻责任。这种恋爱问题上的不成熟，加之经济上尚未独立，恋爱过程中感情和思想易变，缺乏妥善处理恋爱中情感纠葛的能力，极易造成恋爱的周期性中断，或对恋爱对象的选择漂泊不定，恋爱的成功率较低。

在对待失恋的问题上，绝大多数大学生都能理智对待，安全度过这一心理阴暗期，多数大学生通过“找朋友诉说”，或“理性思考”对待失恋问题，对自己和对方采取宽容的态度，尊重对方的选择。但仍有一部分学生摆脱不了“情感危机”，有的失去信心，立下誓言：“横眉冷对秋波，俯首甘为光棍”，放弃对爱情的追求；有的一蹶不振，自暴自弃，认为一切都失去了意义；有的视对方如仇人，肆意诽谤，甚至做出极端行为伤害对方。所以大学生需要了解一些爱情常识，学会用成熟的心态面对自己感情上的问题。

五、恋爱观念开放,传统道德淡化

随着时代的发展,当代大学生的恋爱观念日益开放,传统道德逐渐淡化。随着对外开放的范围不断扩大,以及各种新闻媒体、网络文学的盛行和渲染,当代大学生对于爱情的观念趋于开放和大胆,不愿接受传统观念的束缚,恋爱方式公开化,在爱的激情下,一些大学生甚至在公共场所、大庭广众之下,旁若无人,做出过分亲密的动作。许多大学生不能正确处理感情和性的关系,有的甚至对婚前性行为持认可和宽容的态度,偷吃禁果的男女同学并不罕见,未婚先孕时有发生。不能够理智成熟对待自己的情感问题,只愿享受爱情的甜蜜、忽略爱情背后的责任,由此而引发一系列的问题。

大学生常见的爱情困扰及调适

爱情虽然甜蜜,但也会带来复杂、独特而微妙的情感体验,成为最容易产生心理困扰的领域之一。

一、选择的困惑与调适

选择的困惑是大学生恋爱中最常见的问题之一。其中较常见的有下列几种情形。

(一)不知道应不应该谈恋爱

这部分大学生应首先树立对爱情的正确态度。如果自己还不知道该不该谈恋爱,那说明在你的心里还没有自己喜欢的异性,只是因为看到许多同学都在谈恋爱,才产生了自己是否谈恋爱的想法。当真正的爱情还没有来到的情况下,不要盲目去寻找爱情。寻找的爱情并不一定是真正的爱情。

(二)怕被拒绝

自己爱上了别人,但不知道对方是否也爱自己,想表白心迹,又怕遭到拒绝,左右为难。对于这样的困境,首先要学会正确认识对方对自己的情感。如果经过观察甚至巧妙的考验,发现对方根本就对自己没有那个“意思”,就没有必要向对方表白自己的心迹。因为你的表白不但得不到回报,而且会使对方为难;如果两人是同班同学,还会影响两个人之间的关系。如果经过观察,发现对方也对自己有一定的感情，就可以大胆地向对方表白自己的心迹了。

(三)不知道如何拒绝对方的求爱

面对他人的求爱，当你不准备接受时，一般应当在不伤害对方自尊心的情况下，委婉地拒绝，如果对方进一步追求，而你无论如何也不可能接受对方的爱情，那就应该明确地拒绝。另外，大学生也应当注意，不要为了害怕伤害对方的自尊心，或者为了自己的虚荣心，在自己没有产生爱情的情况下，盲目接受对方的爱，因为这不但会伤害对方，而且对自己也是一种伤害。

(四)不知道怎样提出分手

在恋爱的过程中发现对方不适合自己，而对方还依然爱自己，不知道如何提出分手才不会伤害对方的自尊心。在这种情况下，要明确爱情是不能强求的，如果一方发现对方不适合自己而准备结束恋爱关系，也无可厚非。当然，最好是让对方有一定的思想准备，比如，用一些暗示性的语言表明两个人不合适。在对方有思想准备的情况下，再提出分手，对方可能好受一些，感觉到的伤害也会少一些。

(五)能做恋人的异性朋友难寻

这种恋爱心理困境的原因主要在于对友情和恋情的认识还很肤浅，并缺乏对社会中的人际关系中的科学认识。正确的做法是，认真审视、调整自己的择偶标准，在寻求爱情的过程中，既要有主观上的用心，又要顺其自然、不可强求。

二、单相思的苦恼及其调适

单相思是指异性关系中的一方倾心于另一方，却得不到对方回报的单方面的“爱情”。爱情错觉是单相思的另一种形式，是指在异性间的接触往来关系中，一方错误地认为对方对自己“有意”，或者把双方正常的交往和友谊误认为是爱情的来临。它常会使当事人想入非非，自作多情。单相思是恋爱心理的一种认知和情感的失误。单相思使某些学生陷入痛苦的境地，处于空虚、烦恼，甚至绝望之中。如果处理不好，对以后的恋爱婚姻生活都有消极的影响。

单相思的调适方法主要是认知领悟和心理分析。在具体的心理调适过程中，应根据不同的情况采用不同的方法。

(1)如果是自己有意而对方并不知情，而且觉得对方有很大的可能也爱自己，就可以大胆地向对方表白自己的感情。当然，也应做好对方不接受自己的情感的心理准备。

(2)如果觉得对方没有可能爱自己，就没有必要表白自己的情感，因为这种表白既可能给对方造成心理压力，也会使两个人的关系显得不自然。有些情况下，适当压抑一下自己的感情还是必要的。

持久的单相思会给个人生活带来很大的负面影响，应当学会尽快地从单相思中解脱出来。

三、失恋的痛苦及其调适

大学生失恋的问题不在少数，有研究显示，在校大学生中约超过1/2的人谈过恋爱，但仅有81%的大学生认为他们是“真爱”，而在谈过恋爱的大学生中有50%的人经历了失恋。曾经发生在某大学的“学生八十余刀杀死同学案”引起大家极度的震撼，这起事件便是因求爱受挫，心理极度扭曲，从而引发凶残杀死情敌的血淋淋事实。这件事情说明，大学生恋爱受挫引发的心理问题应该引起我们足够的重视。其实，因为失恋引起自杀的案例已经不在少数，每年因恋爱引发的种种大学生心理问题层出不穷。一项关于上海高校学生自杀问题的调查显示，在自杀原因中，恋爱情感占22.0%。南京危机干预中心的调查也显示，恋爱问题占大学生自杀原因的44.2%。同时，据广东某师范院校心理辅导中心介绍，来该中心咨询的人群中，有八成是遭遇到了感情困难，而其中最大部分是“追求被拒”和“失恋”的。该中心的统计，某年在该校发生了五起试图跳楼自杀事件，后均被成功解救，五起事件的主角均为在校学生，起因都是感情问题，而且和人们对性别的印象相反，五起事件中有四起是男生，只有一起是女生。可见，失恋是影响大学生心理健康的非常严重的问题之一。

（一）失恋的原因

1.错误的恋爱动机

大学生中有相当一部分人存在错误的恋爱动机。有研究以随机抽样方式对重庆大学等6所在渝高校780名学生就“你认为大学生恋爱主要为了什么?”的恋爱动机进行调查，显示如下：选择人生伴侣的占18.2%；调剂紧张的学习生活的占19.1%；打发无聊岁月的占22.2%；满足生理心理需要的占31.2%；随大流的占6.7%；证明自己价值的占2.7%。恋爱动机五花八门。有调查在“你恋爱的目的是什么?”一题中，选择因解闷、排除孤独、满足生理需要、赶潮流、满足好奇心、积累经验而恋爱的占73.9%。看来拥有错误恋爱动机的比拥有正确恋爱动机的人数还要多。还有少部分大学生恋爱是出于功利的目的，把恋爱和婚姻作为将来事业的跳板。有调查表明，这类“借船出海”的达到3%。由此可见，大学生恋爱的动机存在极大的问题，这些有错误恋爱动机的人容易轻率地开始一段恋爱，造成失恋的结果也是必然的了。

2.恋爱态度的偏差,重视恋爱过程,轻视恋爱结果

由于大学生的爱情是在特殊文化环境中萌生的,而作为爱情之果的婚姻家庭需要在学业完成之后才能实现,所以他们谈论的话题大多是人生、社会、学习等,他们追求丰富多彩的精神生活,而很少涉及家庭、经济等现实问题。当代大学生注重的是恋爱的过程本身,至于恋爱的结果已经不在意,就如同歌曲里所描述的“不求天长地久,只求曾经拥有”,“就在半梦半醒之间,我们忘了还有明天”。甚至大学校园里出现“契约式”的恋爱,在校时卿卿我我,心理精神上互相弥补空虚,甚至为生理需求发生性行为,但到毕业时又无牵无挂地说声“再见”,各奔东西,各不负责。而且,他们把恋爱和结婚并非必然地联系在一起。例如,某大学女生恋爱调查显示只追求爱情过程的占到61.3%。还有,有调查表明,在回答“你认为恋爱和婚姻的关系”时,认为恋爱和婚姻没有任何关系的占9.8%;选择恋爱是美好的,婚姻是现实的占50.7%;选择婚姻是爱情的基础的占5.6%。

3.社会阅历尚浅,没有独立的经济基础

大学生心智还不够成熟,也没有一定经济基础,遇到就业的压力,许多大学生恋人毕业时就劳燕分飞。大学粉红的恋情逃不过六月炎热的无情,毕业时理智地说声再见,“亲爱的,我真的无能为力”。有调查显示,大学生爱情的成功率仅为4%~8%,随着户口制度和就业制度的改变,成功率只在10%左右。

4.缺乏爱的能力

爱的能力是指和他人建立亲密关系的能力,爱的能力实际上是一种综合的素质,恋爱的过程也是培养爱的能力的过程。爱的能力应该包括几种:表达爱的能力;接受爱的能力;拒绝爱的能力;鉴别爱的能力;解决爱的冲突的能力;保持爱情长久的能力。许多在交往中的男女大学生,常常会遇到一些这样的问题:我到底是不是爱他(她)呢?我不喜欢他(她),可是他(她)对我特别好,我是不是应该接受他(她)呢?我们是不是真的适合呢?我到底应该怎样做,才是真正对他(她)好呢?这些问题其实都不容易回答,要真正区分友谊和爱情、了解自己是否爱对方、了解是否彼此适合、拒绝不喜欢或者不适合的人、给予自己的爱人所需要的关心和体贴,都是需要极大的智慧的。

(二)失恋的自我调适

失恋带来的悲伤、痛苦、绝望、忧郁、焦虑、虚无等情绪使当事人受到伤害。失

恋所引发的消极情绪若不及时化解,会导致身心疾病。失恋者可以尝试运用以下的方法进行自我调适。

1.适当运用酸葡萄心理效应

当一个人失恋之后,如果总是回想过去恋人的种种优点,就会越发怀念过去的恋人;同时也就越发否定自己,觉得自己一无是处。结果形成恶性循环,使情绪越来越消沉,心理越来越压抑。当一个人失恋之后,如果难以从失恋的阴影中摆脱出来,不妨运用酸葡萄心理机制。所谓酸葡萄心理机制,就是对自己无法得到的东西降低好感和对自己的重要性,吃不到葡萄就说葡萄是酸的。也就是说,当一个人失恋之后,可以尽量多想想过去恋人的缺点,少想或者不想过去恋人的优点,心理就容易平衡。

当然,一个人对酸葡萄心理机制的应用必须适当,酸葡萄心理机制毕竟是一种心理防御机制,如若过分运用酸葡萄心理,容易形成一种不符合实际的观念。久而久之,容易导致一些非理性思维方式,不利于自己的心理健康。如果一个人具有足够的心理强度,即使在失恋的时候,也能够客观地分析对方的优点和缺点,并且能够在不贬低对方的优点的情况下调控自己的消极情绪,这才是心理的强者。

2.学会积极的自我暗示

当一个人失恋之后,如果总是责备自己,觉得自己不好才导致分手,就只会使自己越来越压抑。这时应学会积极的自我暗示,如用“幸亏他(她)现在提出分手,如果他(她)结婚后才提出分手,岂不更糟”,“他(她)不爱我,并不说明我不可爱,只是说明两人的性格和观念不合”以及“天涯何处无芳草”等。

3.转移注意力

失恋后如果总是想着失恋这个沉重的打击,那就很难尽快地从失恋的阴影中走出来。这时,就应当设法把自己的注意力从失恋这件事情转移到自己比较感兴趣、能够分散自己注意力的事情上去。例如,听听音乐、看看电影、跳跳舞、打打球等,以冲淡内心因失恋而造成的挫折感和压抑感。

4.升华法

古今中外,有不少著名的历史人物恰恰是受到失恋的打击后而发奋追求事业,从而流芳百世、名垂青史的。大文豪歌德如果不是失恋,也许就写不出《少年维特之烦恼》。因此,把因失恋而产生的挫折感、压抑感升华为奋斗的动力是十分有益的。一旦你全身心地投入到一项更有意义的事业中去的时候,你定会觉得因失恋而痛苦不堪的往事之好笑和不值一提。

5.失恋不失德，失恋不失命，失恋不失志

失恋不失德，是一个大学生应当有的态度和人格，也是恋爱的重要原则。要做到：不报复、不打击、不伤害、不破坏对方的名誉和人格，不破坏对方重新建立生活的努力。失恋不失命，爱情是人生的重要内容而非全部，因为失恋而毁掉自己的生命是愚蠢的行为。人生除了爱情之外，还有其他很多美好的东西，爱情虽离你而去，事业却永远伴随着你，只要你有追求精神，爱情之花迟早还要为你开放。失恋不失志，不能因为失恋而丢掉自己的理想和志向。理想是个人进步的动力目标，在为理想而奋斗的过程中，逐渐平复由失恋而造成的心理创伤，就会重新获得幸福的爱情。

大学生的爱与性

谈到爱情，不能不谈到性。正如瓦西列夫所说："爱情是本能和思想、是疯狂和理性，是自发性和自觉性，是一时的激情和道德修养，是感受的充实和想象的奔放，是残忍和慈悲，是餍足和饥渴，是淡泊和欲望，是烦恼和欢乐，是痛苦和快感，是光明和黑暗，爱情把人的种种体验熔为一炉。"

一、性心理的发展

一般认为，青春期性心理的发展大体上经历三个时期：

（一）异性疏远期

在青春期开始时，少男少女对性的差异非常敏感。第二性征的出现，在他们内心深处产生了春情萌动的朦胧感觉，对两性关系似懂非懂，对性知识、性行为一知半解。将异性的生理差异与男女之间的关系看得神秘，在与异性的交往中显得羞涩、忸怩和不自然，心中好像潜藏着无数秘密，心有相互吸引之力却在表面上表现得相互疏远。有畏惧感和似曾相识感，暂时疏远。男孩会表现出潜意识的紧张心理：口吃、挤眉弄眼；女孩则表现得情绪不稳定，我们说的少女伤春就是指这段时期的心理特点。

（二）异性接近期

在完全进入青春期后，随着生理机能的进一步发展，生活阅历的增加，青少年对异性关系有了进一步的了解和认识，对性意识的情感体验也开始有了新的变化。

这个时期的特点是:喜欢与异性在一起活动,力求成为异性眼中有吸引力的人;两性的畏惧感、陌生感消失,强烈地相互吸引和接近,会采取接近异性的曲线方式。男生喜欢高谈阔论以引起注意;逞强、做危险动作,表现男子汉气概,甚至起哄、开玩笑、恶作剧,目的是引起女生的注意。女生则表现出单相思,钟情妄想,用打扮、声调、细微的关心和体贴吸引对方,有的以成年人作为崇拜和模仿对象。由于青少年缺乏接近异性经验,不知如何表现自己,往往做法不得体;两性都会表现出狂热追星以释放内心对异性的渴慕之情。

(三)异性恋爱期

进入青春后期后,性生理完全成熟,性心理在逐渐成熟,自我意识、思维和人格都在积极发展。生活领域也日渐广阔,对恋爱的理解和认识更加深刻,对恋人的寻觅更加迫切,对异性的态度也逐渐客观。此时,男女青年开始对异性展开主动积极的进攻。男女青年尽量在异性面前展示自己的长处与才华,以引起对方的关注。由于受社会文化的影响,男性在恋爱的表达方面更加主动、大胆、直率而且热情奔放;女性更加含蓄、深沉、妩媚略带羞涩和矜持。青春期性发育完成后,进入"两性恋爱期"。从泛泛的异性爱慕过渡到钟情于某个人;直接而热烈,追求技巧成熟;一旦碰壁,心理挫折感强烈。

二、大学生性心理的基本特征

(一)渴望了解性知识,性意识进一步加强

进入大学,大学生更加积极主动地关注自我发展,也包括自身的生理与心理。由于个体家庭教养方式、成长环境及个体差异的存在。对性意识的关注也不尽相同。有的大学新生对性知识了解较少,渴望通过科学的途径了解自身。有的学生通过自慰性行为解决自身的性冲突。有的学生因性知识匮乏而带来不必要的心理焦虑。

(二)性冲动及其释放

性冲动是指由于性刺激引起大脑皮层的活动,产生性欲,再通过大脑皮层向身体组织发出指令。性冲动是一个健康、正常人自然和本能的行为表现。性冲动不一定产生性行为,人是通过意识调控的:通过大脑,调节性行为,人有社会性,遵守社会行为准则,人格和尊严,尊重他人意愿和抉择,人对社会有责任和义务,法律约束等。在心理尚未成熟前尽量减少声、光刺激;不接触黄色、淫秽读物;适时接触性刺激;锻炼理智和克制能力。

(三)性冲突和性压抑

一方面,生长趋势,性发育年龄不断提前;另一方面,学业需要和事业及社会环境的要求,结婚年龄不断推后,出现漫长的"性等待期"。与此同时,日益开放的社会文化既满足了大学生对性的了解与渴望,又使大学生性的冲突加剧。在繁重的学业任务与就业压力及校纪校规的约束下,大学生的性不可以也不能自由地发挥。事实上,适度性压抑也是社会文明与进步的体现。但性压抑不是一味地压制,而是通过适当的释放、转移、升华得到合理的疏导。

(四)渴望性体验

由于性激素的作用,大学生更加渴望得到恰当的性体验,如与异性交往。在男女交往过程中,由于性激素的作用,恋人中双方的亲吻和抚摸都会引起性欲望和性冲动。感情的闸门在巨大的性压力下显得极其脆弱。有的通过自慰性行为如性梦、梦幻想、性自慰加以调节,而有的则通过性行为得以实现。

三、恋爱与性

恋爱与性的关系极其密切,在恋爱中正确处理恋爱与性却不是一件容易的事。我们从案例入手分析爱与性。

(一)婚前性行为造成的心理困惑

一位女大学生的求助信中写道:"我是刚刚进入大学认识他的。他是我的老乡,在我初次离家孤独时给予我太多的安慰与帮助,不知不觉我陷入了恋爱之中。随着交往的深入,我们的恋爱不仅限于精神层次的交往,彼此从身体上也渴望接纳对方。于是在某一个晚上,我们有了第一次。虽然我们还在恋爱,可每次在一起我总会想到性,我会感到恐慌,经常觉得所有人都知道我们的事,睡眠障碍、上课注意力不集中、产生性幻想等,现在我也陷入深深担忧中,如果今后我们分手怎么办?我真不知道如何面对。"

这是典型的因为婚前性行为造成的内疚与自责,心理无法摆脱自责的感觉。当欲望的潮水袭来时,要用理智战胜脆弱的情感。儿童心理学曾做过"延迟满足"的实验,告诉被试如果选择等待,将能够获得更多的奖赏比如糖果,而即时满足只能获得极少的奖赏。随着年龄的增长,儿童会主动选择延迟满足,对爱情中的性也是适用的,只有学会延迟满足,才能为将来生活打开一扇幸福的大门。

（二）依赖性作为维持爱情的因素

平等的恋爱关系应当相互尊重，一方不能屈服于另一方，特别是当对方提出性的要求时，如果一方因拒绝性的要求而导致恋爱的中止，说明这本身就不是真正意义上的爱情。有的恋人将性作为维持爱情的筹码，必然不能长久。

（三）爱情上的“杯水主义”

受社会文化与大学生恋爱观不确定的影响，部分大学生信奉“不在乎天长地久，只在乎曾经拥有”，“爱谁是谁”，“爱情就是即时的快乐”等，在恋爱中表现出只顾及当时的感觉。一项调查表明：65%的大学生认为“只要有爱情，性是可以理解的”，在性方面的宽容既体现着大学生对恋爱的理解更加人性，也从一个侧面反映出大学生在性行为上所持的态度。甚至有的学生不再把性行为看成是一件非常严肃的事，而是顺着内心的冲动，不加以克制，引发怀孕等负性生活事件。

任何社会的主流文化都对行为有正式与明确的标准，它代表了性行为的理想境界，即性行为应当是如何的。有的文化对性行为还有非正式标准，以性别作为参考点，如果对男女性行为的标准一致，则称为单一标准，否则是双重标准。对婚前性行为禁止是严格标准，而允许则是宽松标准。

（四）大学生婚前性行为不利于自身发展

我们认为，大学生婚前性行为不利于自身发展，主要有以下原因：

（1）从主流文化的角度看，我们的主流文化并未对婚前性行为持认同态度，对大学生在大学期间性行为基本持否定性评价。翻阅各个高校的学生手册，各个学校都有相应的规定，从校规校纪规范大学生的性行为，这也是基于大学生生理心理的健康成长而考虑的。

（2）从大学生性行为的特点看，大学生婚前性行为具有突发性、自愿性、非理性等特点，由于年龄与观念的影响，一旦发生性行为，便会多次发生，可能造成未婚先孕等不良后果。一些研究表明：有婚前性行为的人婚姻满意度普遍低于没有婚前性行为者，而且婚前性行为还可能直接影响婚姻质量。

（3）从医学角度看，和谐性行为需要安全性、私密、舒适的环境，而大学生的婚前性行为多数在隐蔽状态下进行，常常伴着内心的恐惧、紧张、害怕、担心怀孕及不洁感、不道德感、羞愧感和罪错感，容易引起性反应抑制和性焦虑的产生，导致男性阳痿早泄和心因性性功能障碍；而女大学生还可能因怀孕而流产。特别是流产，对女大学生的心理与身体伤害极大。一是身体不能得到很好恢复。手术后，由于集体住宿又担心被老师、同学发现，还要应付繁重的课业负担，身体与心理的恢复困难；二是容易损伤外生殖器，发生意外事故，特别是容易引发多种并发症。

(4)从心理学角度看，婚前性行为给双方带来巨大的心理压力，如恐惧、焦虑、自卑、心理冲突加剧等，当具有性行为后，双方更容易争吵，但当事人并不知道性行为是其中的重要原因。由于两性心理的差异，女性在有亲密行为后，容易以身相许，希望与对方走向婚姻，性行为使女性由心理上的优势转化为劣势；而对男性而言，婚前性行为会提高他们的心理优势，使他对容易到手的东西产生厌倦而不愿承担由此带来的后果，对女性造成更大的心理伤害。

四、学会为性爱做主

过早性行为与无承诺性行为都是不负责任的，会给自己与社会带来许多不良后果。为了今天的健康，为了明天的幸福，让我们学习为性爱做主。我们在两性交往时，要学会“刹车”、学会拒绝、学会判断。对有些无承诺的性要求，要学会拒绝。每个人有权利与义务告诉对方自己现阶段的性态度，告诉他(她)现阶段不要发生性关系的理由。也许对方正是你的所爱，对方会给你某些诱惑，但是你是自己性爱的主人。

下列回答可供你参考：

男：“你不知道你错过的是什么。”

女：“是的，我知道——我错过了艾滋病、未婚怀孕、堕胎和忧虑。”

……

男：“我无法控制自己。”

女：“但是我可以。”

……

男：“每个人都在这么做。”

女：“但不是我，我不是那每个人。”

……

男：“你有什么不对劲儿是不是?”

女：“我很正常，还是让我们保持距离吧！”

……

男：“你可以信任我。”

女：“我是信任你，我信任你会停止对我施加压力。”

……

男:“如果你真的爱我,你就给我!”

女:“如果你真的爱我,你就等着我,等我完全做好心理准备再说。”

……

女:“你还是不是男人?”

男:“做爱并不代表我就是男人,正因为我非常地在意,所以我才不急在一时。”

……

一个人控制性欲的能力,来自于对性的理解程度,对于爱情、对于向往的人生目标与自己的洞悉。这种洞悉力的获得来自于书本,来自于信赖朋友的讨论,以及观察自己心与体之间的关系。因为只有你为所喜爱的朋友的长远幸福打算,你才可以得到正确的展望。同时,扩展自己的胸襟,多结交些朋友,肯定自己的价值。在心情低落的时候,是最容易被诱惑的,即使心里知道,仍做出对自己或别人不利的事情。迷恋或许可以变成真爱。那么你就必须确定这个人是不是你可以托付终身的结婚伴侣。但你又如何确定这种可能呢?一个试验的办法就是观察这个人是否有能力付出爱,如果这个人与家人和朋友的关系中缺少尊重与关爱,就很可能表示你们之间的关系,也很难深入而开花结果。

总之,大学生健康的爱情观是日后幸福生活的基点,希望青年大学生能够从更开阔的视野思考人生,思考爱情,思考生活,更加积极、主动、自信地面对今后的人生。

专题一
爱的认知与观念塑造

专题介绍

人生中,我们都在追寻一份爱,能够找到一个知心伴侣,相伴相惜,共度人生路,是一件非常幸福的事情。只可惜人生有太多风浪,人们在爱情中饱受打击,很多人在婚姻和爱情中受伤。首先我们要明白爱情到底是什么。

感…

案例:一个大学生周五参加派对时,在柔和的灯光下,与一双神秘的眼睛四目相接,两人好像触电。当天晚上男孩女孩互相打听,然后在大学一个非常美丽的地方不期而遇。在罗曼蒂克的环境下,两人从晚上九点谈到第二天早晨五点,把心中所有的秘密告诉对方。分离以后两人失魂落魄,开始思念对方,电话一打就是四个小时。这就是所谓的分离焦虑。这样的现象大家可能曾经经历过,也就是所谓的陷入爱河。

议…

讨论:请问大家,这是真正的爱情吗?爱情是如何产生的?两性之间为什么会产生吸引?

两性之间相互吸引的因素

真爱与迷恋的差别

导…

刚才那种状态比较趋于迷恋，可能不是爱情。真爱与迷恋的差别在于深度与持久性。真爱建立在深入了解、相互尊重与深厚的情感联系之上，它经得起时间的考验，促进双方共同成长。而迷恋则往往源于表面的吸引，如外貌、才华或短暂的新鲜感，缺乏深度的情感交流，容易随时间消逝，难以长久维持。

两性吸引源自多方面因素，心理学流派各有见解。进化心理学认为，吸引是自然选择的结果，男性偏好生育力强的女性特征，女性则倾向于有稳定资源的男性。社会学习理论指出，人们通过观察模仿学习恋爱行为，环境和社会文化塑造吸引标准。认知行为主义强调个体对伴侣的评估过程，如外貌、性格等信息的处理影响吸引力。而人本主义心理学则关注个体在恋爱中寻求自我实现和成长的需求，寻求情感与精神的共鸣。这些理论相互补充，共同揭示了两性吸引的复杂性和多样性，揭示了人类情感互动的深层机制。

活动一：大学生谈的爱情是什么

目的：

让大学生进行爱的思考，考虑爱的内涵。

操作：

分组讨论“爱是什么”，并派代表发言。

践…

以小组为单位，在学校里面进行采访，可以用音、视频记录《大话西游》中关于爱情那段独白的不同方言，也可以记录不同大学生对爱情的理解。

悟…

通过前面的阅读和活动，对于“爱是什么”你有了什么新的认识？

爱是什么　　什么是爱情

活动二：爱情价值观拍卖

目的：

通过活动帮助学生了解自己的爱情价值观。

操作：

1.发放“爱情价值清单”，同学们按要求填写，然后进行拍卖。

2.拍卖结束后，分组分享彼此的择偶标准，并思考是否切合实际。

在下面的表格中，列有16个与爱情有关的价值项目。假如钱可以买到你所想要的伴侣，且每人只有100万元，你如何分配这笔钱去购买？请将自己预估的数额填在下表中第一列中。

填写时请注意：

（1）不必每项都写（只写自己想要的）。

（2）每一项出价时，起价不得少于5万元。

（3）拍卖时，可更动原来预计价格，但如果你想加价，每次至少1万元。

（4）每项最高价为50万元（50万时可以直接成交，如果有很多人愿意花50万买一样的，可以并列）。

爱情价值项目	预估价	拍卖成交价	中标人
1.温柔体贴			
2.幽默			
3.健康			

续表

爱情价值项目	预估价	拍卖成交价	中标人
4.顾家			
5.善良			
6.优异外表			
7.良好家世			
8.孝顺			
9.性情开朗			
10.会赚钱			
11.会做家务			
12.懂浪漫			
13.忠诚			
14.独立			
15.有学识			
16.有责任心			

践…

小组在校园调查，了解当代大学生恋爱的原因，并做一定的分析和解读。

悟…

1.拍卖活动前后，你想买的项目预估价与成交价是一样的吗？为什么不一样？

2.最后你拍到了几个项目？想想为什么。

3.最后你拍到的是你最想要的吗？如果不是说明了什么？

4.通过拍卖活动，你还想到了什么？

专题二
爱的能力培养与实践

有人问我你究竟是哪里好？
这么多年我还忘不了。
春风再美也比不上你的笑，
没见过你的人不会明了。
——《鬼迷心窍》

专题介绍

几千万年以来，人们为爱情的真相所着迷。但是有的时候你一片深情，他无动于衷；你十分在乎，他一分游戏；你倾尽所有，他付出寥寥；你一心一意，他处处留情；你心碎不已，他只是笑；你电话十个，他敷衍一条；你即便口吐莲花，他也当作废话。突然发现爱就没有了，你会怎么办？在这个专题中，我们将深入探索如何培养并实践爱的能力。从有效沟通到深刻理解伴侣的内心，再到面对冲突时的智慧应对，每一步都将是成长的阶梯。

感···

案例：曾经某大学发生一起刑事案件，一男子进入学生公寓持刀杀害一女生后跳楼自杀。2人被120急救车送往医院，经医院证实两人已经死亡。

据了解，双方同校但不同系。两人曾为恋人关系，后分手。分手后男生一直纠缠女生不放，男生在试图挽回无望后，把女生捅了之后自己跳了楼。

议 …

讨论：上诉案例给我们什么样的警示？如何培养自己爱的能力？

导 …

如果说爱情是我们的一门必修课，那么其中一定有失恋的内容这一章。这些内容很多人都要经历，并且要学会克服。从某种程度上说，只有学会走出失恋，才能更加珍惜拥有的感情。

活动一：组装自己爱的能力

目的：

更深入地认识爱是一种能力。

操作：

爱的能力是一种综合素质的融合，是在爱的过程中一系列能力的组合。具体讲，至少应该包括下面几个方面。请发挥自己的想象，填满下面的空格。

（1）爱的能力包括________________________________的能力。

（2）爱的能力包括________________________________的能力。

（3）爱的能力包括________________________________的能力。

（4）爱的能力包括________________________________的能力。

（5）爱的能力包括________________________________的能力。

活动二：头脑风暴——寻找失恋的十大好处

目的：

通过头脑风暴，让学生发现失恋不等于失去全世界，能够积极面对失恋。

操作：

给定题目《寻找失恋的十大好处》，让学生相互讨论，用头脑风暴的方式进行，说一说失恋的好处。

寻找失恋的十大好处

活动三：角色扮演——如何拒绝别人

目的：

通过活动让学生学会恰当地拒绝别人，努力做到和平分手。

操作：

谁都希望告白的时候能成功，因为这是他们鼓起很大勇气说出来的。但如果你是被告白者，确实不想发展恋情，也不想话说得太伤人，这就需要掌握拒绝的技巧。下面来介绍几种婉转拒绝的技巧。

1. 我也希望我能这样，但是我确实做不到。这样说虽然会有点直接，你这样说了话，对方一下子就能明白你说的是什么意思。这是最简单有效的，总比绕圈子还来得简单。现实中，这样反而更轻松。

2. 和你一起挺开心的，但是我一直都把你当朋友。有时，你会担心如果拒绝之后，你们就连朋友都不是了，然后你就模棱两可，不好意思拒绝，这样对方也难受，猜不透你的心思。所以你如果对爱情和友情都很重视，那你就一定要说清楚，这样对方才也会把你当朋友。

3. 我觉得我给不了你什么。如果你确定不想和他（她）交往，且对他（她）的友情也不看好，那你就该直截了当地说清楚。敷衍和沉默都是很不得当的，这样只会让他（她）觉得还有机会。

4. 我还不了解自己的感觉，不想马虎地开始一段恋情。这句话是非常含蓄的回答，但也是杀伤力最小的话。如果你确实觉得他（她）人不错，但不知道对他（她）的感觉，或许以后接触久了会萌生情愫，这样说就不错。但你不希望纠缠的话，这句话就完全起到反作用了，除非你只是想玩玩而已。

5. 感觉我的性格和你不相符合。有的人会把告白呈现得很惊喜、意外，就像电影一样，然后两个人幸福地在一起了。但是，现实中，我想大部分都会觉得束手无措，慌张多于感动。如果你不喜欢这样的他（她），你就直接这样说，我不是这样高调的人。

6. 我是挺喜欢你，但我并不爱你。这是拒绝告白最直接且委婉的一句话，用的人也是最多的，这样可以考虑到对方的感受，不会让对方太尴尬，又清楚地说明了自己的观点。我们还是做朋友吧，而且你是我很重要的朋友，这样说他（她）也会欣慰地接受的。

践…

1.查阅资料，了解科学的性安全观念和安全措施知识。

2.分组调查大学生失恋的应对方式，并在校园用展板宣传积极面对失恋的相关知识。

悟…

1.你还能写出更多在大学里应该怎样更好地去谈情说爱的建议吗？

爱情中的心理学效应

爱怕什么

____

____

2.通过前面的活动，你以后遇到爱情消失的时候，知道怎么处理好这个问题了吗？

____

____

书海导航

1.《爱情心理学(新编本)》

（美）罗伯特·J.斯腾伯格、（美）凯琳·斯腾伯格编者，倪爱萍译，世界图书出版公司

本书深入探讨了爱情的各个方面，包括爱情的产生、发展、维持以及结束等。书中提出了爱情的三元理论(激情、亲密和承诺)，并分析了不同爱情类型的特点和影响因素。通过阅读本书，读者可以更加深入地理解爱情的本质和规律。

2.《为何爱会伤人》

武志红著,北京联合出版公司

本书从心理学的角度深入剖析了爱情中常见的伤害现象及其背后的原因。作者认为,许多人在爱情中受伤并非因为对方不好,而是因为自己内心存在的一些未解决的问题。通过这本书,读者可以更加清晰地认识自己内心的需求和障碍,并学会如何在爱情中保护自己不受伤害。

IN语

1. 爱情没有完美,只有是否真心。真心就是完整,完整就是爱。

——毕加索

2. 相互的爱,毫无保留而至死方休的爱所能产生的幸福,确是人类所能得到的最大的幸福了。

——莫洛瓦

3. 只有相爱的人才能真正理解爱情。

——列夫·托尔斯泰

单元九

网也有限
——筑就健康网络心理

测一测

Young网络成瘾诊断量表

早在1996年Young通过调查发现，网络成瘾与赌博成瘾有很大的相似之处，二者都具备非物质成瘾的六大特征。Young参照美国《精神疾病分类与诊断手册Ⅳ》（DSM-Ⅳ）对赌博成瘾的定义及症状，引申出网络成瘾的定义与症状，并编制出20条目用于测查网络使用的病理性行为的程度。

学习导读

网络，已经成为继电视、广播、报纸之后我们生活中第四大媒体，以电脑、手机、平板等作为终端设备与网络相联已成为人们学习和生活中不可或缺的工具，尤其是对大学生而言。根据中国互联网络信息中心（CNNIC）发布的第50次《中国互联网络发展状况统计报告》，截至2022年6月，我国网民规模已达到10.51亿，互联网普及率达74.4%。其中手机网民达6.56亿，这一数据反映了我国互联网普及率的持续提高和互联网基础设施的全面覆盖。随着校园网络建设的兴起与完善，越来越多的大学生正逐步以“参与人”的角色体现其在网络社会的主体地位。网络给大学生一个自我创造，扩大交往，增长知识，放飞思想，施展才华的巨大空间，但随之而来的也有不少的负面问题，如少数大学生凭借出色的网络技能肆意进行“黑客”攻击等破坏行为，并以此来衡量“自我实现”程度；或是沉迷于网络，以此来寻求精神刺激，或以此自我麻痹，应对挑战与压力，染上网络成瘾等心理问题。因此，不得不让人重新审视大学生的运用网络问题，以正确引导大学生如何使用网络，让网络这一工具为我所用，而不是被工具所奴役。

大学生网络行为的心理分析

一、网络与大学生心理需求

（一）大学生上网情况调查

金庆祖对3所高校近20个专业640名大学生的大学生网络活动调查发现，目前，大学生的网络活动主要为影音欣赏（73.34%）、浏览新闻（69.42%）、交谈（57.19%）、文化学习（44.60%）、玩游戏（37.41%）以及其他（24.82%）。其中，大学生网络活动比例最高的三项依次是影音欣赏、浏览新闻与交谈，利用网络学习的比例次之，玩游戏的比例也不少。江苏省教育部门的一项调查显示，大学生中经常上网的人数达80%，而这些人中只有15%的人上网是为学习，其他60%的人是上网聊天，25%的人则是上网玩游戏。胡爱华对216名女大学生上网内容与心理需求进行的调查显示，女性大学生在上网内容上存在着显著的差异，选择网络游戏、交友聊天、娱乐、情感需求、满足好奇的比重随着年级增加而下降，上网查找学习资料的学生随着年级增加而增加。从这里面可以看出，大学生的上网活动的主要内容是获取信息，聊天与游戏，学习在最后，但存在着年级与性别的差异。

（二）大学生网络心理需求分析

美国著名的人本主义心理学家马斯洛认为，人的需要众多，但可以看成是一个有组织的系统，并且可以把人类的需要按照从低到高划分为七个层次（生理需要、安全需要、归属和爱的需要、尊重需要、认知需要、审美需要、自我实现的需要），这七个层次还可概括为三个大方面，即基础性需要、心理性需要和自我实现需要。结合大学生心理生理特点，我们认为，在网络中大学生同样也能体会到这三大方面的需要。

1.基础性需要

基础性需要主要是指满足人的生理性需要，如吃喝拉撒，穿衣住行等需要。网络的方便快捷能够满足人的大部分的基础需要。如网络购物、网络旅行乃至于网络中感官的满足都能由虚拟世界变为活生生的现实体验。根据杨立峰、吴婷的研究，大学生网络购物人数已经占该年龄段的49.3%。大学生网购物品主要是服饰、图书音像制品、数码产品、考试资料与多媒体课程、虚拟产品五类。其中，服饰是大学生网上购买最多的物品，其次是图书音像制品。当然，网络也会带来其他的基础性需要，如感官满足的需要等。

2.心理性需要

心理性需要主要是指人所产生的各种心理诉求，主要包括人的安全需要、交往需要、归属与爱的需要、尊重需要、认知与审美的需要等几个方面。在网络中，主要能够满足大学生以下几个方面的需要。

交往的需要。人是社会型动物，不可能长时期脱离人类社会而独自生活。对于正处于青年期的大学生来说，生理的成熟与心理的需要都迫使他们寻求广阔的空间，与不同类型的人打交道，交流信息，缓解情绪波动，维护心理健康。但实际上，有部分人却因为交往技巧、语言表达、容貌等因素在现实的交往中屡屡碰壁，也有人因道德或法律因素在现实生活中进行规规矩矩的交往，满足不了内心不可述说而又十分强烈的陌生交往需求。而网络，恰恰解决了这几方面的问题。网络可以让交往者以虚拟的身份，想象的形象满足彼此之间的交往需求。这样，网络的虚拟性与隐蔽性掩盖了现实生活中交流者间的面对面的那些不适感，而且又能随意变换角色，敞开心扉，满足了大学生的交往需要，弥补了现实生活的不足。

尊重的需要。网络是陌生的，看不见的，但是网络又是有形的。通过网络与人交流，在彼此互相信任的基础上，把自己内心真实的世界用语音、文字等形式进行表达，把自己的优点、事迹与人述说，把自己最好的一面展示给对方，这样往往在对方的心里会产生一种尊敬的感觉，而自己也能体会那种被尊重和被需要的感受，弥补了那种在现实生活中因各种原因而造成尊重缺失的遗憾。

归属与爱的需要。“你要寻找的爱就在这儿”，这是一句网络征婚的广告词。虽然这句话不太贴合上网的大学生，但部分大学生却能在网络上找到表达爱与被爱的那份感觉。网络打破了时空的界限，只要你愿意就能够认识想认识的任何人，当然也能够找到关心与呵护你的人。通过网络，你可以尽情地与他人分享你的快乐，你的悲伤、痛苦与忧愁，而网上的人都能尽情地陪同着你，并在关键的时候，廖廖几句话就能打开你的心结。你感觉这个人很懂你，你的心也由此为他(她)打开。尽管这个人也许未曾谋面，但你的心却怦然心动，你似乎找到一种懂你、被爱的感觉。

你可能会把你的心交给这个人,而不必担心这个人到底在现实世界中怎么样。但你并不后悔,也许,在网络中是你找到了那种归属与爱的感觉,并由此,两人之间也许会开始一场轰轰烈烈的网恋行为。

3. 自我实现的需要

所谓自我实现的需要是指人们希望完成与自己能力相称的工作,使自己的潜在能力得到充分的发挥,成为所期望的人。马斯洛认为:自我实现需要属于最高层次的需要,只有较低层次需要得到满足的情况下,较高层次需要才有可能实现。因此,生活中并不是每个人都能顺利自我实现的,大学生也同样如此。通过高考的洗礼,绝大部分学生都是带着抱负和理想踏入大学这片神圣的净土,开始独立地学习和生活。然而,现实生活的残酷性使得大学生提前体会到竞争的无情,使部分大学生在竞争中不可避免地遭到挫折。当强烈的自我实现需要被挫折撞得头破血流的时候,他们容易把注意力转向其他方向,而网络就是现实挫折的一个最佳避难所。通过网络游戏的成功晋级,或者网络黑客成功的攻击行为,或者是网络上发号施令的版主等行为,让在现实生活中失落的大学生们在“异度空间”体验到那种久违的成功、成就的感觉,找到了那种丑小鸭变白天鹅的感觉,从而让大学生沉迷了网络,成为网络上的巨人,在网络上找到了自我实现的价值。

二、大学生上网的心理扫描

网络能提供大学生们很好的心理满足的需要,但是导致大学生们上网的心理因素却是不一样的。调查发现,大学生上网主要有以下几种心理:工具性求助心理、娱乐休闲心理、交往心理和逃避心理。

1. 工具性求助心理

网络提供了海量的信息与知识供查询与获取,几乎可以这样去形容网络的信息与知识量:“没有你找不到的,只有你想不到的。”大多数大学生根据自身情况和相关任务的要求,利用网络来搜集资料,查询信息。通过网络,大学生能方便、快捷地获取到自己所需要的各种信息与知识,大大降低了获取知识的成本,缩短了求知的路径与时间。

2. 休闲娱乐心理

求学是个枯燥的过程,即使是在大学校园内。繁重的课业,单调的实验以及每天食堂、寝室、教室三点一线的生活让人感觉到单调、乏味。因此,迫切需要其他生活方式来改变。而网络以其丰富的文字、悦耳的音乐、精美的图像吸引着大学生。在网络与课本学业选择中,部分大学生们一再妥协,最终选择通过上网来逃避枯燥的求学过程。在网络中，大学生们玩着各种网络游戏，看着各种电影，读着各种小说，听着各种音乐，享受着网络带给他们的各种轻松与愉悦的感觉。当然，适度的娱乐是无可厚非的。然而部分大学生找不到生活与求学方向，不知道应该干些什么，面对着网络愉悦轻松的吸引，不管有课还是没课，都在上网、聊天、看电影、玩游戏，沉溺其中不能自拔，严重影响了正常的学习和身心健康。

3.交往心理

人是社会性动物，离不开人与人交流与往来。交流的方式有多样，一是面对面的直接交流，二是通过其他辅助性的工具间接性交流，如书信、短信、QQ、微信等。相比较而言，很多学生在成长过程往往因缺乏交流的技巧而在面对面的交流过程中常常体会到挫折与失败，或因性格的原因而不会交往，由此造成与他人难以沟通，感到孤独压抑，内心苦闷。但交流的渴望迫使不善于言辞的他们往往选择网上交流。由于网络的虚拟性、隐藏性，他们可以自由选择交往角色，自由选择交往对象，更主要的是可以毫无保留地宣泄自己内心世界真实的想法、快乐与忧愁、烦闷与孤独，而不必担心被他人所耻笑与认识。同时还可以一改现实生活中不善言辞的窘境，体验到网络交往的成功。这也是大学生内心所渴望的交往方式，也是容易接受的方式，具有很强的吸引力。

4.逃避心理

在人生过程中，人难免会遇到这样或那样的挫折与困难，对大学生来说也是如此。如在学习上、感情上、人际关系上。但是，有些人却因没有足够勇气去面对这些挫折与困难，往往选择逃避。以不去想、不敢想的态度听之任之，试图通过转移注意力而暂时忘却。而在网络中，可以很容易寻找到这种“忘忧草”。游戏、聊天，甚至仅仅简单地浏览网页都能把身外之物忘于九霄云外。而在这过程中逐步体验到一种莫名的成就感加剧了部分大学生更不肯从这虚拟世界回归到现实的物理世界。

三、网络对大学生的负面影响

网络是一个工具，工具所带来的作用完全取决于使用者，如果是你掌握了工具，工具就会给你带来益处，如果你被工具所控制，带给你的就是一系列的负面影响。在现实生活中，我们往往看到网络提供了迅捷、方便的一面，同时，也应注意到网络给少部分学生也带来了一定的负面影响。

1.日益疏远的现实世界人际关系

网络打破了时空的限制，给人以广阔的交流空间。但是，网络交往的方式却给人类交往方式带来强烈的负面作用，造成在现实世界中人际关系的淡漠，情感的疏远，以至于在网络上流传着：世界上最遥远的距离就是我们坐在一起，你却玩着手机。

以手机、电脑为媒介的网络交往，使人之间的交往逐渐演变成人与机器、机器与人的交往，这最终导致即使面对面，近在咫尺，也通过网络彼此相互问候，这样最终导致人与人之间的疏远与隔离。同时，网络的隐蔽性还导致了人与人之间的信任度降低。在网络中，根本无法辨认在网络另外一端的是谁。所以经常可见一个男人化装成女人进行行骗等报道，大大降低了人与人之间的信任程度，给人带来了强烈的冲击，这就是俗称的见光死。加之长久待在网络里面，逐渐失去现实物理世界中的亲朋好友，导致人际关系逐渐淡漠。

2.不良的社会行为出现

刘继红等对广东五所高校大一到大四近500名学生调查发现，有近三分之一的大学生在网络上显示出不良的道德行为，如抄袭论文，在网上讲脏话，传播不良(实)信息，甚至还有2.3%的大学生有过虚拟的性行为。在对大学生网络违法行为的调查中，有3.8%的大学生传播过病毒或破坏他人电脑系统，有3.5%的做过黑客非法侵入他人信息系统，有1.9%的侵犯过他人的隐私，等等。概括地说，有3%~12%大学生曾经有过一种或几种网上违法或犯罪的行为。这表明，网络由于其虚拟性与隐蔽性，在一定程度上让部分大学生忘记了法律与法规的约束，自认为网上做事不会留有痕迹，因而放纵了自己，做出一些不良行为来。

3.学业荒废，身心受到损伤

有关调查发现，长期沉迷于网络将给大学生带来至少三个方面危害。其一是阻碍学业完成。据《人民日报(海外版)》披露，某高校237名退学试读和留级生中，70%以上是因为沉湎于网络游戏，看碟片和网上聊天而荒废了学业。其二，长期上网将危害身体健康。早在1988年美国心理学教授就指出，约有四分之三的沉湎于网络者出现过与网络成瘾有关的神经衰弱、失眠，头痛等症状。我国有关文献也指出，长期上网将导致注意力、反应能力、稳定性等能力下降，并导致肩背肌肉劳损、生物功能紊乱、睡眠障碍、食欲不振、体重减轻、免疫力功能降低等。其三，长期上网还将导致严重的心理问题。如易激惹、孤独、抑郁等，严重者将导致心理变态，其危害程度不亚于酗酒与吸毒。

4. 价值观异化

随着网络的开放，世界不同文化的交流与融合，各种意识形态也迅速冲击着大学生的思想意识，部分学生思想正在西化，价值判断力与控制力逐渐下降。如在如何对待浏览黄色网站上，约有27.6%认为是个人私事，政府或者其他人没有必要干涉。甚至还有约22.7%大学生认为访问色情网站也不是见不得人的事，偶尔上上也无妨。

大学生主要网络心理障碍及其调适

一、大学生主要网络心理障碍

作为网络使用的主要参与者，大学生因其特殊的心理特征正受着网络这把双刃剑的影响。据调查，90%以上的大学生都有上网聊天的习惯，约有30%的大学生成为网上常客，每个学校都有少部分学生迷恋网络，上网成瘾。网络在带来方便、快捷，为大学生提供知识、施展才华空间的同时，也带来不少消极负面的影响，影响到大学生身心健康。其心理方面的负作用主要体现在以下几个方面。

1. 人际关系障碍

网络表面上给大学生们提供了广阔的交往空间，扩大了交往的对象与范围，但实际上却逐渐演变成人与机器的交流，增加了人与人之间的陌生感与距离感。同时，也由于网络的虚拟性与非现实性，一个人可以以任何一种角色出现，让原本已经冷落的人际关系再增添了不信任感。最终在长时间的上网作用下，减少了与现实生活的卷入度，导致与现实生活的同学、老师、朋友、家人的逐渐远离甚至断绝，使得人际关系出现严重问题。

2. 人格障碍

人格障碍一般是指在没有认知过程或智力障碍的情况下，人格显著偏离正常。其突出表现是在特定的文化背景中，具有一种根深蒂固的适应不良的行为模式。由于网络社会交往的匿名性特点，大学生可以在网络中以各种虚拟身份出现，部分学生在网上交际时还经常扮演与自己实际身份和性格特点相差十分悬殊甚至截然相反的虚拟角色，有的学生同时拥有分别代表不同身份和性格特点的网名，当多重角色之间的冲突达到一定程度或角色转换过频时，就会出现心理危机，导致双重或多重人格障碍，严重者导致人格分裂。

3.情感障碍

情感障碍也称心境障碍，主要表现为情绪高涨(躁狂)或低落(抑郁)，或两者交替出现。在长期上网的大学生中，这些情绪障碍都会表现出来。在玩游戏，浏览网页或者与他人聊天，网上冲浪时会表现出情绪的欣快。而一旦下网或断线时，则会体会到无比的沮丧与孤独，焦虑，易激惹。同时，由于长期与电脑打交道，表现出对周围的其他刺激均缺乏相应的反应，情感淡漠，迟钝，甚至表现出情感倒错。该哭的时候反而笑，该笑的时候反而哭，情绪反应与其思维内容、环境不相符合。

4.认知障碍

认知是指人脑接受外界信息，经过加工处理，转换成内在的心理活动，从而获取知识或应用知识的过程。它包括感知觉、注意、记忆、思维、语言等方面。认知障碍是指上述几项认知功能中的一项或多项受损。过度上网让长期在网络畅游的大学生的大脑长时间处于一种不健康的工作状态，长此以往，对部分大学生来说就会造成特有感知觉障碍、注意障碍、记忆与思维障碍等。如过度玩激烈游戏后就会出现幻觉，注意力下降，对网络某些信息出现病态性的警觉，记忆力出现明显的下降，思维僵化等。

5.网络成瘾

网络成瘾，是指由于过度使用互联网而导致明显的心理损害的一种现象。其表现为：对网络有一种心理上的依赖感，总认为上网时间不够而不断增加上网时间，从上网行为中获得愉快与满足。下网后精神疲惫，情绪低落，易激惹，思维迟钝，眼光呆滞，表情木讷，生物钟紊乱，精力不足，对现实生活失去兴趣，更有甚者不惜荒废学业，放弃就学机会。根据美国学者Yong1999年研究发现，网络成瘾至少可以划分为五种类型：(1)色情网络成瘾，此类成瘾者经常沉迷于观看、下载和交换色情作品，甚至虚拟性爱等；(2)网络社会成瘾，这些成瘾者将全部精力投注于网络交友与聊天，在线朋友比现实生活中朋友、家庭成员更为重要；(3)网络强迫行为，着迷于网络赌博、网络购物或网上交易行为；(4)信息收集成瘾，强迫性地浏览并收集信息，导致信息崇拜；(5)游戏成瘾，不可抑制地长时间玩电脑游戏。有关研究表明，目前大学生网络成瘾现状堪忧，朱克京抽取武汉高校1712大学生调查发现，网络成瘾发生率达9.9%。其中男生比女生更容易网络成瘾，专科生比本科生更容易网络成瘾。在大学生的网络成瘾类型中，以游戏成瘾、信息收集成瘾与网络社会成瘾为主。

二、大学生网络心理障碍的预防与调适

对大学生网络心理障碍,重点应该放在预防而不是网络成瘾后矫治上,预防网络成瘾不仅是必要的而且是可能的。根据Grohol的研究结果,使用网络行为具有阶段性:第一阶段是成瘾阶段,新用户往往采用完全沉浸于其中的方式使自己适应新的环境;第二阶段是觉醒阶段,用户开始减少网络的使用;第三阶段是平衡阶段,此时用户进入了正常的网络使用状态。Grohol认为,那些被网络"俘获"的人主要是不能顺利度过第一阶段,需要他人帮助进入第三阶段,这就需要家长、学校、社会一起努力,通过正确引导和加强教育,帮助大学生正常使用网络。

要对大学生网络沉迷或成瘾进行预防,首先要让大学生正确认识与使用互联网。的确,网络的出现宣告着信息时代的出现。它消除了时空,拓展了人类交往的空间,催生人类生活方式的变革。但是网络是一把双刃剑,在给人们带来自由、开放、平等的世界的同时,也充满了诱惑与危险。因此,要让大学生们认识到网络仅仅是一个工具,我们可以在网络上尽情地宣泄与满足,体验到成功的感觉,但这一切都是虚拟的,并不是真正的满足与成功。网络带给人们的并不是真正的鲜花与美酒,更多的可能是魔鬼与地狱,而这一切的转换,关键在于我们使用的度。只有在一个合理的度的界限之内,人才能与网络和谐共处,网络才能为人所掌控,为人谋福利。而超过一个度后,带给我们只有伤痛,甚至是人的自我毁灭。其次,加强对网络的净化,通过技术手段与法律介入,清理与规范网络,净化网络空间,在一定程度上减缓网络的诱惑。再次,针对大学生的特点,开展丰富多彩的各种活动,尽量让每一个大学生都能真正地参与其中,鼓励大学生回到现实生活中来。最后,建立心理辅导机制,加强宣传,通过重点摸排,把心理辅导送到最需要关心的大学生中,做到早预防、早干预。

对于大多数大学生来说,除了预防以外,还得有相应的调适手段。首先,要认识网络可能会对自己身心带来的危害。如视力下降、肩背肌肉劳损、睡眠质量下降以及免疫功能变弱,会严重地扰乱你的学习和生活秩序,给你的学习和生活带来灾难等,并对这些危害给予重视。其次,要养成有规律的良好习惯,如按时作息,按时去图书馆等。这些有规律的生活,可以有效地抵制网络成瘾现象的现象。再次,注重亲情友情,加强情感交流。通过自己主动与同学、朋友、家人、老师进行学习、工作、生活方面的交流,增进彼此之间的感情与友谊。有专家建议,每天至少抽出2~3小时与外界交流,这对于网络成瘾能起到有效的预防作用。最后,培养兴趣爱好,丰富业余生活。主动把注意力从网络转移到现实生活中来。找到现实生活中的兴奋点,摆脱网络的吸引力与控制。

对于已经或者即将陷入网络沉迷的大学生来说，预防与调适已经不能起作用，只能采取心理与药物治疗，这需要送到专门机构进行治疗。在国内，对网络成瘾的治疗方式可以采取药物治疗、个别辅导、家庭治疗与团体辅导等手段。不管采用哪一种方式，其核心内容是帮助当事人认识到已经过度使用网络，认识过度上网存在着潜在的心理问题，并帮助当事人面对现实处理潜在的心理问题，最后让其回归到正常的现实生活中。

三、做心理健康的“网络新生代”

网络对大学生来说，有利有弊，究竟是利大于弊还是弊大于利，全在于使用者如何使用。作为现代的大学生，要清楚地认识到网络可能带给我们的危害，要积极将可能危害降到最低。作为新一代的网络人，维护我们身心健康，有必要做到以下三点：上网有“序”，上网有“节”，上网有“益”。

（一）做到上网有“序”

上网有序就是要净化上网环境，规范大学生的网络行为，这需要全社会的共同努力。随着网络技术的不断发展更新，网络环境将会成为人们生存和发展环境的一个重要组成部分，人们将越来越难以离开网络。网络环境不仅造就人们崭新的学习与交流环境，而且会改变人，甚至改造人。良好的网络环境将有助于培养健全的人格，恶劣的网络环境将造就有缺陷的人格。为了保障大学生网络心理健康的发展，就必须优化网络环境，为大学生提供一个良好发展的平台。首先，从技术上净化网络信息，保证大学生免受不良信息的侵害。加强网络行为监督，将道德监督与法律约束机制引入网络空间，健全有关互联网的法律法规，对违规者进行必要处罚。其次，规范大学生上网场所，通过政府、学校与社会的通力合作，创建“大学生放心安全网吧”，坚决取缔那些侵害大学生合法权益的黑网吧，推动网吧经营业主为大学生创造良好的上网环境。

除了规范上网环境，还大学生一片净土外，还需要对大学生本身的上网行为进行规范，强调文明自律，约束自己的上网。为此，团中央针对青少年上网突出的问题，会同有关部委联合制定了《全国青少年网络文明公约》，就是要求青少年自觉增强抵御网上不良信息的意识，引导广大青少年文明上网，营造全社会关注青少年网络生活环境的氛围，促进青少年健康成长。

（二）做到上网有“节”

前面我们已经知道，导致网络沉迷或网络成瘾的原因有很多，最主要的是在沉迷前其心理需要没有得到满足而在网上去寻求满足，造成超时限上网，最终在网络的虚拟满足的反复强化后沉迷。因此，要做到保证我们身心健康还必须做到有节制上网。为保证能节制上网可以采用以下方式：

1. 自我设定上网时间，并按时执行

针对自身情况，设定一个合理的上网时间。有专家建议，在经过一定时间使用电脑后（一小时左右）就休息5~10分钟，缓解眼睛压力。而对于一般上网者来说，可能会因为太投入而忘掉时间，忽略休息。对于这种情况，可以借助于一些特殊定时软件来提醒，如爱眼卫士等，以解除上网后给身体所带来的负面影响。

2. 聘请监督者

对一些自制力较差的大学生来说，聘请一个能够监督自己上网的同学、朋友、家长或老师是一个明智之举。使自己的上网行为能够得到监控，而不至于过度的把时间消耗在上网过程中。

3. 规范上网行为，提前拟定上网目标

对于每一次的上网行为都要提前做好目标规划。达到目标后立即停止网络闲逛，杜绝因网络的其他方面诱惑而超长上网。

4. 有规律的饮食锻炼，消除电脑综合征

此外，还可以通过改变饮食结构，加强电脑体育锻炼来预防电脑综合征。据专家建议，可多吃富含维生素A与蛋白质的食物。多饮茶可增强抵御电脑辐射。工作间隙应适当休息，加强平时的锻炼，如跑步、打球等，以放松身体与神经，并保持旺盛精力。

（三）做到上网有“益”

网络信息繁多，但并不是所有的信息都对大学生有益。因此，在上网的过程中要自觉抵制不良、不健康的信息，不上、不浏览色情网站、反动网站。对信息要有辨别力。同时要认识到网络世界和现实世界的差距，正确处理网上、网下的人际关系，正确对待虚拟空间与现实空间的区别，能在发生心理冲突时做到合理判断和选择，并采取理智的方式来应对。做到善于在网上学习，诚实交友，不侮辱欺诈他人，不随意约会网友。树立网络游戏正确的观念，小玩可以怡情，贪玩则害人害己。防止把不自觉的网络中的游戏角色与解决问题的手段带入到现实生活中。

专题一
我与网络亲密接触

专题介绍

生活中处处有网络。网络渗透到我们日常生活中的方方面面，包括我们的学习、选课等行为都可以通过网络更好地进行。但如何利用网络管控好自己的行为、防止网络沉迷却是我们大学生的头等大事。

感…

案例：大学生正生存在日益网络化、数字化的环境中，大学生既是网络的生产者与发布者，也是网络信息的接收者和享受者，网络与大学生的学习与生活已经紧密联系在一起。对于利用网络的目的，每个人都会不同。根据郭丽对300人的调查发现，大学生上网是非常普遍的，网络已成为大学生课余生活的主要娱乐方式。在所调查的人中，58%的大学生每周上网6小时以上，16%的人长达20小时以上。在谈及上网目的时，绝大部分大学生都坦承首先是为了学习，其次才是娱乐、交友、聊天、打游戏，以及获取信息、上论坛、下载软件等。但就是除学习之外的小部分目的，却给一部分大学生带来巨大的问题与困惑，也酿成了许多不应该的事故或悲剧，如女大学生在网络上被骗财或骗色，男大学生则可能因模仿游戏中人物而在现实生活中进行抢劫等，或者因为上网时间过长而导致精神恍惚甚至猝死。总之，网络对大学生的影响非常深，不管是出于学习还是娱乐目的。

议…

你的上网目的是什么？有哪些好的网站、App可以给大家分享？

导…

活动一：课堂现场网络大调查

目的：

了解同学的网络使用情况，找到共性的问题。

操作：

以小组为单位进行网络调查，并以小组为单位，汇报小组成员网络使用情况。

调查内容：

1. 常采用的上网工具是______________________________

2. 每周上网时间平均上网时间是______________________________

3. 上网主要做______________________________

4. 一般晚上就寝的时间是______________________________

5. 从上床准备睡觉到入睡期间，一般使用手机或网络的时间是______________________________

6. 长时间使用网络带给你的影响是______________________________

活动二：我的时间都去哪儿了？

目的：

了解大学生的时间安排，特别是使用网络的时间。

操作：

请根据以下提示，完成一天通常情况下时间使用情况。

1. 时间调查表

睡觉时长_____小时，无网络学习时长_____小时，利用网络学习时长_____小时，利用网络娱乐与休息时长_____小时，无网络休息与娱乐时长_____小时，用于其他时长_____小时。

其中用于学习工作时长_____小时，占总时长_____%，用于网络娱乐与休息时长______小时，占总时长_______%。

2. 从时间利用表中，你能想到什么？

____

____

____

活动三：我该如何与网络上陌生人（网友）交往

目的：

让大学生认识到网络尽管扩展了交友的范围，但网络交友需谨慎。

操作：

1. 你都通过哪些软件认识到你的网友？________________________
2. 你结交网友的目的是：________________________
3. 下线之后，你对亲密或熟悉网友的惦记程度：________________________
4. 你对亲密网友的了解程度（线上与线下）：________________________
5. 当网友要进一步与你交往时，你的态度是：________________________
6. 如果网友缺钱并且数额较大时，你为他（她）做些什么：________________________
7. 你有被亲密网友欺骗的经历吗，如有，请写出你的经历：________________________
8. 从上面的问题中，我认识到应该如何与“熟悉”的网友交往：________________________

____

____

践…

1. 课间10分钟，关闭手机体验。
2. 无网络一周（一日）活动。

悟…

关闭网络后，我发现：________________________

____

（从身心状态、人际关系等角度进行描述）

专题二
网络沉迷离我有多远

专题介绍

适度地使用网络可以让我们获得知识、了解世界，同时，还可以让我们的心情得以放松。但是，网络的诱惑太大，稍微不注意，对于有着大把空余时间的又缺乏物力的部分大学生来说，网络可能就是一个陷阱，他们可能从此沉迷于网络之中，以至于学业荒废，严重者可能被退学。

感…

案例：小李，男，某高校学生。高考成绩不错，大一结束时，各门必修课和综合考评均排在班级中游。但从大二开始，看着周围的人都在玩着网络游戏，开始把持不住，也加入了网络游戏的大军。很快，他就被游戏紧紧抓住了心，开始频繁出现逃课玩游戏的现象。为此，辅导员没少找他谈话，但似乎没有见到任何效果。并且，似乎玩游戏的时间比平时更长了。他能每天外出上网，一刻不停玩9个小时以上。有时，课都不上，即使偶尔去课堂，也是在课堂上补觉。其室友说，见过迷恋网游的，但没有见过如此痴迷的。下午2点半就要考试了，他都能把游戏玩到2点。

此外，小李的家庭条件并不好，为了能上网，打游戏，购买游戏装备，他可以把几乎所有钱都投入到上面，即使是一日三餐，都可以用最简单的开水加馒头对付过去，有时甚至可以不吃。到大三时，小李突然发现自己的思维跟不上同学的节奏，脑子里面满是游戏的内容，遇到事情首先会用游戏中的规则来思考。他开始感到不适应现实生活，陷入了深深的焦虑之中。同时，由于长期游戏，已经有8门功课亮起了红灯，面临着即将被退学的危险之中。

议…

网络带给我们的影响是什么？如何合理、正确地使用网络，让我们从中获益？

网络带给我们什么

导…

活动一：辩论——网络利大于弊还弊大于利

目的：

使学生更清楚地了解网络带来的影响，以便更好地认识与利用网络。

操作：

1. 以抽签的形式决定辩论的正方与反方。正方观点：网络利大于弊。反方观点：网络弊大于利。
2. 双方进行辩论。
3. 讨论：怎么面对网络的利与弊？

活动二：我对网络或手机的依赖程度

目的：

调查网络或手机对大学生的日常生活的影响程度。

操作：

请根据以下描述进行相应评分，1从不，2偶尔，3有时，4经常，5总是。

1. 总觉得使用网络或手机的时间不够
2. 当企图减少或停止使用网络或手机时，会觉得沮丧、心情低落或脾气易躁
3. 玩电脑或手机过多导致睡眠不足
4. 当因上课、聚餐等而必须关机时，会感到烦躁
5. 有时候宁愿在电脑或手机上玩，也不愿意处理其他一些更紧迫的事
6. 当一段时间没有接触电脑或手机时，脑海会自动浮现想玩电脑或看手机的念头

7.觉得需要花更多的时间在电脑或手机上才能得到满足

8.即使在做其他事情时，也会下意识的想到电脑中或手机上查看一下

9.因为使用电脑或手机的关系，平时休闲活动时间减少了

10.时常做有关电脑或手机的梦

11.一段时间不查看电脑或手机是否有信息，会感到焦虑

12.使用电脑或手机直接影响了学习或工作效率

13.如果没有电脑或手机，会感到不知所措

评分标准：请将2，4，6，8，11，13相加得出电脑或手机戒断症状维度分；3，5，9，12相加得身心影响维度分；1，8，10相加得渴求性维度分；最后再把三个维度分相加，得出电脑或手机依赖程度总分。如果分值小于26分，表明电脑或手机依赖程度低；大于42分，表明电脑或手机依赖程度高；介于26与42之间，表明电脑或手机依赖程度中等。

活动三：心理剧——网络带给小A的……

目的：

通过心理剧的表演，思考网络会带给自己什么，感受小A的心理冲突，体会小A上网成瘾的原因及害处。

操作：

1.准备简单的舞台与道具。

2.由学生自编与自我网络成瘾的心理剧进行表演，强调自发性和即时性。

3.由老师引导进行讨论和总结。

践···

调查你周围的熟人网络沉迷的程度，并写成案例在全班进行报告。

悟···

再一次审视我的网络使用状况，我感受到：

专题三
我与网络有个约定

专题介绍

网络是一把双刃剑，如何充分利用网络的长处，避免网络的短处，就需要在进行网络活动时有所限制与约定。让我们在进行网络翱翔时能做到有理有节，让网络这个工具掌握在我们的手里，而不是我们被网络所掌控。

感…

天之骄子接二连三掉入网瘾黑洞。有戒网瘾专家之称的华中师范大学特聘教授陶宏开为一个年轻人很揪心。这个年轻人曾参加过三次高考，一次考上北大，两次考上清华，之所以参加三次高考，是因为他有两次退学的经历，每次退学的原因是相同的——陷入网络游戏不能自拔。后来，这个年轻人又一次网瘾发作，如果再一次无法自拔，前面的悲剧将会重演。年轻人的妈妈哭着给陶宏开教授打了电话："救救孩子吧！"陶宏开说："几年前向我求助的还主要是中学生的家长，现在越来越多的大学生开始沉迷于网络，更让我痛心的是，他们中不少是名牌大学的学生。"陶宏开教授说了这番话的11天之后，武汉一名大学生在沉迷于网吧整整一个星期之后，翻身跳入了湖水中。这个青年人的行为似乎在给陶宏开教授的担心添加了注脚。据研究，大学生网络成瘾的比例在逐年提升，并且很多网络成瘾的大学生都曾是高才生。在每个走上网络成瘾之路的学生的背后都有一段痛苦的经历。

议…

网络沉迷背后的最主要原因是什么？防止网络沉迷，我们应该做些什么？

导…

活动一：经验交流，面对网络，正确使用网络

目的：

通过经验交流，让学生彼此借鉴如何合理使用网络。

操作：

1. 分小组交流，各小组成员在组内报告自己使用网络情况，并报告在面对网络吸引时，自己的内心挣扎以及采取的措施。

2. 各小组选派一名组员，在全班进行交流。

3. 老师引导学生有节制地使用网络，并归纳出抵制网络诱惑的方法。

活动二：远离网络，活在现实环境中

目的：

让学生逐渐远离虚拟网络，增加彼此间的情感交流。

操作：

1. 关闭手机或电脑。

2. 从身边人开始，与每个人交流10分钟。10分钟后轮流再换到下一个人。直到活动结束。

3. 讨论，与网络中交流相比，面对面交流带给自己的感受是什么？

践…

1.参观网络成瘾劝戒所或戒毒所。

2.尝试劝说你身边有网络沉迷或网络成瘾的同学脱离网络的诱惑。

如何戒掉网络成瘾

悟…

防止网络沉迷或网络成瘾的过程中，你感受最深的是什么？

书海导航

《保护你的数字生活》

詹榜华、孙竟舟、丁晓著，中国传媒大学出版社

本书在导论中介绍了网络安全的基础概念、常用术语、当前形势以及国际国内网络安全应急体系；在法律法规篇和办公场景篇中介绍了与网络安全相关的法律法规，并从日常工作的角度入手，梳理了这一场景下可能会遇到的网络安全问题、防范措施和应对方法；在专题篇中分析了新兴技术及其可能涉及的风险，并针对不同场景给予了提示和建议。本书视野广阔、语言易懂，用理论与事实相结合的方式，帮助读者更好地认识生活及工作中可能遇到的网络安全风险并掌握防范方法。

IN语

1.网络如海，安全为舟，谨慎航行，方能抵达彼岸。

2.有人以为网络空间给了我们自由，事实上，网络只让我们反观出我们的不自由。

3.指尖轻敲，信息飞舞，网络世界，亦需保持警觉。

单元十

珍爱生命、拥抱幸福
——生命意义与危机干预

测一测

生命意义感量表(MLQ)

该问卷由中国心理学研究者王孟成、戴晓阳在Steger等人编制的(Meaningin-LifeQuestionnaire,MLQ)量表基础上,翻译并进行本土化修订而形成的,可测量人生意义体验和人生意义追寻,前者是指个体目前所体验和知觉自己人生有意义的程度,后者指个体投入建立或扩展自己对人生意义理解的活动的强度。

学习导读

生命的诠释

一、生命的含义

生命本来是我们碰到的最基本的现象,我们每时每刻都能感受着生命的运动。现代生物学给出的一般的科学定义大致上是这样的:生命是生物体所表现的自身繁殖、生长发育、新陈代谢、遗传变异以及对刺激产生反应等的复合现象。在古代,柏拉图把精神定位于人的生命,“人的生命的本质并不是肉体,那不过是一个束缚人的精神的躯壳。而唯有精神或灵魂才是真正的生命真谛所在。”而生命的哲学定义认为，生命是生物的组成部分，是生物具有的生存发展性质和能力，是生物的生长、繁殖、代谢、应激、进化、运动、行为表现出来的生存发展意识，是人类通过认识实践活动从生物中发现、界定、彰显、抽取出来的具体事物和抽象事物。

人的生命的孕育来自两性的结合，这是一个竞争激烈、神奇艰辛的过程。当来自父亲的约2.5亿个精子进入母亲体内时，绝大部分都会在半路死去或者遭受女性免疫系统白细胞的攻击，最后只有1%的精子会接近输卵管。经过长途跋涉，最终只有一个精子作为赢家冲破阻挠，穿过卵子外壳，与卵子结合成一个新的细胞（受精卵），于是，新生命开始发育、成长。

关于生命，目前尚无一致公认的定义。中国古代对于生命的解释即从生命的过程开始到“天人合一”最高境界的终结。“生”，本意指草木从地下长出，后引申为事物的产生、发生，再引申为生命的孕育、发展。生命代表希望，代表无限潜能。“命”字的本义是“天命”，即生命的产生、发展受客观条件和客观规律的限制。因此，“生命”是指生活在有限现实世界中的生命个体的不断发展与更新。

二、生命的特征

生命的特征，包括生命的不可逆性、不可再生性、有限性及不可替换性，展现出了生命独有的脆弱与珍贵。

（一）生命的不可逆性

生命的时间进程是单向的，一旦生命开始，它将沿着出生、成长、衰老到死亡的自然顺序前进，没有任何方式可以让这个过程倒转。这意味着每一刻的生命体验都是唯一的，过去的时间不会重来，生命中的每个瞬间都不可重复，强调了珍惜当下、把握现在的紧迫性。

（二）生命的不可再生性

一旦生命终结，便无法通过任何自然或人工手段重新激活或复制。生命不是一种可以储存或再次启动的资源，每个人的诞生都是独一无二的事件，每个人的离去也意味着一个独特生命的永久消失。这种不可再生性赋予了生命无比的珍贵性。

（三）生命的有限性

生命有一个确定的生命周期，从出生到死亡，这个周期的长度对每个生命体而言都是有限的。无论是微小的微生物还是庞大的哺乳动物，甚至是人类，都无法摆脱生老病死的自然法则。生命的有限性促使我们思考如何在有限的时间里追求意义，实现个人价值。

（四）生命的不可替换性

每个生命体都是独一无二的，无论是在遗传信息、性格特质、生活经历还是在对世界的贡献上，都找不到完全相同的替代品。一个人的离去意味着那个特定的、无法复制的生命故事的结束，这种唯一性凸显了生命的不可替代价值，提醒我们尊重每一个生命，珍惜与他人的每一次相遇。

综合来看，生命的不可逆性、不可再生性、有限性以及不可替换性共同构成了生命的独特性，强调了生命的宝贵与不可复制性。这些特征要求我们以最大的敬意和责任感对待生命，无论是对待自己还是对待他人，都应当珍视生命中的每一刻，努力活出生命的意义与价值。

三、生命的意义

（一）哲学视角下的生命意义探寻——自我与超越

在大学生的成长历程中，生命意义的探索往往始于自我认知的觉醒。苏格拉底的名言“未经审视的生活不值得过”激发了无数青年对生命价值的深刻思考。大学生正处于人生的转折点，他们开始意识到，生命的意义不仅仅在于生存本身，还在于如何活出自我，如何在平凡中寻找非凡。这一阶段，大学生开始主动探索自我身份，通过哲学、文学、艺术等多种渠道，寻求个人与世界的连接。存在主义哲学家让-保罗·萨特提出，“存在先于本质”，强调了个体自由选择的重要性。大学生在面临专业选择、职业规划时，正是在践行这一理念，通过选择塑造自我，赋予生命以独特意义。同时，大学生开始意识到个人生命与更广阔社会、历史乃至宇宙的联系，通过阅读历史、参与社会实践，他们开始理解生命的意义不仅在于个人成就，更在于对社会的贡献，对人类命运共同体的关切。这种从自我出发，逐渐向超越自我、关怀他人和社会转变的过程，构成了大学生生命意义探索的重要组成部分。

（二）心理学视角下的生命意义构建——成长与幸福

心理学研究为大学生理解生命意义提供了实证基础。马斯洛的需求层次理论将自我实现视为人类需求的最高层次，对大学生而言，这意味着在满足基本生理、安全、社交和尊重需求的基础上，追求个人潜能的发挥与内心深处的幸福感。大学生通过参与学术研究、社团活动、志愿服务等,不仅能够提升自身能力,还能在实现自我价值的同时,体验到成就感与归属感,这对于构建生命意义至关重要。积极心理学强调,积极情绪、投入、关系、意义和成就(PERMA模型)是幸福生活的五大支柱,大学生通过培养乐观心态、投身于热爱的事物、建立深厚的人际关系、追求内在价值、实现个人目标,能够在日常生活中体验到持久的幸福感,进而深化对生命意义的理解。这一过程强调了内在成长与外在行动的统一,展现了生命意义构建的动态性和综合性。

(三)教育学维度的生命意义实现——学习与贡献

教育学视角下,大学生被视为实现个人潜能、促进社会进步的关键力量。教育不仅传授知识,更重要的是培养批判性思维、创新能力和道德责任感,为大学生提供探索生命意义的工具。大学生通过专业学习,不仅能够掌握专业知识,还能培养解决问题的能力,为未来职业生涯奠定坚实基础。更重要的是,通过跨学科研究、国际交流、社区服务等,大学生能够开阔视野,增强社会责任感,理解个人成长与社会发展之间的紧密联系。这一过程不仅促进了个人能力的提升,也为社会带来了积极影响,实现了个人价值与社会价值的双重提升。教育学强调,生命的意义在于不断学习、不断成长,通过知识的积累与能力的提升,为社会做出贡献,推动人类文明的进步。

(四)文化与历史背景下的生命意义理解——传承与创新

大学生身处多元文化交汇的时代,对生命意义的理解深受文化与历史背景的影响。不同文化传统提供了多样的生命观,东方哲学强调天人合一、道法自然,西方哲学则注重理性与自由。大学生通过学习不同文化的历史与哲学,不仅能够增进对人类多样性的理解,还能在比较中找到共鸣,促进个人价值观的形成。在全球化的背景下,大学生有机会接触来自世界各地的同学和学者,通过跨文化交流,不仅能够拓宽视野,还能在相互理解与尊重中,探索生命意义的普遍性与特殊性。这一过程促使大学生在继承传统文化精髓的同时,勇于创新,为古老智慧注入新时代的活力,使生命意义的探索在传统与现代的交融中焕发新生。

大学生对生命意义的探索是一个复杂而深刻的过程,涉及自我认知、心理成长、教育实践与文化传承等多个层面。这一过程没有固定的答案,而是一场终身的探索与实践。大学生应当珍惜大学时光,勇于尝试,敢于挑战,通过学习、实践、反思与对话,不断深化对生命意义的理解。生命的意义,在于如何活出自我,如何在平凡中寻找非凡，如何在个人成长与社会贡献之间找到平衡。大学生正处于人生最美好的年华，勇敢地去探索、去实践、去创造，才能让生命的意义在每一步探索中绽放光彩，照亮前行的道路，也温暖周围的世界。生命的意义，就在不断前行的脚步中，等待着去发现，去诠释，去实现。

生命教育

一、生命教育的内涵

生命教育（Education for Life）最早由美国的J.Donad Waiters（杰·唐纳·华特士）于1968年提出。生命教育是指在个体从出生到死亡的整个过程中，通过有目的、有计划、有组织地进行生命意识熏陶、生存能力培养和生命价值升华，最终使其生命价值充分展现的活动过程，其核心是珍惜生命，注重生命质量，凸显生命价值。生命教育是在生命活动中进行教育，是通过生命活动进行教育，是为了生命而进行教育。

在我国，最早开展生命教育的地区是台湾。20世纪90年代初，有关生命教育的知识已经散见于台湾某些大学的课程中。归纳起来即："生命教育就个体本身而言，是关乎全人的教育，目的在促进个人生理、心理、社会、灵性全面均衡发展；就个体与外界的关系而言，就是关乎与他人、与自然万物、与天（宇宙主宰）之间，如何相处互动的教育，其目标在于使人认识生命（包括自己和他人），进而肯定、爱惜并尊重生命；以虔诚、爱护之心与自然共存共荣，并寻得与天（宇宙）的脉络关系，增进生活的智慧，自我超越，展现生命意义与永恒的价值。"2006年以来，我国关于生命教育的研究取得很大进展，生命教育专著、网站也层出不穷。

二、生命教育的主要内容

大学生生命教育的目的是促进大学生个体生命的发展，帮助大学生认识生命、珍惜生命、热爱生命、保护生命、尊重生命、升华生命。通过生命教育使人懂得人生在世不应仅仅为自己而存活，还要顾及他人。不仅要提高自己的生活质量，还需要无私地奉献自己的爱心，关心和珍视他人的生命，把快乐和美好带给他人。

（一）生命意识教育

生命意识教育是高校进行生命教育的第一步。其目的就是使大学生对生命形成科学的认识,做到了解生命、尊重生命、热爱生命。首先,要使大学生了解生命的基本构造,让他们懂得每个生命体从孕育到成长是一个神奇而又复杂的过程,每个人的生命体都不是凭空出现的,而是在自然的恩惠下、在社会和家庭的关系中成长起来的。所以,要认识到能够来到这个世界是件多么幸运的事,要怀着感恩之情来过好每一天。在对生命有了基本了解的情况下,要进一步培养大学生尊重生命、热爱生命的意识。因为生命来之不易,所以不能随意诋毁生命、伤害生命,而是要尊重生命、热爱生命,享受生命带给我们的各种体验。另外,由于每一个生命都是具体的,所以,大学生要尊重生命的独特性,以一种宽容态的度来接纳自己与他人。

大学生生命教育主题
下典型自杀案例分析

(二)生命价值的教育

对生命价值及生命意义的探索追寻,是高校生命教育的核心所在。

第一,树立远大的理想与崇高的信念。面对新旧观念交相碰撞与社会的快速变革,大学生会感到很茫然,“人到底该怎样地活着”,以及“人活的目的是什么”,这些问题都使他们感到迷惑不解。高校生命教育要帮助大学生树立远大的理想与崇高的信念,鼓励他们不要被眼前纷繁复杂的思潮所迷惑,重新唤起大学生对人生价值的探索能力,使他们正确认识自己,认真对待自己的生活,让生命充满意义。

空心病

第二,大学生要不断努力完善自己,实现自我价值的超越。每个生命都有其独特性与不可逆性,所以生命是无比珍贵的,在有限的生命里实现自我价值的超越是每个人的权利与义务。因此,高校生命教育要引导大学生关注自身的成长,帮助大学生实现自我价值。

(三)死亡教育

生命标志着生物机体所具有的活动能力,从人一出生开始,就意味着这种能力终将消失,即走向死亡,这是任何人都要面对的宿命,是无法避免的。大学生正处于人生的黄金时期,享受着青春带给他们的愉快和欢乐,在他们充满斗志的意识里,很少对死亡有深刻的认识,更没有对生命意义的深层思考,因此,个别大学生不懂得生命的珍贵和短暂,随意践踏自己的生命。

(四)忧患意识教育

忧患意识是指人们从忧患境遇的搅扰中体验到生命的尊严和伟大及其人之为人的意义和价值,并进而以自身内在的生命力量去突破困境、超越忧患,以达到真善美统一境界的心态。所以忧患意识教育在大学生生命教育中占有十分重要的地位,培养大学生的忧患意识迫在眉睫。应主要从责任教育、挫折教育等方面对大学生进行忧患意识教育。

1.责任教育

近年来,大学生自杀、自残、虐待动物、打架斗殴等暴力事件时有发生,“情感冷淡”与“心理脆弱”更是成了部分大学生的代名词,这不能不引起思想政治教育者的重视,对大学生进行生命责任教育十分紧迫。责任教育,就是要让大学生具备一定的责任心。所谓责任心就是个体在社会交往中,对自身的社会角色以及角色所应承担的义务的认知和情感体验。大学生不仅要对自己和家人负责,还要对社会、国家负责。要珍惜自己的生命,不轻易践踏,积极投身于学习、生活中,实现自己的人生价值,这是对自己负责;要孝敬父母,体会为人父母的不易,以自己的出色表现和优异成绩回报父母的养育之恩,尽到照顾父母的义务,这是对家人的责任;要尊重他人,与人为善,团结互助,正确处理人与人之间、人与环境之间、人与社会间的关系,这是对他人、社会的责任;要在社会主义现代化建设和实现中华民族伟大复兴的进程中贡献力量,把祖国富强、繁荣昌盛作为自己奋力拼搏的动力,主动承担历史赋予的使命,将自己的学识转化为生产力,报效祖国,这是对国家的责任。只有具备强烈的责任感,才能令人信任,才能珍惜生命,所以,责任教育是大学生生命教育的重要内容。

2.挫折教育

挫折教育是指帮助处于不利境遇的个体克服困难,激发他们的潜能,以达到增强个体抗挫能力和坚强意志的目的。人生就是一个问题接着一个问题的集合,人生之不如意者十之八九,一帆风顺的人生并不存在。人生的轨迹不会按照人们的期望和计划运行,但人们可以通过自己的努力,争取做自己人生的导航者。面对挫折和困难既不悲观厌世,也不消极逃避。要正视艰难险阻,要懂得逆境挫折是属于生命的,是人生的一部分,人们无法选择,更无法逃避。挫折教育就是要培养学生具有面对困难的勇气和接受客观事实的态度,提高学生战胜挫折,克服困难的能力,最终使学生认识到自己的潜能和力量,意识到挫折的积极意义,最终“拓宽人的生命情怀,丰富人的生命情感,净化人的心灵,提升人的精神境界”。在教育过程中,对个体进行挫折教育是非常有必要的。只有那些在生活中经历挫折,在逆境中饱经风霜的人，才更能体会什么叫成功。因此，对学生进行挫折教育是锻炼和提高学生潜能的一种很好的方法，也是进行大学生生命教育的必要途径之一。

（五）当代大学生生命教育缺失的表现

1.戕害生命，“四端”不全

近年来，大学生群体中出现的轻视生命、自我伤害乃至戕害他人的现象日益引人关注。背后反映的是对生命价值的无知与漠视，以及孟子所言“四端”——恻隐之心、羞恶之心、辞让之心、是非之心的缺失。这些心理倾向不仅体现在对自身生命的不负责任上，也延伸到了对待其他生命的态度，如对动植物的无端伤害，甚至校园内的花草树木也成为受害者。

某高校连续发生多起学生自杀事件，引发社会广泛关注。这些事件的背后，往往隐藏着个人情感困扰、学业压力、人际关系紧张等多重因素。更令人担忧的是，部分学生在面对困难时，缺乏足够的心理韧性与应对策略，将生命视为解决问题的工具，而非最宝贵的财富。此外，一些学生在日常生活中展现出对其他生命的冷漠态度，如虐待动物、破坏自然环境等，反映出深层次的道德观和价值观问题。

2.漠视生命，慢性自杀

大学生群体中的漠视生命现象同样触目惊心，表现为一系列看似微不足道、实则危害深远的生活习惯。部分学生沉溺于夜生活、过度娱乐、不良饮食习惯和缺乏运动，这些看似自由放纵的行为，实际上是对生命健康的慢性侵蚀，无异于慢性自杀。

案例：慢性自杀的小王

3.轻浮岁月，游戏人间

步入大学殿堂，不少学子仿佛卸下高考重负，锐气渐消，拼劲不再。脱离了高中时期的严密监管，加之自我约束力欠佳，部分学生逐渐滋生出惰性，生活重心悄然偏向享乐。课堂之外，游戏、聚会占据大量时间，自主学习沦为表面功夫。学期初，心神难定，忙于休闲、购物、旅行；临近假期，心思早已飞往家乡，学习投入寥寥。考试临近，非但不勤勉备考，反而寄希望于不正当手段，或是依赖人脉“开绿灯”。作业提交，原创成分稀缺，拼凑抄袭泛滥，为学术诚信蒙上阴影。日常举止，以轻率自诩个性，懒散标榜自由，物质追求凌驾精神成长，将生命价值轻描淡写，游戏人间。

案例：缺乏生命意义认识的刘某

4.宠溺自我,风雨未尝

新一代大学生,承载着家长“成龙成凤”的殷切期望,长期沉浸于“衣来伸手,饭来张口”的呵护中,踏入大学校园,自理自立能力与年龄身份形成鲜明对比。日常琐碎,力不从心;面对挑战,脆弱不堪。温室效应下,部分学子未经风雨洗礼,犹如嫩芽,稍遇逆境便萎靡不振。盲目追求物质,超前消费,对家庭经济压力熟视无睹。消费主义浪潮中,物品失去实用价值,沦为符号象征,在此引领下的生活方式实质是对他人劳动的漠视。过早涉足情感世界,学业与情感难以兼顾,或沉迷甜蜜,或因情伤而迷失自我,极端情况下,甚至酿成悲剧。以享乐至上、自我中心、追逐潮流为标志的“人生巅峰体验”,使大学生身心承受力急剧下降,就业市场中,待遇追求远超付出意愿,折射出深层价值观偏差。

(六)当代大学生生命教育面临的挑战

在探讨大学生生命教育缺失根源的同时,我们不得不正视一些深层次的挑战,它们既源于大学生自身发展的复杂性,也与信息时代的特质及根深蒂固的传统教育理念息息相关。

1.个体成长的内在冲突

大学生的成长之路并非坦途,大学生面临多重矛盾:就业市场的严峻考验转化为生存焦虑,身心脆弱性与职业竞争形成鲜明对比;理论教育与实际经验间的鸿沟,凸显认知与实践的脱节;个人技能与市场需求的错位,考验适应能力;对公平竞争的渴望与社会转型期制度不完善的碰撞,引发内心的挣扎。这些现实与理想、社会期待之间的张力,成为滋生困惑、迷茫乃至浮躁情绪的温床,若缺乏适时恰当的引导,将严重阻碍其生命潜能的充分释放。

2.数字洪流下的信息冲击

伴随网络技术的普及与全球化的加速推进,“地球村”理念深入人心,大学生置身于一个信息爆炸的时代,机遇与挑战并存。一方面,海量广告在“共享发展”与追求私利的双重驱动下,不断撩拨着尚未完全独立的大学生,激发其潜在需求与欲望。另一方面,现实生活的紧迫感与竞争的白热化,催化了实用主义心态的蔓延。网络游戏的虚拟世界成为逃避现实的避风港,网络信息的多样性和不确定性则对大学生的价值观构成冲击。享乐主义思潮悄然兴起,年轻一代易受“及时行乐”观念的诱惑,这一切无疑为大学生生命教育增添了艰巨的任务,要求教育者在提升生命价值与拓宽人生视野上持续努力。

3.顽固的传统教育思维

相较于生命教育理念的新生与传播，传统教育观念的影响力依然不容小觑，生命教育的全面普及与深入人心尚需时日。传统教育理念强调“知识即力量”，视“学海无涯”为通向财富与地位的捷径，却忽略了知识获取背后的智慧增长、精神升华及生命质量的提升。实际上，知识仅能解答生存之道，却无法触及生命的意义与价值所在，这正是生命教育的核心关切。此外，科学主义的过度推崇牺牲了人文关怀，将学生简化为工具与功能体，违背了生命成长的自然规律。尽管教育改革屡次尝试，仍难以根除教育体系中的“功利主义”倾向，考试成绩、排名成为衡量一切的标准，由此衍生的作弊行为、健康问题频发。因此，唯有突破传统教育观念的束缚，生命教育方能茁壮成长，引领大学生走向更加丰富与深刻的人生旅程。

在生命教育的探索之旅中，让我们想象这样一幅画面：一位大学生沉浸在图书馆的宁静角落，四周环绕着知识的海洋，他埋首于书籍之中，追寻着生命的奥秘与价值。书架上密集排列的各类书籍，阳光透过窗户温柔地拂过纸页，共同营造出一种温馨而深邃的学习氛围，宛如知识与灵魂对话的圣殿。

这不仅是一幅描绘求知渴望与学术追求的场景，更寓意着在纷扰的世界中，每个人都能够找到属于自己的精神栖息地，通过不断学习与自我反思，实现生命意义的探寻与个人价值的升华。生命教育的重要性在于，它鼓励我们超越表面的功利追求，去拥抱更加广阔与深远的生命视野。

（七）当代大学生生命教育的实现路径

1.厘清生命教育含义

厘清生命教育含义是大学生生命教育的前提基础。生命教育的含义可谓见仁见智，有广义与狭义两种：狭义的生命教育指的是对生命本身的关注，包括个人与他人的生命，进而扩展到一切自然生命。广义的生命教育是一种全人的教育，它不仅包括对生命的关注，而且包括对生存能力的培养和生命价值的提升。

刘济良教授提出生命教育是“在学生物质性生命的前提下，在个体生命的基础上，通过有目的、有计划的教育活动，对个体生命从出生到死亡的整个过程，进行完整性、人文性的生命意识的培养，引导学生认识生命的意义，追求生命的价值，活出生命的光彩，实现生命的辉煌”。显然，当代大学生生命教育要针对他们人生目标的迷失、远大志向的丧失、困顿浮躁的心态、就业压力的增大、享乐拜金的思潮等不利于身心健康的成长障碍，利用理论、实践、体验等帮助他们追寻生命价值、享受生命自由、成就生命之旅、超越生命境界。

2.明确生命教育理念

“生命教育理念是关于生命教育未来发展的理想的观念，它是未来生命教育发展的一种理想的、永恒的、精神性的和终极的范型。”生命教育理念是生命教育的灵魂，展现生命教育的蓬勃生机，它超越现实功利，指向个体生命无限发展的未来。它既是确立自身发展目标的根本依据，又是自身发展的巨大动力。正确的生命教育理念使生命教育有长远眼光，避免教育方向的迷茫和目标的离散，以提高个体生命价值、提升生命境界为宗旨，从而摆脱教育工具理性（技术理性）的恶性循环。“没有理念的教育等于失去了灵魂，教育必然附属于某种现实的力量，成为或政治或经济的工具。”当前大学生生命教育的理念，是从“呵护生命之源、体味生命之真、凝练生命之美”到生命教育的永恒追求——在提升生命价值中达到超越生命的自由境界。

3.把握生命教育特点

要对大学生进行有效的生命教育，必须把握生命教育的特点，即把握生命主体地位性、生命主体道德教育性、生命实践体验性、生命与环境和谐统一性、生命教育内容与方法多样性的特点。传统的以工具理性为主的教育忽视了受教育者生命主体的存在，视受教育者为纯粹的客体，其主体地位不能显示出来，不利于受教育者个体生命的成长，与“以人为本”“以学生为本”相去甚远，这种“异化”的教育效率低下。生命教育要设法体现生命的主体地位，引导生命主体朝着有利于其自由成长的方向发展。生命主体道德教育性是生命教育的核心和关键，因为生命教育要使受教育者超越冯友兰所说的“自然境界”和“功利境界”，达到“道德境界”和“天地境界”。没有道德教育的生命教育是不可想象的，这从人的德才关系可见一斑。如果说德才兼备是“精品”，无德无才是“废品”，那么有才无德就是“危险品”。所谓德育为首对生命教育亦不例外。脱离实践的教育充其量只是无用的说教，是扼杀生命的伎俩，没有生命主体的实践体验，生命教育就会蜕变为生命知识的转移和传递，生命主体就成了“容器”，哪里还有主体性呢？而且，理论与实践结合是亘古不变的教育法则。我们说生命与环境的和谐统一，大致相当于古人所说的“天人合一”，但已不仅指至圣成贤的最高境界，而是说生命教育要达到生命主体融合于周围环境，与他人、集体、社会和谐相处，保持生态平衡等。生命教育的内容庞杂多样，教育方法自然要异彩纷呈，加之生命个体特性千差万别，生命教育应体现出个性化、多样化特点，不可千人一面、千篇一律。

4.开辟生命教育途径

当代大学生生命教育的途径不外乎开发生命教育课程、开展生命专题教育、实行多学科渗透生命教育和亲身体验生命教育。生命教育课程应包括选修和必修两部分，统一教材和校本教材相结合，内容应贴近大学生生活、学习和生命成长的现实，紧扣生命教育特点，因地、因时、因人制宜，解决大学生学习、生活、心理健康等方面的实际问题，以生命关怀教育为核心，以生命叙事为载体，把工作做细致、做扎实、做深入、做广泛。专题教育以院、系、专业、班级等为单位，各具特色，唯求实效，并结合生命教育体验活动，如探险、露营、参观监狱、听取自杀未遂者作报告，等等。至于多学科渗透生命教育，要像对待德育一样见缝插针、无缝不入，显性隐性结合。总之，我们应想方设法掀起生命教育热潮，千方百计提高生命教育质量。

5.保障生命教育实施

要保障大学生生命教育的有效实施，至少应有人员保障、制度保障、经费保障、责任保障。高素质的师资队伍是实施大学生生命教育的关键所在，他们是高校生命教育的排头兵，不仅能推进生命教育的科研，又能促进生命教育的课改创新。这既是以人为本的题中应有之义，也是教育规律的必然。科学、可行的大学生生命教育管理、监督、评估等工作制度是大学生生命教育得以有效实施的保证。“制度好可以使坏人无法任意横行，制度不好可以使好人无法充分做好事，甚至会走向反面。”高校、院、系等各部门实行生命教育负责制，做到职责明确，层层落实，责任到人，与相关人员评职晋级挂钩。建立工作目标责任制和失职、渎职责任追究制。随着高校生命教育理论研究和实践探索的逐步深入，只有尽早建立有一定特色的大学生生命教育机制，才能真正保障生命教育取得实效。

大学生心理危机的预防与干预

一、心理危机的概念内涵

日常生活中，我们经常听到“经济危机”“政治危机”这样的概念，对于“心理危机”可能很多人还感到陌生。什么是心理危机呢？心理危机这一概念是美国心理学家卡普兰(G. Caplan)首次提出的。他认为,心理危机是当个体面临突然或重大生活事件(如亲人死亡、婚姻破裂或天灾人祸)时所出现的心理失衡状态。他认为,每个人都在努力保持一种内心的稳定状态,使自身与环境稳定协调。当重大问题和剧烈变化使个体感到问题难以解决时,平衡就会打破,正常的生活受到干扰,内心的紧张不断积累,继而出现无所适从甚至思维和行为的紊乱,进入一种失衡状态,这就是心理危机的状态。

可见,危机是个体无法用现有的资源和惯常应对机制加以处理的事件和遭遇。危机有两层含义:一是指突发事件,出乎人们意料发生的,如地震、水灾、空难、疾病暴发、亲人丧失、恐怖袭击、战争等;二是指人所处的紧急状态。心理危机可以分为发展性和意外性两类。发展性心理危机是可以预料的,如生命周期中不同发展阶段所遇到的重大问题,其特征是情绪的剧烈变化,导致个人心理失衡,如青春期的心理危机;意外性心理危机是突如其来的、无法预料的,如受到恐吓、自然灾害、躯体重大疾病等。心理危机发生后,如果得不到及时有效的帮助和支持,通过调动其自身的潜能重新建立和恢复其危机水平前的心理水平,则可导致精神崩溃,产生自杀或攻击他人的不良后果。当一个人出现心理危机时,当事人可能及时察觉,也有可能“未知未觉”。无论何种情形,当个体面对危机时会产生一系列身心反应,一般危机反应会维持6~8周。危机反应主要表现在生理、情绪、认知和行为上。生理方面:肠胃不适,腹泻,食欲下降,头痛,疲乏,失眠,做噩梦,易惊吓,感觉呼吸困难或窒息,有哽塞感,肌肉紧张等。情绪方面:害怕,焦虑,恐惧,怀疑,不信任,沮丧,忧郁,悲伤,易怒,绝望,无助,麻木,否认,孤独,紧张,不安,愤怒,烦躁,自责,过分敏感或警觉,无法放松,持续担忧,担心家人安全,害怕死去等。认知方面:注意力不集中,缺乏自信,无法作决定,健忘,效能降低,不能把思想从危机事件上转移等。行为方面:社交退缩、逃避与疏离,不敢出门,容易自责或怪罪他人,不易信任他人等。

二、大学生心理危机的诱因

社会竞争激烈,学习和就业压力增大,加上身心疾病、感情波折和经济困难等因素,大学生心理危机时有发生,甚至出现自杀和违法犯罪等恶性事件。大学生心理危机问题已经开始引起全社会的广泛关注。

蓝鲸自杀游戏

大学生心理危机的诱因很多,蔺桂瑞教授将其归纳为八个方面。第一,学生家庭父母关系不和、离异,造成学生的心理创伤。第二,社会就业竞争激烈。第三,不适应大学生活环境。同宿舍的学生都是独生子女,各有各的个性,不能相互容纳,由此发生矛盾冲突,日积月累,却又不敢表达,这些原因造成的大学生心理问题最多。第四,不适应大学学习环境。某些学生上高中时,考大学的目标非常明确,上大学后,突然失去了目标,心中茫然,有一种失落感。第五,恋爱与失恋问题。第六,性行为问题。一类学生是过于封闭自我,导致性压抑;另一类学生是过于开放,随便发生性关系,之后又非常后悔自责。第七,就业观念滞后,就业期望值过高。我们国家过去是精英教育,能上大学的就是人才。现在大学扩招,教育已趋向普及化,大家都有受教育的机会。可是一些学生和家长的观念却没有转变,非要找一个理想工作不可,求职期望值非常高,与现实不符。这样就给学生造成极大的心理压力。第八,社会贫富差距越来越大。有的学生家里经济条件比较好,穿名牌衣服,过生日请同学吃饭。这都会对那些贫困生的心理造成很大的压力。

三、大学生心理危机的特点

大学生是一个独特的群体,其心理危机具有以下两方面的鲜明特点。第一,发展性。大学生面对许多成长中必须解决的发展性课题,这些课题反映了社会对大学生角色的要求,它们既是大学生成长的外部动力,也是潜在的应激源。大学生许多心理危机具有发展性的特征,如果能够得到及时干预处理,能帮助他们安全度过危机,会使他们从中获得宝贵的经验。第二,易发性。大学生处在走向成熟的过渡阶段,生理方面更多具备了成人的特征,但社会阅历和经验相对不足,处理问题的社会经验和能力更是有限,这种反差的存在,使得心理危机在他们身上十分容易出现。近年来,高校自杀学生人数不断增加,杀人恶性事件时有发生,都从另一角度佐证了大学生心理危机的易发性。

四、大学生心理危机的发展过程

一般来说,大学生心理危机的发生会经历以下几个时期。第一,冲击期。在危机事件发生后不久或当时,感到震惊、恐慌、不知所措。第二,防御期。表现为想恢复心理上的平衡,控制焦虑和情绪紊乱,恢复受到损害的认知功能,但不知如何做。此时会出现否认、合理化等心理防御反应。第三,解决期。积极采取各种方法接受现实,寻求各种资源想方设法解决问题从而减轻焦虑,增加自信,恢复社会功能。第四,成长期。经历了危机后变得更成熟,获得应对危机的技巧。但也有人消极应对而出现种种心理不健康的行为。从危机的后果来说,会有四种不同结局。第一种是顺利度过危机，并学会了处理危机的方法策略，提高了心理健康水平；第二种是度过了危机但留下心理创伤，影响今后的社会适应；第三种是经不住强烈的刺激而自伤自毁；第四种是未能度过危机而出现严重心理障碍。

五、大学生心理危机的影响因素

究竟是哪些因素影响了个体应对危机的结果呢？个体的人格特点、对事件的认知和解释、社会支持状况、以前应对危机的经历、个人的健康状况、干预危机的信息获得渠道和可信程度、个人适应能力、所处环境等都会影响危机的进程与应对效果。

（一）个体对事件的知觉

对某一事件的认知和主观感受在个体决定应对行为的性质和程度中起着重要作用。认知方式限制了人们探索压力事件的信念，极大地影响了人们对他人的知觉、人际关系以及对采取不同类型的心理治疗的反应。如果个体对事件的知觉是客观的、合乎逻辑的，则问题解决的可能性会大大提高。

（二）社会支持系统

人的本质是社会化的，人是生活在一定的社会联系和关系中的。社会支持系统是人们应对大量压力的重要的心理资源。这种资源的缺乏或丧失，面对压力的个体将变得无比脆弱、失衡并进一步产生危机。

（三）应对机制

人们通过日常生活，学会了运用各种手段去应对焦虑和减少紧张，并逐步形成应对压力的模式。那些被人们运用的、有效的应对策略会成为人们日常生活中解决压力的一部分而被纳入他们的认知模式中，并逐渐形成人们解决压力的一套有效的应对机制。相反，如果没有恰当的、有效的应对机制，个体的压力或紧张持续存在，危机便会随之产生。

（四）个体的人格特征

心理危机还受个体的人格特征的影响，容易陷入危机状态的个体在人格上具有特异性。如注意力明显缺乏，看问题只看表面看不到本质；社会倾向性过分内倾，这种人格特征使个体遇到危机时往往瞻前顾后，总会联想不良后果；在情绪情感上具有不稳定性，自信心低，独立处理问题的能力极差；解决问题时缺乏勇气进行尝试，行为冲动缺乏理性，经常会有毫无效果的反应行为。

六、大学生心理危机管理

在高等教育的广阔舞台上，大学生心理危机的妥善管理正成为教育工作者面临的重大挑战。众多学者已投身于这一领域的积极探索，收获颇丰。

（一）聚焦高风险群体的识别与支持

首先，辨识处于心理危机边缘的大学生至关重要。高风险个体包括但不限于：

心理健康筛查异常：显示心理障碍、心理疾病或存在自杀倾向的学生。

突发变故：遭受家庭剧变、重病、性危机、情感创伤、侮辱、恐慌、人际冲突后的心理或行为异常者。

压力山大：承受巨大学业、就业压力或环境适应不良导致心理波动的学生。

网络依赖症：严重网络成瘾，影响学习与社会功能的学生。

经济困境与内向性格：经济极度贫困且性格内向，伴有心理异常的学生。

重度心理疾病患者：确诊抑郁症、恐怖症、强迫症、癔症、焦虑症、精神分裂症、情感性精神病等，且行为异常者。

危机信号显现：表达自杀意愿、行为模式突变、情绪显著波动（极度烦躁、焦虑、恐惧、情绪从低落到异常平静）的学生。

（二）基于理论导向的个性化干预

西方学术界孕育了丰富的心理危机干预理论，对实践的指导意义深远。贝尔金（G.S.Bekin）提出的三种基础模式——平衡模式、认知模式、心理转变模式，各自侧重于心理危机的不同阶段与干预目标。平衡模式聚焦于早期干预，旨在恢复心理平衡；认知模式强调通过思维调整，增强个体对危机的掌控力；心理转变模式则致力于内外因素的和谐，促进个体自主掌控生活。掌握这些模式的适用范围及其优缺点，对于制定有效的干预策略至关重要。

（三）构建全方位的危机干预团队与体系

大学生心理危机管理要求多维度的专业协作。心理咨询师是干预的核心力量，但教师、管理者、同学、家长、社会工作者亦是不可或缺的组成部分。体系建构需跨越单一部门局限，涉及学生事务、医疗、安保、学术辅导、学生自治等多个层面，形成联动机制。四川大学等高校的实践案例表明，通过建立心理危机干预知识培训、应急求助信息公示、心理与行为问题监测网络、心理档案建设、应急处理机制、危机干预档案以及心理辅导制度，可以有效提升危机应对的效率与质量。

(四)强化心理健康教育,培育心理韧性

从根本上讲,提升大学生的心理健康水平与心理素质,是预防心理危机的关键。营造健康心理环境,增强危机应对能力,需从以下三个方面入手:

正面认知压力与危机:理解压力、挫折和危机的双刃剑特性,将其视为成长的催化剂,而非不可逾越的障碍。

构建社会支持网络:鼓励大学生拓展人际关系,建立坚实的家庭、友情及社会联系,培养社会兴趣与合作精神,主动寻求与乐于接受社会支持。

塑造积极自我概念:通过参与实践、追求成功,增强自我效能感,树立真实的自我形象,接纳自身优点与不足,进而提升心理调适能力。

总之,大学生心理危机管理是一个系统工程,涵盖风险识别、理论指导下的干预、多维协作体系构建以及心理健康教育的强化。上述策略的综合运用,旨在为大学生营造一个充满理解、支持与成长的环境,助力他们在面对心理危机时,能够更加从容不迫,健康成长。

专题一 认识生命

专题介绍

通过生命倒计时的活动，让大学生了解生命的特征，知道其有限性，引导大学生思考生命议题。

感…

请每位同学分别迅速算出如果以60岁、70岁、80岁、90岁作为生命的长度分别共有多少天，多少小时。把数字写在本子上。

请每位同学算出自己已经度过了多少天，多少小时，可能还剩下多少时间。

议…

当你算完这些数字后有什么感受？这些数字对你有什么意义？

践…

请规划你自己的未来人生如何度过。

悟…

1.觉得有人会永远年轻吗？

2.你觉得人生真的有大把时光吗？

3.你如何看待死亡？

专题二 感恩生命

专题介绍

通过感恩生命的相关活动，知道自己的生命的由来，懂得父母的良苦用心和辛勤付出，学会反思自己的行为，思考如何感恩父母。

感…

请大家看感恩父母的短片。

感恩父母的短片

议…

大家看了视频有什么感受？父母为我们做了什么？我们为父母能做些什么表达感恩之心？

践…

给自己的父母写一封感恩信，并寄给自己的父母。

悟…

你觉得你有对不住自己父母的行为吗？

专题三
珍爱生命

专题介绍

通过墓志铭等活动，让学生思考生命的意义和价值，明白生命来之不易且生命很脆弱，我们要懂得珍爱生命。

感 …

活动：墓志铭

目的：

协助大学生反省个人价值观及了解人生目标。

准备：白纸、笔、“墓志铭”表格。

操作：

介绍练习背景，使参加者投入活动并了解何谓墓志铭。举例说明如何写墓志铭（可以简单至只有名字、生年及卒年，也可以长篇大论）。然后小组交换或班级抽取分享。

“墓志铭”表格

假设你病情严重，即将离世了，现在要替自己写墓志铭，反映自己的一生，墓志铭将会被刻在墓碑上，供人凭吊。

墓志铭除了生年、卒年外，最低限度要包括以下几点：

1. 一生的最大目标；
2. 在不同年纪时的成就；
3. 对社会、家庭或其他人的贡献；
4. 是一个怎样的人。

议…

讨论：分享这么多墓志铭，你觉得有哪些人的人生目标吸引你并值得尊重？为什么？哪些人的成就是“真正”的成就？为什么？你认为对社会或他人最有贡献者是谁？假若你要替自己重写墓志铭，你会怎么写？

践…

1. 用简短的一段话写出你认为的生命意义。
2. 请通过网络了解全世界每年死亡的人数，这些人因为什么原因死亡，认识生命的脆弱。

大学生的生命意义感缺失

悟…

你觉得你人生的前面这些年是否活出了价值？今后你将如何活出生命的价值？

专题四
危机干预

专题介绍

通过绝处逢生等活动，知道心理危机的常见表现，学会勇敢生活，面对心理危机。

感…

活动：绝处逢生

目的：

通过帮助别人打消轻生的念头，认识在面临困难和挫折时为什么要心存希望。

操作：

1. 请每个小组中选一位同学扮演因父母离异、自己生活无着落而感到无亲情之爱、悲痛欲绝的角色，请其他同学列出理由劝说他放弃自杀念头。

2. 一位同学刚刚与相恋三年的恋人分手，痛苦万分，准备自杀。请其他同学列出理由劝说他放弃自杀念头。

最后评出每组最佳“劝手”。

议…

你在什么情况下可能会绝望？通过今天的活动你学到了什么？

践···

请收集危机干预的常用方法。

悟···

假如你的心里有过不去的坎，有“天大”的困难无法克服，你觉得应该怎么面对？

书海导航

1.《生如夏花——大学生生命教育学概论》

常素芳、李明主编，清华大学出版社

本书共11章，分理论篇和实践篇两大部分，内容涉及大学生生命教育的方方面面。理论篇：生命概述、生命教育、大学生生命教育概述；实践篇：敬畏绚烂生命——大学生生命观，明确生命的归宿——大学生生命价值观，体验快乐情绪——大学生心理健康观，描绘生命的色彩——大学生情感观，探寻生命的意义——大学生幸福观，确立生命的信仰——大学生挫折观，创造生命的和谐——大学生应急意识，承担生命的责任——大学生生死观。每章都以学习目标和案例导入开始，引起学生学习兴趣。每章内容后面都设置了问题与讨论、实训练习和拓展阅读等环节，融知识性、趣味性、教育性、体验性于一体。

2.《活着》

余华著，长江文艺出版社

《活着》是中国当代作家余华创作的长篇虚构小说，首次发表于《收获》1992年第6期。《活着》讲述了在大时代背景下，随着内战、“三反”、“五反”、“大跃进”、“文化大革命”等社会变革，徐福贵的人生和家庭不断经受着苦难，最后所有亲人都先后离他而去，仅剩下年老的他和一头老牛相依为命。小说以普通、平实的故事情节讲述了在急剧变革的时代中福贵的不幸遭遇和坎坷命运，在冷静的笔触中展现了生命的意义和存在的价值，揭示了命运的无奈与生活的不可捉摸。

IN语

1.孔曰成仁，孟曰取义。惟其义尽，所以仁至。读圣贤书，所学何事？而今而后，庶几无愧！

——文天祥

2.人固有一死，或重于泰山，或轻于鸿毛。

——司马迁《报任安书》

3.人最宝贵的是生命。生命对于每个人只有一次。这仅有的一次生命应当怎样度过呢？每当回忆往事的时候，他不会因为虚度年华而悔恨，也不会因为碌碌无为而羞愧；在临死的时候，他能够说，我的整个生命与全部精力，都已经献给了世界上最壮丽的事业——为人类的解放事业而斗争。

——尼古拉·奥斯特洛夫斯基《钢铁是怎样炼成的》

4.浪费生命是做人的最大悲剧。

——曼杰

参考文献

[1]葛明贵,王军,施玉琴.大学生心理健康教育[M].北京:教育科学出版社,2014.

[2]欧阳辉,闰华,林征.大学生心理健康教育应用教程[M].沈阳:辽宁教育出版社,2010.

[3]高兰.大学生心理健康教育——心灵成长自助手册[M].北京:教育科学出版社,2020.

[4]周全新,李小玲,孔彬.大学生心理健康教育[M].西安:西安交通大学出版社,2014.

[5]郑淑杰.大学生心理健康教育[M].北京:教育科学出版社,2014.

[6]吕澜.新编大学心理健康教程(学生版)[M].上海:上海交通大学出版社,2015.

[7]陶舒曼,付继玲,王惠,等.青少年手机使用依赖自评问卷编制及其在大学生中的应用[J].中国学校卫生,2013(1):26-29.

[8]周家华,王金凤.大学生心理健康教育[M].北京:清华大学出版社,2010.

[9]张小远,解亚宁.心理健康教程[M].广州:广东高等教育出版社,2003.

[10]燕良轼,周海波.大学生心理健康教程[M].长沙:中南大学出版社,2006.

[11]贾晓明,陶勑恒.大学生心理健康——走向和谐与适应[M].北京:北京理工大学出版社,2005.

[12]张双会.大学生心理健康教育[M].北京:中国经济出版社,2005.

[13]樊富珉.大学生心理健康教育与心理咨询研究[M].北京:北京航空航天大学出版社,2001.

[14]胡德辉.大学生心理与辅导[M].广州:中山大学出版社,2000.

[15]欧晓霞,典振国.大学生心理健康[M].北京:清华大学出版社,2006.

[16]辛占香.大学生自我意识发展的特点及其调控[J].教育科学,2005(4):51-52.

[17]赵冬鸣,何霜涛,王博超.大学生自我意识的发展特点及其塑造[J].学校党建与思想教育,2010(32):58-59.

[18]陈晶.大学生自我同一性的确立[J].教育评论,2007(2):66-69.

[19]尹岩.论个体自我认同危机[J].湖南师范大学社会科学学报,2007(5):24-28.

[20]宋守信.直面挫折[M].北京:高等教育出版社,2007.

[21]周思洁.我靠挫折来栽培——活出生命的喜悦与自在[M].北京:北京航空航天大学出版社,2010.

[22]陈永林.把挫折踩在脚下[M].北京:人民出版社,2013.

[23]龚勋.AQ逆商:感谢挫折,感恩帮助[M].北京:华夏出版社,2013.

[24]毕淑敏.心灵七游戏[M].北京:北京十月文艺出版社,2014.

[25]马军锋.把挫折当作朋友——改变你一生的智慧宝典[M].北京:北京工业大学出版社,2015.

[26][美]拉尔夫·艾尔伯特·佩里特.挫折大学[M].郦英华,译.北京:研究出版社,2016.

[27]桑志芹.爱情进行时:爱情心理发展[M].北京:高等教育出版社,2008.

[28][美]莎伦·布雷姆,等.爱情心理学[M].3版.郭辉,等译.北京:人民邮电出版社,2010.

[29]岳晓东.爱情中的心理学[M].北京:机械工业出版社,2010.

[30]徐圆凯.爱情心理定律[M].上海:上海社会科学院出版社,2010.

[31]肖三蓉.爱情与人格——恋爱心理成长分析[M].上海:上海社会科学院出版社,2011.

[32]赵莉.爱情测试好好玩——风靡全世界的188个爱情心理测试[M].北京:地震出版社,2012.

[33]黄希庭.人格心理学[M].杭州:浙江教育出版社,2002.

[34]叶一舵.新课程背景下的公共心理学教程[M].北京:高等教育出版社,2004.